景印香港
新亞研究所
新亞學報 第一至三十卷
第三一冊・第二十卷

總策畫　林慶彰　劉楚華
主　編　翟志成

景印香港新亞研究所《新亞學報》(第一至三十卷)

景印本・編輯小組

總策畫

林慶彰　劉楚華

主編

翟志成

編輯委員

卜永堅　李金強　李學銘　吳　明　何冠環
何廣棪　張宏生　張　健　黃敏浩　劉楚華
鄭宗義　譚景輝

編輯顧問

王汎森　白先勇　杜維明　李明輝　何漢威
柯嘉豪（John H. Kieschnick）科大衛（David Faure）
信廣來　洪長泰　梁元生　張玉法　張洪年
陳永發　陳　來　陳祖武　黃一農　黃進興
廖伯源　羅志田　饒宗頤

執行編輯

李啟文　張晏瑞

（以上依姓名筆劃排序）

景印香港新亞研究所《新亞學報》（第一至三十卷）

景印香港新亞研究所《新亞學報》第三一冊

第二十卷　目次

從歷史性與理論性的了解去說儒學及其國際化	李　杜	頁 31-9
《毛傳》與《周禮》互見資料考	宗靜航	頁 31-41
游國恩先生〈楚辭用夏正說〉補正——《史記‧歷書》『三王之正若循環』考辯	胡詠超	頁 31-73
試論屈原〈九歌〉〈九章〉之疊字及雙聲疊韻字	韋金滿	頁 31-81
蕭統之文學思想	張仁青	頁 31-109
論「台」與「臺」之別——兼評中港臺三地印刷品「台」與「臺」之混淆	李啟文	頁 31-125
曹利用（971-1029）之死	何冠環	頁 31-145
陳振孫生卒年新考	何廣棪	頁 31-205
明清傳奇中的魂旦	劉楚華	頁 31-213
《拍案驚奇》是否凌濛初獨創	蔡海雲	頁 31-229
小說、電影與歷史——評《雍正王朝》的謬言妄語	楊啟樵	頁 31-241

景印香港新亞研究所《新亞學報》（第一至三十卷）

新亞學報

第二十卷

新亞研究所

景印香港新亞研究所《新亞學報》（第一至三十卷）

新亞學報

第二十卷

革新號

新亞研究所

景印香港新亞研究所《新亞學報》（第一至三十卷）

新亞研究所

新亞學報編輯委員會

主任委員：鄺健行

編輯委員：鄺健行
　　　　　陶國璋
　　　　　張偉保

執行編輯：張偉保

New Asia Institute of Advanced Chinese Studies

New Asia Journal

Editorial Board

Chairman, Editorial Committee:

KWONG Kin-hung

Editorial Committee:

KWONG Kin-hung

TAO Kin-hang

CHEUNG Wai-po

Editor

CHEUNG Wai-po

新亞學報學術顧問

王業鍵 教授
中央研究院院士

王爾敏 教授
中央研究院近代史研究所研究員

全漢昇 教授
中央研究院院士、史語所研究員、新亞研究所榮譽導師、前所長

宋　晞 教授
中國文化大學史學研究所所長

杜正勝 教授
中央研究院院士、故宮博物院院長

李潤生 教授
前香港能仁研究所哲學系教授

李學勤 教授
中國社會科學院歷史研究所研究員、前所長

李豐楙 教授
中央研究院文哲研究所研究員

吳宏一 教授
香港中文大學中文系講座教授

陳永明 教授
香港教育學院語文教育學院院長

陳祖武 教授
中國社會科學院歷史研究所所長、研究員

張玉法 教授
中央研究院院士、近代史研究所研究員、前所長

湯一介 教授
北京大學哲學系系主任

單周堯 教授
香港大學中文系系主任

廖伯源 教授
中央研究院史語所研究員

趙令揚 教授
香港大學中文系講座教授

鄧仕樑 教授
香港中文大學中文系系主任

劉昌元 教授
香港中文大學哲學系教授

錢　遜 教授
清華大學思想文化研究所所長

饒宗頤 教授
香港中文大學中國文化研究所偉倫榮譽講座教授

目錄
新亞學報第二十卷
革新號

李　杜　◎ 從歷史性與理論性的了解去說儒學及其國際化 1

宗靜航 ◎ 《毛傳》與《周禮》互見資料考 33

胡詠超 ◎ 游國恩先生〈楚辭用夏正說〉補正
　　　　—— 《史記‧歷書》『三王之正若循環』考辯 65

韋金滿 ◎ 試論屈原〈九歌〉〈九章〉之疊字及雙聲疊韻字 73

張仁青 ◎ 蕭統之文學思想 101

李啟文 ◎ 論「台」與「臺」之別
　　　　—— 兼評中港臺三地印刷品「台」與「臺」之混淆 117

何冠環 ◎ 曹利用（971-1029）之死 137

何廣棪 ◎ 陳振孫生卒年新考 197

劉楚華 ◎ 明清傳奇中的魂旦 205

蔡海雲 ◎ 《拍案驚奇》是否凌蒙初獨創 221

楊啟樵 ◎ 小說、電影與歷史
　　　　—— 評《雍正王朝》的謬言妄語 233

景印香港新亞研究所《新亞學報》（第一至三十卷）

從歷史性與理論性的了解去說儒學及其國際化

李 杜

一、小　引

本文是先從歷史性與理論性的了解去說儒學為何,再本此「了解」而說儒學的國際化。

從現代學術性的了解去說,所說「歷史性與理論性的了解」應是從事有關的學術探討所必須遵守的。但亦有不是如此的(過去有不是如此的,現代亦有不是如此的)。於此外,如何從事所說的了解亦有所不同。此「不是如此的」和「有所不同」,為從事學術性的論述所不可不著意的。故本文於後面先論述:過去與現代中國學術上三種不同了解儒學的說法,然後說如何由「歷史性與理論性的了解」去說儒學,和由此而說的儒學為何,再說儒學的國際化。

二、在中國學術上過去與現代三種不同了解儒學的說法

此所說的三種說法為:(1)聖人之道的說法;(2)歷史考據的說法;(3)系統哲學的說法。

(1) 聖人之道的說法

以聖人之道說儒學,是以儒學所表達的即古先聖人之道。此道即為天道,由聖

人而表達；人道要本此天道而為說。此是以帶有宗教性而又與其他宗教有所不同的以聖人之道說儒學的說法。但如何說此說法則有所不同。①

所說天道的天為神性義的天，（亦以上天，天帝或上帝去說此天。）人與萬物皆由此天所生，為天所生的人有智愚、賢不肖、依天意而行與悖天意而行的不同，故天乃「時求民主」、降命於有德而本其意旨而行的人為王而統治萬民、教化萬民，使其依天的意旨、本天道而行。②

受天命為王而統治、教化萬民的王者、由其統治上說為「王者」，由其教化上說為「聖者」合而為「內聖外王」，亦即其既為政治性的王者，亦為宗教性的教主，政教合而為一；由前者而代表天帝而統治萬民，由後者而代表萬民而祭祀天帝。其死後並到天堂上去與天帝同在，而受其子孫、後王的祭祀。萬民在王者的教化下，本天帝的意旨而行，其死後亦到天堂上去與祖先、天帝同在，受其子孫後代的祭祀。③

所說的為在周封建政治之下而建立的禮制所表達的以「聖人之道」說儒學的說法。④ 周的封建政制，經春秋戰國之亂至秦而失落。秦建立了中央集權的新的君主政制。但所說由周的禮制而表達的意義，並未隨周封建政制的失落而失落，而是為秦以後的歷代王朝所繼承；君主代表天帝而統治萬民，代表萬民而祭祀天帝，死後與天帝同在，萬民祭祀其祖先，死後與祖先同在一人間世之上的天堂中。

先秦時期的儒者並不以以上所說的政教合一的表達僅為由周的禮制而來的說法，而有將其上推至唐、虞、夏、商的堯、舜、禹、湯去說的。⑤ 不但先秦時期的儒者如此，秦後由漢至清代的儒者亦多是如此。漢的今文經學家亦有以此去推稱

---

① 參看李杜著：《儒學與儒教論》第柒篇〈從哲學的了解去說宗教的入世說與出世說〉，第捌篇〈宗教的淨土與哲學的淨土〉；台灣：藍燈文化事業公司，一九九八年九月出版。
② 參看李杜著：《中西哲學思想中的天道與上帝》第二章〈詩、書的天命觀〉；台灣：聯經出版事業公司，一九七八年十一月初版；一九九一年五月第六次印行。
③ 同上。
④ 參看後面四、〈本人性而為說的儒學〉(2)「道德倫理學」和 (4)「政治思想」。
⑤ 孟子即是如此。

孔子者，(其並不以孔子為真正的王者，而僅是「素王」——孔子有王者之德而無其位)但在今文經學家之前的董仲舒所著意的則不在於此稱謂，而是在於由前面所說的「儒學所表達的即為古先聖王之道」說。由此去肯定為孔子所創建的儒學為表達天意、天道的聖王之道之學，而上策漢武帝：罷黜百家，獨尊儒術。⑥ 武帝採納了他的說法，儒學由此而與漢的君主政制相結合，而表現了(以周的禮制為主導的) 六藝之學所表現的另一政教合一的模式。在此模式中，六藝之學的詩、書、易、禮、春秋(樂失存) 被尊為經學。由漢至唐，禮分為周官、儀禮、禮記，春秋分為春秋左氏傳、春秋公羊傳、春秋穀梁傳，經學由五經而成為九經；由唐至宋，於九經之外另增加了論語、孝經、爾雅、孟子而成十三經，而建立了以儒學為主導的「聖人之道」——儒教、經學的政治、倫理道德相結合的典範說以規範中國的政治社會。⑦

所說的規範由漢至清持續不變。但在如何說此規範——儒教經學、「聖人之道」上則並不限於一個說法，而有多個不同的說法。此不同的說法可由漢的今文、古文經學家對經學的不同說法去說，亦可由魏晉的何晏、王弼、阮籍、嵇康、向秀、郭象以老莊之說去說「名教與自然合一」去說，或以道家式的聖人去說孔子去說，亦可由司馬遷於其史記中以「世紀」去推尊孔子去說，或由唐以文宣王、宋以大成至聖先師去推尊孔子去說，亦可由宋代的儒者的不守經學家法而另立新說去說，亦可由宋明儒以佛老之說去說天道、人性，並以由玄思想像而為說的「無極」「太極」陰陽理氣說、心性、良知說以取代神性義的天道說，並混淆了自然義的天道說去說。有關此等不同的說法的詳情，我於此不能亦不擬細說，要說的是：此不同的說法雖彼此不同，或有違於前面所說由周的禮制而說「聖人之道」的說法，但其皆以其說即為由「聖人之道」以說儒學，或說以儒學所說的即為本天道，人性而說人道的「聖人之道」。此「皆以」由漢代而直至清代。於清之後，亦即民國建立後才改變。

---

⑥ 參看《前漢書》卷五十六〈董仲舒傳〉。
⑦ 參看李杜著：〈以儒學為主導的中國文化的過去與未來〉，《哲學與文化》第廿七卷第七期，2000年七月出版。

（2）歷史考據的説法

　　滿清之亡，主要是由於咸同以後的積弱不振：「政治不修、綱紀敗壞」⑧，不斷受到西方和日本的軍國、霸道主義的侵略，而不能抗拒。清亡後繼清而興起的「新朝代」，依已往，本可繼續與儒學相結合，而建制立國。在所建的新政制之下去從事新的建樹：內去除前朝的積弊，外對抗由西方與日本而來的侵略，而仍以「聖人之道」説儒學，而使所建立的新政制與以儒學為主導的中國傳統文化相銜接，於銜接中展現新的發展，使在其統治下的中國人既生活於自己的歷史文化中，亦日新又新、自強不息、展現新的個人及整個國家民族的歷史文化生命。所説的「銜接」，從事戊戌維新、保皇失敗後的康有為，曾向民國初年的國民會議表達了類似的建議──建立儒教為國教去實行所説的「銜接」。但其建議未被接受。在西方和日本軍國、霸道主義的威懾下，在其較有效的民主政治的影響下，和在對西方近代所謂啟蒙運動的説法的膜拜下，民國的創建者與現今中國所謂新時代的新學人，多誤以所説滿清自咸同以後的積弱不振歸之於儒學、歸之於中國傳統文化、歸之於中國的君主政制；並誤以為與君主政制相結合而表現文教的功用的儒學為反民主、反科學的，而為了革命、為了效法西方的需要，而以專制、獨裁、封建、落後、反民主、反科學的標籤（未經過好好的反省）插之於儒學、傳統的中國文化上，而要全揚棄之，與之斷絕一切關係，而全依西方的所謂民主主義去建立新的政制。所説的新學人有些為了要達其所持的目的而不擇手段地，而以「孔家店」去譏笑儒家、「孔老二」去輕視孔子，要把所有線裝書拋到茅廁上去，去否定中國傳統文化。由此而引起了近百年來中國政治社會的動盪不安，倫理道德規範的蕩然無存，學術風氣的輕浮狂妄不定，直到現在仍然定不下來。有些不如此激烈的所説的新學人，則不由所説的「譏笑」、「輕視」、「拋到」去表達其反對的目的，而是由所説的「歷史考據的説法」去説儒學，以儒學僅為一家之學，而不是「聖人之道」，而要以其説法去代替「聖人之道」的説法。於後面我將以章太炎、胡適之的説法為例去説下此一説法（其他新學人的説法，於此不擬多説）。在説其説法之

---

⑧ 此引自一八九四年十一月「興中會」在美國檀香山成立時的〈宣言〉。

前,先說一下在他們之前的歷史考據說和以一派別之學以說儒學說。

(A) 過去的歷史考據說及以儒學為一派別之學說

前面所說漢代的古文經學家即以歷史考據的說法去說經學。此「說法」影響了清代的經學家或說影響了清代的學術界。他們亦要以歷史考據——訓詁考據的說法去說儒學、去反對宋明的心性義理說。他們以為儒教經學不能由宋明理學的心性之學去說,而要由訓詁考據,亦即對經學、儒學作訓詁考據的說明去說——訓詁明然後義理明。但如前面所已說的,此只是如何說經學儒教上的不同,他們皆以經學儒教為聖人之道;而以「聖人之道」去說儒學。後面所要說的以「歷史考據的說法」去說儒學則不是如此,其不以儒學所說的為「聖人之道」,而僅以之為中國學術上的一派別學說,並是一毫無可取的派別之說。

歷史地說以儒學為一派別之學,於孔子創建儒學時始已是如此。孔子逝世後儒學曾分別為八派⑨。後來則發展為以孟子和荀子之說各別為主導的兩大派說。在孟荀之前或同時並存有儒家之外的他家之說,而為其二人先後所駁斥,如孟子的排楊、墨、非張儀、公孫衍、許行,荀子的「非十二子」、說「儒效」所表示的。於其後,司馬炎的〈六家要旨〉以儒家與其他五家並例,而說:陰陽、儒、墨、名、法、道德六家不同派別之學;劉安的《淮南子要略》分先秦的學術為:太公之學、儒學、墨學、管子之學、縱橫家之學、申子之學、商鞅之學;班固的《漢書》〈藝文志〉在追述先秦的諸子之學時分為:儒、道、陰陽、法、名、墨、縱橫、雜、農、小說十家。

所說的以儒學為一派別之學的說法,常為不再以「聖人之道」說儒學的現代中國學術界本之而說儒學為一派別之學的說法。

(B) 章太炎

章太炎不由前面所說的「譏笑」、「輕視」、「拋到」去反對儒學,而是以「歷史考據的說法」去代替「聖人之道」的說法。由此而亦以一家之學去說儒學;以古文經學的說法去反對今文經學的說法;並以經學不是經學而只是史學,「六經皆史

---

⑨ 參看《韓非子》〈顯學篇〉。

之方」;孔子只是一史學家,「仲尼,良史也;輔之以丘明,……談、遷嗣之」。⑩ 在現代的政治上,他極力反對康有為的變法維新,亦反對前面所曾說的康氏的立儒學為國教(康氏並不要以此去排斥其他諸教)的建議。他並專作〈原儒〉篇以辯說儒學不始自孔子,在孔子之前已有儒學,並由:達、類、私三科去說儒學。

章氏以「達儒」即為術士,而以漢許慎的《說文解字》「儒,柔也;術士之稱」作為證明;以「類儒」為知禮、樂、射、御、書、數的六藝之學並以此教民者;私儒則為劉歆〈七略〉所說的:「儒家者流,蓋出於司徒之官,助人君順陰陽,明教化者也。游文於六經之中,留意於仁義之際;祖述堯舜,憲章文武,宗師仲尼,以道為最高。」⑪

(C) 胡適之

胡適之如章太炎一樣,亦要以「歷史考據的說法」去代替「聖人之道」的說法以說儒學。其歷史考據並與杜威的實驗主義的方法說雜而為說,並以他所知的基督教的歷史傳說去作類比說。他並不僅是如此說儒學,並要以其所主導的所謂「新文化運動」去解構儒學、解構傳統的中國文化,而使中國人「全盤西化」,建立他所模倣自西方的民主的中國政治社會,其說影響了當時及其後不少的中國知識份子。

胡氏繼章太炎的〈原儒〉而寫了〈說儒〉,於其中胡氏排斥了章氏的「類儒」說。以其此說與「私儒」說重複,而可歸之於「私儒」說中;並亦辯說謂在「私儒」出現之前,以六藝之學以教民者不僅是儒者的事。他對章氏的「私儒」說完全接受。對於「達儒」說亦以為在孔子之前已存在。但對於何謂「達儒」則表示了不同於章氏的說法,而引用基督教的歷史傳說去作類比的述說。

在所說的述說中,胡氏不以「達儒」即是一般的術士;而是殷遺民中的士族。殷為周所亡後,其「殷士」以亡國者的身份為周人主持宗祝禮儀祭祀的事。此等主持者——「殷士」後來逐步形成一特殊的社群,而以「儒」自稱。他們的人生態度以恭、儉、忍、讓為主。漢許慎的《說文解字》說「儒,柔也;術士之稱」即相應

---

⑩《章氏叢書》〈訂孔子〉,台灣:世界書局,民四十七年印行。
⑪ 同上;《國故論衡》〈原儒〉。

於他們而為說。孔子為殷人的後裔，他繼承了所說「殷士」的專業，並使其弟子亦以此為業，而同以「儒者」自稱。

胡氏又說，所說的「殷士」、「儒者」雖為周人工作，其心則在祖國，並期望、懸記（預言）在殷人的後裔中將出現一民族英雄，重建殷國，正如猶太人中的法利賽人、祭司、先知的預言猶太人所期的彌賽亞（Messiah）一樣。⑫

胡氏於其《中國哲學史大綱》（先秦篇）第四篇說孔子時亦全以所說的「歷史考據的說法」實驗主義的哲學觀去評說孔子，以此去代替傳統上以孔子為聖人、儒學為「聖人之道」的說法。

(3) 哲學的說法

以「哲學的說法」去說儒學，亦是反對以儒學為「聖人之道」的一種說法，但不僅是如此，而亦由於：(a) 受西方哲學的影響而來的對中國學術思想——儒學作哲學性的了解的說法；(b) 以僅由「歷史考據的說法」以說儒學，不能相應於儒學的義理而為說而要以哲學的說法去說儒學；(c) 不滿於以「歷史考據的說法」去否認由儒學所表達的「道統的意義」，而要由哲學的說法去再肯定此意義。由後面的說明可更見到此所說的「不僅是如此」。

(a)「哲學的說法」的「哲學」一詞是翻譯英文的（philosophy）而來的，在儒學中沒有此詞；哲學要由理性思辨的方式去肯定一中心觀念，由此觀念而引伸成一系統的說法，或以理性思辨與經驗相結合而建立一系統的說法，此皆為本自西方哲學而有的說法，創始儒學的孔子不是如此說儒學。其後的孟子、荀子，大學、易傳、中庸三書的作者，及其後漢、唐、宋、明、清歷代的儒者亦不是如此說儒學。

(b) 不以儒學僅限於現實的歷史事實上，而沒有超此上的理論，而是有超此上的理論，而要對此理論與歷史事實作哲學性的說明。

(c) 此除了以 (b) 所說的而為說外，特別表示了對所說「歷史考據的說法」的非議，並非議清代漢學或說經學的考據訓詁說，而要本宋明的心性良知的義理說去

---

⑫《胡適論學近著》第一集，卷一〈說儒〉，上海：商務印書館，民二十四年十二月初版；二十五年九月三版。

說，由此而以「哲學的說法」去建立新的道統說，如熊十力、牟宗三先生所表示的。⑬

以「哲學的說法」去說儒學如「歷史考據的說法」一樣，亦有問題，而不是沒有問題。但其常為現代的中國哲學界所採用。之所以如此，應與前面所說其要以「哲學的說法」去說儒學有關。所說的有問題於此且不說，其以「哲學的說法」去說儒學的「儒學」是如何的呢？回答是：是相應於為其所肯定的中心觀念、相應於其由理性思辨與經驗相結合的方式，而選取可用的資料以建立一系統的儒家哲學說。所說的中心觀念由於不限於一個、理性與經驗相結合的方式亦不限於一種、可選取的資料繁多，由此而在現代中國哲學界出現了各種不同的儒家系統哲學說。此不同的系統哲學說並常相應於西方不同系統哲學而為說。亦有並未建立系統的說法而僅由此而說儒學者。

所說不同的儒家系統哲學說或不是系統的說法是如何的呢？對此一問題，我不能亦不擬於此細說，要說的是，其有為正面肯定儒學者、有為反面非議儒學者、有為於肯定中而帶有評論者、有為於非議中而流於譏笑者。此可由梁漱溟、熊十力、方東美、馮友蘭、賀麟、唐君毅先生、牟宗三、羅光、胡適之、殷海光等人的有關著作上見到。⑭（此是由前一輩的學人去說，後一輩的學人大致上亦如此，但我於此不擬列舉其名。）

三、由孔子繼承六藝之學因應人的整個生命要求而說儒學的說法

此是依歷史事實並由人的整個生命要求而有的對儒學的說法。此正是孔子依之而創建儒學，儒學亦正是如此地由過去的中國歷史而表現。以「聖人之道」去說，此即為聖人之道，由「歷史考據」去說，此正為其所要說明的，由「哲學」去說，

---

⑬ 此散見於二先生的著作中，於此不擬詳引。

⑭ 參看李杜著：《二十世紀的中國哲學》甲篇〈民國以來的中國哲學〉；台灣：藍燈文化事業公司，一九九五年九月出版。

此亦為其所要表達系統性的論述的。但由前面所介述的去說,它們並未如此去說儒學,而另表示了各不相應的說法。

所說「依歷史事實」的意義,即為孔子繼承其前的六藝之學:詩、書、易、禮、樂、春秋所表達的而創建儒學,為孔子所創建的儒學不是如杜撰的小說,或由想像性而為說的玄思哲學一樣,僅由個人主觀上的玄思想像而為說,而是本於其前為六藝之學所表達的中國古代的歷史事實而為說。所說「由人的整個生命要求」的意義,則是儒學不離人而為說,而是由人的不同的生命要求而為說的學問。若以人性去說所說的不同的生命要求,此即是儒學是本人性各方面的要求而為說的學問。由此而說,儒學即不同於前面所說的西方哲學的說法。西方於哲學的說法之外,另一重要的說法為宗教,亦即基督教的說法。(儘管近代中國學術界甚少有本基督教而為說的),儒學不同於西方哲學的說法,亦不同於基督教的說法,前者之所以不同於前面已有所說於此不再說,後者之所以不同,主要是由於基督教依神本說而創建,由啟示、信仰去說上帝,以上帝為中心而建立其系統的宗教神學說,儒學則不是如此,而是由人性的各方面要求而為說。⑮

儒學亦不同於中國的其他諸家之說。因其他諸家只依人性的某一方面的要求而為說:如道家的依人性的偏向於玄思的自然義的生命要求而為說;法家的依人性自然義的生命畏懼之情而為說,儒學則不是如此,而是由人的整個生命要求而為說。⑯

所說的「歷史事實」的事實與由「人的整個生命要求」而有的表現,可以說是一樣的,其不同只是前者是就為孔子所繼承的六藝之學去說,後者是由人的整個生命要求而為說的不同而已。事實上六藝之學亦正是孔子之前的中國古人由其整個生命的要求而有的表現;由人的整個生命要求而要表現的,亦正為六藝之學所表現的。如此地說;是否是說儒學所要表現的即為過去六藝之學所表現的,而不必另有所表現呢?回答是:由人的整個生命要求所要表現的而說,是如此。但在如何表現

---

⑮ 參看李杜著:〈儒家人性說與二十一世紀的人類文化〉,《哲學與文化》第廿六卷第八期,一九九九年八月出版。

⑯ 同上。

此要求時,則不為其所限,而可以有、並要求有不斷新的表現。此一意義,依過去儒學所表現的情形去說是如此,由人的不同的生命要求所具有的潛在性,而求有新的發展去說亦是如此。如由人性的分別表現為:天道形而上義的要求,道德倫理義的要求,文學藝術義的要求、政治義的要求,自然義的生命要求去說,其皆不為某一限度所限,而可以有不斷新的發展性的表現。由此而顯示了人的生命、人性的開暢性、為孔子所創建的儒學的發展性、以儒學為主導的中國歷史文化的創造性、和自強不息的涵義。於後面將由「本人性而為說的儒學」去說所說的「人性的分別表現」作各別並相關連而為說的說明。

四、本人性而為說的儒學

此將由前面所說的「人性的分別表現」去說明本人性而為說的:天道形上學、道德倫理學、文學藝術說、政治思想、自然義的生命的意義。

(1) 天道形而上學

此所說的天道形而上學,用現代的哲學名詞去說,為超越論(宗教性)的天道形而上學和存有論(自然義)的天道形而上學。用中國傳統上的說法去說,為神性義的天道說和自然義的天道說。前者是由人超越的嚮往與期待而為說,後者是依人的經驗所見和理性思辨的推論而為說。前者是有關人由現實的人生而上達於超現世的人生、由現實的自然宇宙、物理世界而超越此宇宙世界的事,後者是即現實的人生、現實的宇宙、世界而為說的事。前者與宗教信念相結合,後者與科學知識相關連。[17]

西方哲學以人是有限的存有(finite being),人的壽命有限、知解有限、能力有限。人要在其有限的壽命中,依其有限的知解、有限的能力去講求人在現實世界

---

[17] 參看李杜著:《二十世紀的中國哲學》乙篇〈現代中國哲學與新的系統哲學及儒學與儒教〉,二、「現代中國哲學對形而上問題的了解」。

上生存之道，了解其所在的自然宇宙、物理世界為何。人是有限的存有，亦是有限而無限（mixed with finite and infinite）的存有；人關懷現世的事，亦關懷超現世——人的終極關懷（ultimate concern）的事，⑱而要探討現世之上的超現世的事，而嚮往、期待此超現世。因應前者而建立存有論（自然義）的天道形而上學，因應後者而建立超越論（宗教義）的天道形而上學。

繼承六藝之學，因應人的整個生命要求而為說的儒學，其本人性而為說的天道形而上學所表現的即為所說的意義。其所表達的情形是如何的呢？於後面我將對其作分別的說明，先說超越論的天道形而上學。

(A) 超越論的天道形而上學

此將由引用六藝之學中的詩、書、易、左傳相關的說法而對其作解說，然後以之與孔子的說法作比較去說明，再簡說孔子之後的儒者的說法。

(a) 昊天有成命，二后受之。〈詩、周頌清廟〉
(b) 維天之命，於穆不已。〈周頌維天之命〉
(c) 天生烝民，有物有則。〈烝民〉
(d) 皇天上帝，改厥元子。〈書、召誥〉
(e) 大亨以正，天之命也。〈易、無妄彖辭〉
(f) 不識不知，順帝之則。〈左傳、僖公九年〉

引文（a）是說二后（文王與武王）承受昊天的成命而為王。（b）是說天命——亦即天道下降（運行）不已。（c）是說烝民（眾人）皆為天所生；為天所生的烝民稟受了為天所賦予的物、則而為其性。（d）是說皇天上帝革除了殷紂王的王命，而另降命於周文王為王。（e）是說「無妄」卦所表示的即為天之命——天道。（f）是說人不要自作主張而要順從天帝的律則而行。此為詩、書、易、春秋左氏傳記述為周人所信奉的昊天、皇天上帝意旨的表達。由天道去說此意旨的表達，此即為神性義的天道的表達，此天道不是內在於現實世界、人生之中，而是在其上，亦即此天

---

⑱ 參看 Paul Tillick, "Theory of Culture", (New York: Oxford Univ. Press, 1964) Part One, Ch. I, PP.8-9.

道超越現實的世界與人生,而是超越論(神性義)的天道,而不是存有論(自然義)的天道。人嚮往、期待此天道,其亦由人的嚮往、期待而顯,但其不即是人的嚮往與期待,而有宗教神性義的客觀性、超越性。

所說超越論(宗教義)的天道說為孔子所繼承,而以之與其由人性在此上的要求相結合而為說。此可以由後面的引文去作說明。

(a) 予小子履,敢用玄牡,敢昭告於皇皇后帝。〈論語、堯曰〉
(b) 獲罪於天,無所禱也。〈八佾〉
(c) 天生德於予。〈述而〉
(d) 下學而上達,知我者,其天乎。〈憲問〉
(e) 「天生烝民,有物有則…」孔子曰:「為此詩者,其知道乎。」〈孟子、告子〉

引文(a)是引述書所記昭告於皇皇后帝(天帝)的說法。(b)是記述孔子宗教性的感受:如獲罪於天,即不能向其下的神靈求赦免。(c)是孔子自覺其德性——人性為天所賦予。(d)是孔子自覺其為天所知。(f)是孔子以前引詩、烝民篇的話為對於「道」有所知的說法。從繼承去說,此皆為孔子繼承詩、書、易、春秋左氏傳而有的說法。從因應人性、人的超越論的宗教性的生命要求去說,則於繼承中而表示了孔子個人自己自覺其德性——人性為天所賦予,人由下學而可上達於天,亦即由天賦人性而可上達於天的意義。

所說孔子的超越論(宗教義)的天道說,為其後的孟子所繼承,亦為荀子所繼承。孟荀之後由漢至唐的儒者亦是如此。此一天道說自漢武帝採用董仲舒的罷黜百家獨導儒術之議後,並與君主政制相結合而為政教合一的儒教說中的一重要說法。此說法由漢至唐主要是由君主政制中的宗教性的祭祀去表達,其間的經師、名儒,如董仲舒、司馬遷、趙綰、王臧、申培公、鄭玄、何休、王肅、孔穎達、韓愈等亦如此去申論,一般的儒生、各別的個人亦在其生活上如此去表現。[19]

但唐後由宋至清的經師、儒者,在受道佛思想影響之下,則不再著重所說超越

---

[19] 參看李杜著:《儒學與儒教論》第壹篇〈儒學與儒教〉,三、「簡說由漢至唐的儒學與儒教」。

論（宗教義）的天道，而是轉而著重由玄思想像而為說的太極、陰陽、理氣的天道說。但在君主政制之下的宗教性的祭祀所敬拜的仍為宗教神性義的天道，而不是太極、陰陽、理氣的天道。各別個人、民間社會所信奉的亦是如此。

（B）存有論的天道形而上學

此亦將以前節說明「超越論的天道形而上學」的方式去論述。

(a) 倬彼雲漢，為章於天。〈詩、大雅棫樸〉
(b) 天大雷電以風。〈書、金縢〉
(c) 大哉乾元，萬物資始，乃統天。雲行雨施，品物流形，大明終始，六位時成。〈易、乾卦彖辭〉
(d) 天地以順動，故日月不過，而四時不忒。〈易、豫卦彖辭〉
(e) 天有六氣，…六氣曰：陰、陽、風、雨、晦、明也。〈左傳、昭公一年〉
(f) 二氣感應以相與。〈咸卦彖辭〉
(g) 盈而蕩，天之道也。〈左傳、莊公四年〉

引文 (a) 是對自然的天空的述說：天河（雲漢）橫佈於天。(b) 是對自然的天忽然而出現的現象的述說：雷電以風。(c) 是以易的乾卦去說自然義的天——天道的生成變化：「萬物資始，…雲行雨施，品物流形」。(d) 是說自然天地依一定的律則而運行：「順動，…日月不過，而四時不忒」。(e) 是以六氣說自然義的天的不同現象。(f) 是以二氣說自然萬物、其相互間的表現。(g) 是以天之道去說自然萬物的盈而蕩。此為詩、書、易、春秋左氏傳記述為周人所說的天、天地、六氣、二氣、天之道的表達。此表達即為存有論的天道的表達。此表達不是超出此自然世界之外，而是即在其中。人著重對此天道的了解，因其關連著人的現實生活，而由人的經驗所見的各別自然現象為何，而由理性思辨推論地說整個自然為何，而以天、天地、六氣、二氣、天之道去說此為何，而表現了所說存有論的天道形而上學。

孔子繼承了所說詩、書、易、左傳存有論（自然義）的天道說，於繼承中並

以之與人性由此上的要求相結合而為說。

(a) 子曰：……巍巍乎，唯天為大。〈論語、泰伯〉

(b) 子曰：天何言哉？四時行焉；百物生焉。天何言哉？〈陽貨〉

(c) 孔子曰：天無私覆，地無私載，日月無私照。〈禮記、孔子閒居〉

(d) 哀公問孔子曰：君子何貴乎天道也？孔子對曰：貴其不已，如日月東西相從而不已是天道也；不閉其久，是天道也；無為而成，是天道也。〈哀公問〉

(e) 天有四時：春、秋、冬、夏；風雨霜露；地載神氣，神氣風霆，風霆流形，庶物露生。〈哀公問〉

引文 (a) 是由廣袤無邊，高深莫測的巍巍情景以狀述自然義的天的現象。(b) 則於以廣袤、高深以說天的現象外，另由其秩序性的運行，規律性的生化去說天的表現。(c) 是說自然義的天覆、地載的普遍性，和日月的光照萬物。(d) 是以天道去說自然義的天的持續運行不已，及自然而然地化生萬物。(e) 是如 (b) 一樣說天的秩序性、規律性、生化的意義，但其不僅由天而說，而是由天而說及地、氣，以此去作分別的說明。

所引孔子有關存有論的天道說，由繼承去說為孔子繼承詩、書、易、左傳的說法而為說。於此外，由因應人性、人的存有論（自然義）的生命要求去說，亦是本人的此一要求而為說。於此為說中對於此天道的秩序性、規律性、生化性，有較清楚的表達。孔子此一繼承與本自人性而有的存有論（自然義）的天道說，為其後的儒者所繼承。但於繼承中則有著重和不如此著重此天道說的不同，如孟子即不如此著意於此天道說，荀子則特別著重，而有專為此而為說的〈天論篇〉之作。此作所表達的參天、制天、因物、理物、成物的說法，與近代西方自然主義的天道觀大致相同，而可涵攝近代自然主義的科學觀。但於此不擬作進一步的申述。漢的董仲舒亦著意於此一天道說，但其並不是由發展荀子的說法去說。王充亦著意於此，而有〈說天〉、〈自然篇〉之作，亦不是由發展荀子的說法而為說。漢後的魏晉老莊之說盛行，其所著重的為玄思的天道說而不是所說的存有論（自然義）的天道說。唐的韓愈對於存有論天道說有所說，但亦不是由發展荀子的說法而為說。宋明儒者在

受老莊之說、魏晉玄學及佛學影響之下，其所著意的亦為玄思的天道說，並要以此去代替存有論（自然義）的天道說，和超越論神性義的天道說。清代的儒者反對為宋明儒所著重的玄思的天道說，而要回到存有論（自然義）的天道說，但其「回到」只限於漢儒的說法中，而亦未能上繼荀子而作進一步的發展。

（2）道德倫理學

道德倫理學在西方哲學中有各種不同的說法，如快樂主義說、功利主義說、幸福主義說等。此皆為以個人主義為依據的說法。於此外，西方基督教的宗教道德倫理學則歸本於上帝，以神本為依據。為孔子所創建的儒學不如此說道德倫理的問題，而以此為繼承六藝之學，因應人的道德倫理生命的要求而為說的事。此事與天道、人性、倫制相結合，而不是如所說的西方的道德說一樣，以個人主義為依據，或以神本為依據。所說的儒學（道德倫理）的事的表現的情形是如何的呢？於後面將以前面論述的形式，去作說明。

(a) 維此文王，帝度其心。〈詩、大雅皇矣〉

(b) 維此文王，小心翼翼，昭事上帝，……厥德不回。〈大雅大明〉

(c) 天生烝民，有物有則；民之秉彝，好是懿。〈烝民〉

(d) 宜式文王之典。〈周頌我將〉

(e) 勿用非謀非彝（彝即禮也）蔽時忱，丕則敏德。〈書、康誥〉

(f) 其德剛健而文明，應乎天而時行。〈易、大有卦象辭〉

(g) 先君周公制周禮，曰：則以觀德，德以處事，事以度功，功以食民。〈左傳、文公十八年〉

(h) 君令、臣共、父慈、子孝、兄愛、弟敬、夫和、妻柔、姑慈、婦聽、禮也。〈左傳、昭公二十六年〉

引文 (a) 是說天帝與文王交感，「帝度其心」。(b) 是說文王小心翼翼，昭事上帝。此與 (a) 相結合去說，即是為「帝度其心」的文王，本天帝的意旨而行、而「昭事上帝」，而在其道德的行為上有以天帝的意旨為準則的確切的表現：「厥德

不回」。(c) 是說烝民（眾民）為天所生，為天所生的人，有天賦的「物」、「則」——本性，人要本其本性而行，「民之秉彝」，而表現善的德性的行為，「好是懿德」。此是由前面所說的以天帝的意旨為文王的道德行為的準則之外，另由以天賦人性為人的道德行為準則的說法。(d) 是說要以文王所建立的「典」制——禮制，為人的行為的「式」——法式的說法。此與 (a) 的說法相合去說，為文王所建立的典制，即為依天帝的意旨而有的建立。(e) 是說要依為文王所建立的典制——「彝」而從事道德的行為，「勿用非謀非彝…丕則敏德」。(f) 此是以「大有」卦以說「應乎天而時行」的「剛健而文明」的德行。(g) 此是由文王所建立的典制以說道德的法式外，另由周公本文王的法式、天帝的意旨而制作的周禮去說在此禮制準則之下的德、事、功、食民的事。(h) 此是依文王、周公所建立的禮制以說居不同倫制位份的道德表現：「君令、臣共、父慈、子孝、兄愛、弟敬、夫和、妻柔、姑慈、婦聽。」

以上的說法，為詩、書、易、左傳有關道德倫理問題的記述，由此記述去說，所說的道德問題，如前面所已說的、是與天道、人性、倫理制度相結合而為說，以人的道德義的生命要求為依據。此「為說」、「依據」為孔子所創建的儒學所繼承，並於繼承中表現了發展性的意義。

(a) 子曰：天生德於予。〈論語・述而〉

(b) 下學而上達，知我者，其天乎。〈憲問〉

(c) 予所否者，天厭之，天厭之。〈雍也〉

(d) 苟志於仁矣，無惡也。〈里仁〉

(e) 顏淵問仁。子曰：克己復禮為仁，……請問其目。子曰：非禮勿視，非禮勿聽，非禮勿言，非禮勿動。〈顏淵〉

(f) 人而不仁，如禮何？人而不仁如樂何？〈八佾〉

(g) 君子義以為質，禮以行之。〈衛靈公〉

(h) 子曰：必也正名乎。〈子路〉

(i) 齊景公問政於孔子。孔子對曰君君、臣臣、父父、子子。〈顏淵〉

引文 (a) 是孔子以其德性為天所賦予，亦即依其天賦的人性而有的道德行為的表

現,為合於天帝的意旨而有的表現。(b)是說人依其人性而「下學」、依其人性而不斷表現道德的行為,即能「上達」於賦予其天性的天、而即為天所知,而與天意合而為一。(c)是說對違乎道德行為的否定,是合於天意,所否定的行為亦是天所厭惡,「天厭之、天厭之」。(d)是說人若依其仁的意念而行。「苟志於仁」即不會做違反道德律則的行為,「無惡也」。(e)是以禮——禮制為人的道德行為的準則。人如能以禮以引導其自己「克己復禮」而行,即可相應而表現仁的行為——「為仁」。而此行為的細目包括了人的視、聽、言、動的活動於其中:「非禮勿視、非禮勿聽、非禮勿言、非禮勿動。」(f)是以由禮制而為說的禮、樂,要歸本於由天意、人性、人心而表現的仁的意念中。(g)是說由人性、人心而顯示的義要由禮以行之、以表達之。(h)此是以「正名」去說要依倫理的名份而行。此即道德的行為在倫制的位份上去表現,因人是生活於不同的倫制的位份上,而要各依其位份而生活。(i)是以政制以說不同的位份,此不同的位份是政制上所表現的不同,亦是倫制上的不同,故君、臣與父、子相并列而為說。

　　從繼承上說,以上所引《論語》有關的說法,皆為孔子繼承詩、書、易、左傳的道德倫理說而有的說法。但於繼承中如前面所說表現了發展性的意義。此意義:(1)是孔子於繼承詩所說天帝與文王交感,「天生烝民,有物有則」,人性為天帝所賦予的說法,而說人依其人性而行,而「下學」(不斷依道德律則而行),即可由「下學」而「上達」於天,而為天所知。此一發展表達了儒學除由外在宗教性的祭祀與天帝有超越性的交往外,亦由人的內在的心性修養的道德生活上而上達於天、與天交往。此一發展成為儒學以道德行為與宗教禮儀互為結合的表現。(2)是孔子於繼承詩、書以文王、周公所建立的禮制為本天帝的意旨而表現之外,亦以此禮制歸本於人心中之仁。此一歸本說使詩、書的天命、人性、禮制說表現為天命、人性、人心、仁、禮說。(3)是孔子於(2)所說的之外,而說由禮以行義,「義以為質,禮以行之」,而表達了天命、人性、人心、仁、義、禮相貫串而為說的意義。(4)是孔子以「正名」去說倫理政制上的不同位份,不同位份中的不同道德行為的五倫說。此說以「君敬」「臣忠」去代替左傳所說的「君令」「臣共」;「兄友」「弟恭」去代替「兄愛」「弟敬」;「夫和」「婦順」去代替「夫和」「妻柔」;

「朋友互讓互信」去代替「姑慈」「婦聽」，而成一新的五倫說，而貫串之以仁、愛、誠、信、禮、義、廉、恥、謙、遜、寬、惠、溫、和、敦厚諸規範說；而不問各人的位份為何，為君、為臣、為父、為子、為兄、為弟、為夫、為婦、為朋友；亦不問各人的職業為何，為王者、為公卿大夫、為士、為農、為工、為商，皆在所說的規範下去表現其道德義的生命，而確立了儒學典範性的倫理道德說。

所說為孔子繼承與發展的道德倫理說，為其後的孟子所繼承，而以之為「聖人，人倫之至也」[20]；亦為荀子所繼承，而以「聖也者，盡倫者也」[21]去說此一意義。孟荀對為孔子所創建的儒學有不同的繼承與發展，對於天道、人性、禮制的問題亦有不同的說法，但在由倫制而說道德倫理，則彼此相同。孟荀之後，由漢至清的儒者，在如何繼承與發展孔子所創建的儒學上，亦各表現了不同的說法，但在儒學與君主政制相結合而成為儒教的範式下，其亦由倫制去說道德倫理的問題。由此而使所說儒學典範性的倫制道德說，成為由漢至清歷代大多數中國人的道德規範說。

(3) 文學藝術說

前面所說的道德倫理說與天道說相結合而表現，文學藝術說亦與天道說有所結合，並與道德倫理說有所關連。但雖然如此，其主要是本人的文學藝術的要求而為說，亦即本人性中的情感性的抒發的要求而以文學藝術去表達此要求。為孔子所繼承的六藝之學在此上的表達，在語言上有韻文或散文的不同。六藝之學中的詩，是以韻文去表達，書、左傳則以散文去表達。以韻文而表達的詩，有：風、雅、頌、賦、比、興六義的分別。前三義是由採自民間的國風、原自周天子和諸侯卿大夫燕饗朝會的樂曲，和原自宗廟祭祀的頌詞；後三義則是由表達方式的不同去說，如「賦為敷陳其事而直言之，比為以彼物比此物而言之，興為先言他物以引起所說者」。[22] 詩的造句多為四言句。其所表達的有為以人的感受與自然景象相結合而

---

[20] 《孟子》〈離婁篇〉。
[21] 《荀子》〈解蔽篇〉。
[22] 引自《詩經集傳》朱子註。

為說的,如「昔我往矣,楊柳依依,今我來思,雨雪霏霏」;[23] 有為政治性的感慨的:如「王事靡盬,我心悲傷」;[24] 有為道德性的述說的,如「申伯之德,柔惠且直」;[25] 有為宗教性的表達的,如「敬之敬之,天維顯思」;[26] 而皆以情感上的抒發為主導,而與所說的人性的其他要求相結合而為說。所說的「為說」是文學性的、亦是音樂、舞蹈性——藝術性的;文學藝術相結合而表現。

以散文而表達的書、左傳,前者主要是以典、謨、誓、訓、命、誥等文體去表達;後者是主要以記述、辭書等文體去表達。其造句的字數沒有一定的限制,可長、可中、可短、並可彼此互用。其所表達的亦有自然義、政治性、道德義、宗教性的不同,但皆以文學藝術義的抒發人的情感為主導。

六藝之學中的易、為卜筮之書,而以吉凶、禍福、悔吝、休咎的表達為主,少有文學藝術性的抒情的說法。樂經已失傳。《禮記》中的〈樂記〉是孔子之後的典籍,其主要在述說音樂的意義為何,亦說及樂的五音:宮、商、角、徵、羽;和樂器:瑟、朱絃、鐘、鼓、管、磬、羽籥、干戚等。

孔子繼承所說六藝之學中的文學藝術說,於繼承中而以之與因應人性此上的要求而為說,並特別以其與道德說相結合而為說,如後面的引文所表示的:

(a) 人而不仁,如樂何?〈八佾〉
(b) 依於仁,遊於藝。〈述而〉
(c) 詩三百,一言而蔽之,曰:思無邪。〈為政〉
(d) 關雎樂而不淫,哀而不傷。〈八佾〉

或以之與禮制相結合而為說:

(e) 立於禮,成於樂。〈泰伯〉
(f) 子夏問曰:巧笑倩兮,美目盼兮,素以為絢兮。何謂也?子曰:繪事後素。曰:禮後乎?子曰:起予者,商也。始可與言詩已矣。〈八佾〉

---

[23] 引自《詩經》〈小雅、采薇〉。
[24] 引自《詩經》〈小雅、四牡〉。
[25] 引自《詩經》〈大雅、崧高〉。
[26] 引自《詩經》〈周頌、敬之〉。

但他不僅是如此,而對音樂的本身亦有純藝術情感性的說法:

  (a) 子謂「韶」盡美矣,⋯⋯謂「武」盡美矣。〈八佾〉
  (b) 子在齊聞「韶」,三月不知肉味。曰:不圖為樂之至於斯也。〈述而〉
  (c) 子曰:師摯之始,關雎之亂(樂由之結尾),洋洋乎,盈耳哉。〈泰伯〉

他對律韻亦有專門性的了解;自己亦擊磬、歌唱:

  (a) 子語魯太師樂曰:樂其可知也;始作翕如也,縱之,純如也,皦如也,繹如也,以成。〈八佾〉
  (b) 子擊磬於衛。〈八佾〉
  (c) 子與人歌而善,必使反之,而後和之。〈述而〉

他亦著重文學藝術與自然和合,融會人此上的感受於自然情景中,而與自然渾成一片,並在此上表達其燕居的生活:

  (a)(曾點)曰:暮春者,春服既成,冠者五六人,童子六七人,浴乎沂,風乎舞雩,詠而歸。夫子喟然歎曰:吾與點也。〈先進〉
  (b) 子之燕居,申申如也,夭夭如也。〈述而〉

　　孟子繼承了所說的文學藝術說,並以之與政治的說法互相配合而為說,如其應齊宣王之說所表示的「與民同樂」,以師曠以齊六律正五音以說堯舜之道要以仁政以平治天下,所表示的。荀子則於繼承中表達了其〈樂論〉篇的意義,此是主要以音樂與政治和道德倫理相結合而為說。其於篇首所說的「夫樂者,樂也;人情之所必不免也。故人不能無樂。」則正為由人的生命的要求、由人性而說文學藝術的說法。孟荀之後,由漢至清的儒者,皆繼承了所說的文學藝術說。並於繼承中表現了新的發展,如由以韻文而為說的詩,發展出辭、賦、詞、曲、歌、調等不同的格式,由以散文而為說的書、左傳的典、謨、誥、辭書等文體,發展為篇、章、論、說、書、箴、序、牋、誄、碑、帖、記等不同的文體,在音樂的樂器上有新的採用。此採用或為由新的發展而來,或為模倣、吸收外來的樂器,在樂曲舞蹈上亦有

新的譜排與表演。在文學藝術與自然景象渾成一片上,在宋儒的尋求孔顏樂處的生活上亦有表現,如周濂溪的窗前草不除,程明道的「傍花隨柳過前川」㉗ 所表示的。

(4) 政治思想

六藝之學的政治思想,主要是由以「天惟時求民主」,㉘ 以受天命而為王的文王所建立以君主為主導的禮制去表達;而附隨之以「民之所欲,天必從之」,「天視自我民視,天聽自我民聽」㉙ 的「民為邦本」㉚ 的說法為制衡,或說為規勸。此禮制以天命,亦即前面所說的宗教性的天道與道德倫理、文學藝術相結合而表現,以行敬天愛民、「厥德不回」、「郁郁乎文哉」的治道。此一本天道、人性而為說的禮制,在中國過去的歷史上是持續最久的、前後八百多年,但在其經歷了將四百多年而進入歷史上所說的春秋時期後,逐步地衰落。生於春秋時期的孔子,對所說的衰落甚為感慨。對不能繼續持守此禮制的周天子與諸侯卿大夫表示了嚴厲的責難,㉛ 期望他們能在所說的衰落之下再復興。孔子亦以此自勵,而周遊列,以「修成康之道,述周公之訓」勸說時君世主;以「文王既歿,文不在茲乎;天之將喪斯文也,後死者不得與於斯文也;天之未喪斯文也,匡人其如予何」自許。

孔子雖推重周制,但其並不限其了解於周制中,其對前面所說的由「天道、人性」而說的禮制,不再如周初時人一樣特別著重「天命」而是著重稟受自天命的「人性」,由人性而表現的「仁」、「德」、「道」,由此而表現了其由「天命」為中心的轉而以「仁」、「德」、「道」為中心的政治思想,政治要歸本於仁的說法:

(a) 人而不仁,如禮何?人而不仁,如樂何?〈八佾〉
(b) 林放問禮之本。子曰:大哉問!⋯。〈八佾〉

㉗ 此是引自程明道:「雲淡風輕近午天,傍花隨柳過前川,時人不識余心樂,將謂偷閒學少年。」一詩的第二句。
㉘《書經》〈多方〉。
㉙《書經》〈泰誓上、中〉。
㉚《書經》〈五子之歌〉。
㉛ 參看《論語》〈八佾〉、〈憲問〉、〈季氏〉。

(c) 為政以德。〈為政〉

(d) 以道事君，不可則止。〈先進〉

及前節由正名而表達的倫制說。

孟子繼承了孔子的政治說。但於繼承中並不限其了解於周制中，而是「稱堯舜」「法先王」，要在所說的「稱」「法」的說法上去建立一於周制之外的新的政制，以此去表達孔子的「政治要歸本於仁」說。他並特別由此而說政治的主旨是為人民，而不是為人君。政治所要著重的是人民，而不是人君，「民為貴，社稷次之，君為輕」。㉜ 並由此而說君位是天下的公器，此公器為天下人所共有，而不是人君所私有，老去的人君可將其君位擇賢能的人而讓與之。堯舜即是如此做。堯舜的「如此做」是合於天意，亦合於民意的。「昔者堯薦舜於天，而天受之；暴之於民，而民受之」。㉝ 孟子所說的「讓與」說所表達的公天下，君位（君權、政治權力）為天下人所有的政治理念為其後儒學所嚮往。

荀子亦繼承了孔子的政治說。於繼承中亦表達了新的意義。但其並不是如孟子一樣由「稱堯舜」「法先王」以建立新的政制去表達，而是由法後王，於後王的政制——周制中去講求新的發展，「王者之制，道不過三代，法不貳後王」。㉞ 此亦即由其所說的「正名」以說「王制」，以對倫制作新的確立，以此新的確立去完成倫理政制的圓滿表現。「聖也者，盡倫者也；王也者，盡制者也；兩盡者足以為天下極矣。」㉟

孔子和孟子、荀子的政治說，並未能為當時的時君霸主所用；不但未為所用，並被以法家之說而統一六國、而建立新的君主集權的政制的秦所禁制。秦歷二世而亡。繼秦而起的漢去除了所說秦的禁制。如前面所已說的，漢武帝並用董仲舒之議罷黜百家、獨尊儒術，為孔子所創建的儒學與君主政制相結合而成為儒教，為其所繼承的六藝之學及孔子與孟子的說法逐步成為經學。

㉜《孟子》〈盡心篇（下）〉。

㉝《孟子》〈萬章篇〉。

㉞《荀子》〈王制篇〉。

㉟《荀子》〈解蔽篇〉。

所説孔子與孟子的政治説，為由漢而直至清代的儒者所本而為説。其彼此的不同只有解説上的分別，而無典範性的異説，對與之結合的君主政制，亦只有推重某一模式上的區別，如推重漢的三公九卿制，唐的三省制，或明清的內閣制的區別，而無要建立不同於君主制的其他政制的説法。即使是明末的黃梨洲於其〈明夷待訪錄〉中亦不離君主政制而為説。

(5) 自然義的生命

儒學在本人性而為説的自然義的生命上，於著重自然義的人生外，亦注意於由人的理性與經驗的了解而説其所在的天地萬物、人生社會；並就理性自身的運用而建立與人的自然義的生命相配合的知識。前者並不以知識的事只由人的理性經驗而為説，而是依其去了解天地間的萬事萬物；後者則以知識是由理性而表現的概念與概念的自身關係而為説的事。用現代有關知識的語言去説，前者為經驗科學知識的事，後者為形式科學知識的事。人要建立所説的兩種知識，用之以輔助、改良人的自然義的生活，亦即物質性的生活。

有關人的自然義的生命為儒學所著重的事，可由儒學在其所建立前面所説的宗教、道德、文學藝術的規範中，而同時肯定人的自然義的生活上見到；於此不擬多説。於此所特別要介述的是有關本此生命要求而建立有關前面所説的兩種知識的事。

六藝之學中的書、易、左傳多次表達了有關所説的知識的記述：

(a) 乃命羲和，欽若昊天，歷象日月星辰，敬授人時。〈書、堯典〉
(b) 觀乎天文以察時變。〈易、賁卦、彖辭〉
(c) 萬物睽而其中類也。〈睽卦、彖辭〉
(d) 物生而後有象，象而後有滋，滋而後有數。〈左傳、僖公十四年〉
(e) 隕石於宋五，六鷁退飛過宋都，風也。……是陰陽之事，非吉凶所生也。吉凶由人。〈僖公十六年〉
(f) 知人則哲。〈書、皋陶謨〉
(g) 知之曰明哲；明哲實作則。〈説命上〉

(h) 昔之人無聞知。〈無逸〉

(i) 我不知其彝倫攸序。〈洪範〉

(j) 予弗知乃所訟。〈盤庚上〉

(k) 予未有知,思曰贊贊襄哉。〈盤庚上〉

(l) 政如農功,日夜思之。思其始而成其終;朝夕而行之;行無越思,如農之有畔。〈襄公二十五年〉

引文(a)是說順從昊天、日月星辰的自然規律而制定曆法,以規範人的自然生活。(b)是說由觀看天的自然現象——天文,以了解時間的變化。(c)是由萬物各別的不同——睽,而說其類別。(d)是說自然萬物的生長歷程,及其由一而繁衍為多,並由此而說數。(e)是說自然現象與人為的不同。(f)是由知人而說哲,亦即由知識的了解上去說智慧——哲。(g)此與(f)所說的同義,而進而表達了要以此作為了解人和物的規範——明哲實作則。(h)是由「聞」而說「知」(應涵有此知——聞知與由直接而知——親知的不同,但其未如此說)。(i)所說的「我不知」相對於(h)所說的「聞知」而說,可說為「親知」,故直由「我」而說「不知」;所說的「彝倫攸序」是有關道德倫制的事,而不是自然事物的事。(j)此所說的「予弗知」與(i)的「我不知」同義;「乃所訟」的「訟」亦是就倫制的事、或事務性的「事」而為說。(k)所說的「予未有知」與(i)的「我不知」亦同義。此所說「未有知」的事,亦是就倫制的事而為說;其與(i)的不同,主要在於其以「思」相應於「知」而為說,而表達了「知」「思」的關連。(l)此由(k)的「思」而說如何「思」,「思其始,而成其終」,以「思」與「行」相結合而為說,以「思」作為「行」的規範,「行無越思」,並對此作類比的說明,「如農之有畔」。

以上所引有關知識的記述,表達了自然科學,亦即前面所說的經驗科學的意義,如由(a)至(e)所表示的。其所說及的「類」「數」則不僅是經驗科學的說法,亦涉及了形式科學基本概念的表達。(f)至(i)的說法則表達了由哲學的知識論了解上所說的「能知」「所知」、「直接的知」與「間接的知」,及知的規律——則的意義。(h)與(l)由「知」而說「思」而作類比的表達,此與(c)、(d)的「類」「數」說相結合而說,表達了形式科學的邏輯的類比推理的意義。

孔子繼承了所說的知識說，在有關由自然現象的制定曆法說，孔子並沒有專就此而為說，但注意了此一事實，而以夏代的曆法為最適合：

  (a) 行夏之時。〈論語、衛靈公〉

相應於自然現象的變化，而說：

  (b) 逝者斯夫，不捨晝夜。〈子罕〉

並於變化中而說其恆常性、規律性、生化性：

  (c) 日月東西相從而不已，……不閉其久，……無為而物成。〈禮記、哀公問〉

  (d) 天何言哉？四時行焉，百物生焉；天何言哉？〈論語、陽貨〉

孔子亦相應於知識論的說法而為說：

  (e) 知而為知之，不知為不知，是知也。〈為政〉

  (f) 多聞闕疑，……多見闕殆。〈為政〉

  (g) 多見而識之。〈述而〉

  (h) 多識於鳥獸草木之名。〈陽貨〉

並不以為自己有所知，（而要不斷的求知）：

  (i) 吾有知乎，無知也。〈子罕〉

亦以「知」與「思」相關連而為說，及著重思的規律性：

  (j) 學而不思則罔，思而不學則殆。

  (k) 君子有九思，聽思聰，……疑思問……。〈季氏〉

其亦由此而表達了由形式科學——邏輯而為說的推理說：

  (l) 舉一隅，……不以三隅反。〈述而〉

  (m) 一以貫之。〈里仁〉

孟子對所說的知識說，沒有多注意（而是偏注於倫制的講求）。但荀子則著重了、並發展了所說的知識說，他分辨了感官知覺與理性了解的不同；前者為由人的五官：目的視覺、耳的聽覺、口的味覺、鼻的臭覺、形體的觸覺而有的表現；後者則由心之天官的「當簿其類」而為說。㊱ 他並注意及心之天官的「虛壹而靜」「大清明」的客觀性的提煉，㊲ 而不要為主觀的意念所困擾。荀子亦對「能知」與「所知」的不同，亦即主客對立的模式的說法，作了清楚的表達，並由此而說知識（智）為何，「凡以知，人之性也，可以知，物之理也」；㊳「所以知之在人者謂之知，如有所合謂之智」。㊴ 並以「名言」去表達此為何的知識。因此，荀子仍專作〈正名篇〉以論述其事。

於〈正名篇〉中荀子分辨了倫制性的名與自然性的名言的區別。前者為表達由倫制的定位而用的不同爵位、位份的稱謂；後者為表達自然事物的不同名稱，對於後者作了層級上的類別，而表示了由哲學的了解上對自然事物作層系上的類別說明。最大的類名為遍舉名——「大共名」，此是由「物」一名而有的指謂，「物也者，大共名也」。其次為偏舉名——「大別名」，此是由「鳥、獸」的類名而有的指謂，「鳥、獸也者，大別名也」；再其次為推而別之，別則有別，至於無別然後止的「個體名」，由「約定俗成」而說名言的確立。㊵

所說荀子發展性的說法、表現了為現代哲學所了解的經驗科學知識與形式科學——邏輯學的基本意義。以此「表現」與其於〈天論篇〉所說的「制天命而用之，……應時而使之，……騁能而化之。……理物而勿失之也，……有物之所以成」的說相結合而為說，其與西方開近代科學的自然主義的說法甚近似。但很可惜，荀子的學生韓非未能繼承荀子在此上的表現而為說，其後兩漢的儒者、隋、唐、宋、明、清的儒者亦未能注意荀子的此一說法，由此而使荀子之後的儒學在知識的探討、建立上大落後於十七世紀之後的西方。

㊱《荀子》〈正名篇〉。

㊲ 同註㉟。

㊳ 同上。

㊴ 同註㊱。

㊵ 同上。

五、儒學的國際化

　　前面分別論述了儒學的天道形而上學、道德倫理學、文學藝術說、政治思想、自然義的生命要求在過去中國歷史上所表現的情形。我們若問：在過去的情形是如此，現在的情形又如何呢？回答是：其與君主政制相結合而表現文教的功用在現今的中國已不存在；《論語》《孟子》《孝經》《爾雅》及其所繼承的六藝之學亦不再是經學。於儒學之外的他家之學及由西方傳來不同派別的學說「應時而興」。中華民國是本孫中山的《三民主義》說、中華人民共和國是本馬克斯、恩格斯的辨證唯物論、毛澤東思想而各別建制立國，而不是本儒學而建制立國。但雖然如此，儒學由繼承六藝之學，因應人的整個生命要求——人性而為說的說法，未因所說的情形而失去其理論性與歷史性的意義。此所說的「國際化」即由此而說，而不是由所說的「已不存在」、「不再是」、「不是本儒學」去說。若問：儒學會否與現今中國建立的新政制相結合而再表現其文教的功用，如過去與君主政制相合一樣呢？回答是：其將會因應今後中國的現實情形而再表現的。但對於此一問題我於別的論文中已有所說，於此不擬再說。由所說的儒學的意義而說儒學的「國際化」是如何說的呢？此可先由所說儒學的天道形而上學、道德倫理學、文學藝術說、政治思想、自然義的生命要求去作分別的述說，然後就其歷史性、理論性而為說。

（1）由天道形而上學說

　　由天道形而上學去說，主要在先肯定宗教神性義超越論的天道說與自然義存有論的天道說，再分別辨二者的不同。如何肯定與分辨於前面已有所說，於此不再說。於此要說的是：此肯定與分辨是重要的，因現今以科學說為主導的中西學術對此有誤解；以前者為一種宗教迷信，後者只是科學的事而與天道說不相干；而未能了解及歸本於人性、由人的宗教生命嚮往與期待而為說的宗教並不是迷信，而是人不容己的宗教生命要求；對整個自然宇宙作一系統性的存有論的說明，並不是特殊科學（specific science）以某一特定的對象為探討的科學的事。

　　於所說的之外，宗教性的天道說在不同宗教中亦有以己說為正，別說為不正，

己說為真,別說為不真的互相爭論、互相排斥、彼此敵對,以至引生宗教戰爭的事,由儒學本人性的宗教嚮往、期待而說宗教,所有的宗教皆為本人的此一要求,因應其所在的歷史文化的不同情形而建立。由此而建立的宗教只有模式上的不同,而無正與不正、真與不真之別。所說的情形仍是困擾現今的人生社會的大問題,此問題可由所說儒學的國際化去協助解決,由此而說儒學的國際化可造福人類不少呢!

儒學以歸向天帝與「慎終追遠」拜祭祖先合而為說、宗教與倫制貫串在一起,祖先與天帝於神靈界——天堂同在,享受其人間、子孫後代的祭祀,此一敬祖拜天的宗教性的表達,與人超越的嚮往、期待謹密地配合。若將其國際化、向世人講述,應可為有此問題的人所著重,為未曾注意及此的其他宗教,將人世間的宗教倫理生活而上及於超人間而為說的參考。

(2) 由道德倫理學說

儒學以道德與倫制相結合而說五倫中的君敬、臣忠的君臣倫隨君主政制的失落而失落,而不能再說。但此外的父慈、子孝、兄友、弟恭、夫和、婦順、朋友互讓互信的父子、兄弟、夫婦、朋友四倫的道德說,仍是值得著重,而繼續傳講,並將其國際化,以此去協調現代偏向於以個人主義為中心的西方式的快樂主義或功利主義的道德說。由此而穩定家庭倫常和朋友間的道德生活。其不分倫制位份,社會職業而為說的:仁、愛、誠、信、禮、義、廉、恥、恭、寬、信、敏、惠、謙、遜、忠、厚等道德行為,更值得繼續傳講,而亦將其國際化,而協助其他的人去本之而過其道德性的生活。

中國過去的和諧相處、彼此關懷、前輩扶翼後輩的家庭生活,善良的社會風俗即賴所說的道德倫理說而建立、而維持。現代中國農村中的民間社會,仍多以此以規範其道德生活。但城市中的市民社會則多趨於跟隨前面所說的西方式的道德說而生活。政府當局、立法議會則特別著意於西方式的法治說,以此為其治理的範式說。重法治是對的、不能避免的,但人的生活不能僅足於法律的遵守上。孔子曰:「導之以政,齊之以刑,民免而無恥,導之以德,齊之以禮,有恥且格」。㊶

㊶《論語》〈為政〉。

（3）由文學藝術説

儒學以文學藝術去抒發人性的情感性的要求，在過去有很好的表現。此過去的表現今後應繼續講求，並將其國際化。為儒學所繼承與發展的文學藝術，是本人性的正常情感而為説。此「為説」與現今以西方個人主義為中心而為説的説法很不同。因前者是以敦厚之情、溫文之念為主導；後者是以偏激之情，放蕩以至於淫褻之念為主導，但前者於現今常為人所忽視，而趨於式微；後者則由西方而東方而充斥於整個人類社會中，而以賺錢為主的財閥、資本家、報章、雜誌、電台、電視，以能賺錢而又嘩眾、取寵、出風頭、「作秀」爭知名度的明星、歌星、「作家」、編劇者、導演者互為結合，而誤導了不少的人，尤其是青年人。故繼續講求儒學的文學藝術説，並將其國際化是需要的，或説有藥救所説的誤導的意義。

（4）由政治思想説

儒學在政治上所要表達的是「天視自我民視，天聽自我民聽」、「為政以德」、「民為貴、社稷次之、君為輕」的以「人民為主」的政治思想，而不是「朕即國家」，以君主為主的政治思想。在過去，儒學是以君主政制去表達此思想；現在君主政制失落了，儒學不再能由君主政制去表達其政治思想，但可以民主政制——不同模式的民主政制去表達。

由儒學本人性的政治性的要求而説的政治，其所著意的是人民，而不是政制，政制只是藉之以表現此「著意」而已，君主政制如此、民主政制亦如此。由此了解去説，儒學由仁政、德治、以倫理道德、宗教與政治相配合而為説的政治「以人為主」的説法，仍是值得繼續講求，並將其國際化的。此「講求」與「國際化」要不為時代和政制所限，因在過去、在君主政制之下，有不以「人民為主」的事，在現代、在民主政制之下，亦有不以「人民為主」，或以「民主」為名而行有甚於君主政制所行的不合理、不知何謂以「人民為主」的政治的事。於一國之內如此，於國際上更如此。

(5) 由自然的生命說

儒學肯定人的自然義生命的意義。以此相對於某些不著重人的此一意義的生命的學說去說，儒學的「肯定」是值得注意並要將其國際化的。至於由此生命而建立的科學知識，荀子之後的儒學沒有人繼承荀子之說，而逐步發展形成系統的科學說，如近代的西方在此上的表現一樣。由此上而為說的儒學是沒有國際化可說，而只有盡力去吸納由西方發展形成的科學說，於系統儒學的了解之內的事。

(6) 由儒學歷史性的表現說

儒學是孔子繼承六藝之學、因應人的整個生命要求——人性而創建。由所說的「繼承」的六藝之學去說，儒學在孔子之前即已由周之政治社會中樞——周天子所在地，而逐步向其外延開展。以國際化去說此開展，此即儒學的國際化表現——儒學在創建之前為其所繼承而為說的六藝之學的國際化的表現。在孔子之後，亦即儒學為孔子創建了之後，為其所繼承的六藝之學於春秋、戰國時期，未能繼續所說的表現。儒學亦未為不再以六藝之學為主導的現實政治社會所接受。由此而說其國際化、沒有所說的現實政治社會的表現，而是由所說的現實上的國際化，轉為學術思想上的傳講。此一傳講在秦用法家之說以統一六國而建立新的王朝之後，並受到了壓制。由秦而漢、在漢武帝用董仲舒之議，罷黜百家、獨尊儒術，儒學與君主政制相結合，而表現其文教的功用後，所說學術思想上的開展——國際化，再與現實的政治社會相結合而表現。此表現由漢代而直至清代。

在所說長遠的時間上，朝代一再更替，君主政制的模式一再改變，統治的王朝時分時合，但並未妨止所說儒學的國際化。清儒孔廣森由此而說：

北方戎馬，不能屏視月之儒；南國浮屠，不能改經天之義。㊷

不僅如此，由漢族人統治的朝代如此，由當時所說的異族——蒙古人、滿洲人主政的朝代——元、清二代亦如此。於漢代並隨著其國力的西進、藉通達的絲綢之

㊷ 孔廣森著：《戴氏（東原）遺書》序。

路而向中亞諸國及歐洲而開展、而國際化,及東進、由海道而向朝鮮、日本而開展、而國際化。於漢以後,由唐至清,由於中國的人的不斷向外發展,並定居海外成立華僑社會,所說的國際化隨之而及於東南亞、中東及歐美諸國。此一情形現今仍持續不斷地表現。

(7) 由儒學的理論性說

此所說「理論性」的理論,即儒學由整個人的生命要求——人性而為說的理論。此一為說的理論相對於前面所說的「歷史性」去說,此理論為所說的歷史性的表現的依據,或說為使其之所以能有如此的表現的依據。以「國際化」去說,所說歷史性的國際化,亦即為此所說的理論性的國際化,只是有時我們並不如此地說而已。但如此地說是重要的,否則我們會由只著意於歷史事實,而不知其依據而為不同的理論所誤導。相對於前面所說的:天道形而上學、道德倫理學、文學藝術說、政治思想、自然義的生命去說,此理論為所說的整個國際化的所在,而為其由此理論而有的各別表現,亦即所說的「各別表現」是各別地說其國際化,此各別的國際化亦即為此理論的國際化,只是有時未注意於此一意義而已。但對此一意義的注意是重要的,若不如此,我們會不著意於所說的各別說的最後依據為何,而為不同的理論所誤導。由此而說,對所說的「理論」的了解,講求此「理論」並將其國際化是重要的,尤其在以其相對於西方不同的理論,及由後者而出現的問題而為說時更是如此。

西方的學術理論,並不由整個人的生命要求——人性而為說,而是依於偏向的人生、人性而為說;因此,而忽視了人的整個生命要求,而僅由人的某一要求而為說。此如西方的泛神主義說、泛理主義說、泛經驗主義說、辯證唯心論(絕對唯心論)、辯證唯物論、形式論、機械論、機體論、脈絡論、選擇論、個人主義說、功利主義說、泛科學主義說、泛民主主義說等所表示的。它們皆是由人的某一要求、某一偏向的觀念,偏向的了解以說整個人生宇宙為何。

所說的西方學術理論的「為何」說,在西方的過去,由古代而至近代是或以宗教神學為主導,或以由理性經驗而為說的哲學為主導;在西方現代則以個人主義、

功利主義、泛科學主義、泛民主主義為主導。此等主導說，相對於由人的整個生命要求——人性而為說的儒學理論去說，皆各有所偏。此「有所偏」的過去的主導說，我於其他的論文中已有所說，[43] 於此不擬再說。於此要說的是由個人主義、功利主義、泛科學主義、泛民主主義說的現代西方的主導說。此主導說的四者互為關連、廣為傳播，而成為現代西方政治社會上的主流說，而改變了其過去的天道形而上學、道德倫理學、文學藝術說、人生觀、價值觀。並由西方而幾及於全世界。

所說的個人主義說，若以人要著重其自己；功利主義說以人要注意於功利的事；泛科學主義說以人要著重科學知識；泛民主主義說以在政治上要講求民主，是沒有問題的。但其並不是如此，而是或只以個人為中心、或只以自己的利益為主、或僅由科學去說人的問題、或以民主去說不屬於政治上的事，並以四者互相結合以反對、漠視家庭倫理、群體（國家民族）利益，不是屬於科學的所能了解的天道形而上學、不是由民主而為說社會人生的事。由此而出現了自私、自利、不尊重別人、害人而不利己、泛科學、泛民主的浮囂的人生社會，對此社會中的人只能以法為教、以法為政、以法為制、而不能規之以於此之外的道德倫理、天道形而上學、文學藝術說。此一情形由西方而東方幾及於全人類，而有使人只能隨之而生活，若對此有所不安，亦無可奈何！

由以上的情形去說，儒學由人的整個生命要求——人性而為說的理論是重要的，而要繼續講求，並將其國際化。

---

[43] 同註⑮。

《毛傳》與《周禮》互見資料考

宗靜航

清代是經學復興時期,「說經之書,前世莫與比盛」,① 學者對傳統的十三經差不多都做了新的疏解。② 孫詒讓的《周禮正義》,後世學者莫不推崇,③ 梁啟超、④ 王文錦 ⑤ 更認為是清人新疏中最好的一部。《周禮》「在我國古代早期的典籍中,可謂一部規模宏大的著作,它保存着研究古代社會的寶貴資料,在思想史上也產生過很大的影響。」⑥ 不過,有關《周禮》的發現經過、成書年代等問題,歷來都眾說紛紜。⑦ 孫詒讓的《周禮正義》既獲如此好評,要研讀《周禮》,探討有關問題,孫氏的見解當然要倍加重視。關於《周禮》與先秦典籍的關係,孫

---

① 馬宗霍:《中國經學史》(臺北:商務印書館,1976年) 頁151。
② 章炳麟、馬宗霍認為《禮記》、《穀梁》二經無新疏。(參章炳麟撰、朱維錚編校:《訄書》(初刻本、重訂本)「清儒第十二」(香港:三聯書店(香港)有限公司,1998年) 頁162;馬宗霍:《中國經學史》頁153。) 惟王文錦、陳玉霞說「《十三經》中除《禮記》外,清人給其他十幾部經書分別做了新的疏解。」(清•孫詒讓撰、王文錦、陳玉霞點校:《周禮正義》(北京:中華書局,1987年) 頁1「本書前言」。)
③ 姜亮夫雖然認為《周禮正義》有三個缺點:一是不能利用兩周金文中典制材料作證;二是地域觀念不夠認真;三是過信《周禮》是周代用過的典制。不過姜氏還是高度推崇《周禮正義》,指《周禮正義》「把自漢以來直至明清學人全部《周禮》著述的精說,都收入書中,折衷漢宋諸儒的是非,博采清儒的精義外,還把儒家古文經典中所有可以分析的材料,全部用進去。」(參姜亮夫:〈孫詒讓學術檢論〉,《浙江學刊》1999年第1期,頁96-97。)
④ 梁啟超:《清代學者整理舊學之總成績》(北京:商務印書館,1999年) 頁16。
⑤ 王文錦、陳玉霞:《周禮正義》(點校本) 頁1「本書前言」。
⑥ 王國軒:《周禮》,《中國古代佚名哲學名著評述》(第1卷) (山東:齊魯書社,1985年) 頁327。
⑦ 陳勝長先生謂「歷來討論《周官》成書年代的論說,可以分成三大派:第一派主張此書成於周公;第二派主張此書成立於戰國時代;第三派主張此書出於劉歆。」(參陳勝長先生:《〈周官〉非古文質疑——從文字學角度討論徐復觀先生的「論證方法」》,《明報月刊》1981年第6期,頁92。)

詒讓指出「今檢校周秦先漢諸書，《毛詩傳》及《司馬法》，與此經（引者案：指《周禮》）同者最多。其它文制契合經傳者尤眾，難以悉數。」⑧孫氏這句話十分正確。據筆者的蒐集，先秦西漢典籍與《周禮》文字互見⑨的材料很多，其中與《毛傳》有關的最多，所以本文先探討這個問題。對於《毛傳》與《周禮》的關係，現代學者曾有研究，杜其容《詩毛氏傳引書考》⑩考《毛傳》共引《考工記》凡四則，《周禮》（《考工記》除外）十三則。施炳華《毛傳釋例》⑪、詹劍峰〈《周官》考略〉⑫也曾論及《毛傳》引《周禮》，惟二人所述俱不及杜氏詳盡。但是在眾多討論《毛傳》與《周禮》之關係的文章中，卻以王國維的〈書《毛詩故訓傳》後〉⑬最為詳盡。奇怪的是上述三位學者似乎都沒有參考王氏這篇文章。據王氏之考證，《毛傳》引《周禮》凡二十七條，《詩序》引《周禮》凡五條。王氏說：

> 今案《毛傳》用《周官》者如：
>
> (1)⑭《召南・行露傳》曰「昏禮，純帛不過五兩。」
>
> (2)《摽有梅傳》曰「三十之男二十之女，禮未備則不待禮會而行之者，所以蕃育人民也。」前《傳》直用《地官・媒氏》職文，後《傳》則用《媒氏》義也。
>
> (3)《鄘風・定之方中傳》曰「度日出日入以知東西，南視定、北準極，以正南北。」
>
> (4)《大雅・篤公劉傳》曰「考于日景參之高岡。」則用《考工記・匠氏》義也。
>
> (5)《鄘風・干旄傳》曰「鳥隼曰旟。」
>
> (6) 又曰「析羽為旌。」

⑧孫詒讓：《周禮正義》（點校本）第1冊，頁6。
⑨筆者用「互見」而不用「引用」，是希望在有結論前，保持客觀的態度。
⑩杜其容：〈詩毛氏傳引書考〉，《學術季刊》第4卷第2期，頁16-18。
⑪施炳華：《毛傳釋例》（臺灣國立政治大學碩士論文，1974年）頁17-19、頁128-131。
⑫詹劍峰：〈《周官》考略〉，《文獻》第13輯，1983年，頁146-162。
⑬王國維：〈書《毛詩詁訓傳》後〉《觀堂別集》（《王國維遺書》，上海：上海古籍出版社，1983年）第4冊，卷1，頁3-5。
⑭王氏原文並無編號，編號乃引者所加。

(7)《小雅•出車傳》曰「龜蛇曰旐。」

(8) 又曰「鳥隼曰旟。」

(9)《六月傳》曰「日月為常。」

(10)《大雅•桑柔傳》曰「鳥隼曰旟，龜蛇曰旐。」

(11)《韓奕傳》曰「交龍為旂。」則《春官•司常》職文也。

(12)《王風•大車傳》曰「天子大夫四命，其出封五命，如子男之服，服毳冕以決訟。」

(13)《唐風•無衣傳》曰「侯伯之禮七命，冕服七章。」

(14) 又曰「天子之卿六命，車旗衣服以六為節。」則《春官•典命》及《司服》職文也。

(15)《秦風•車鄰傳》曰「寺人內小臣也。」內小臣者，天官之屬也。

(16)《駟驖傳》曰「冬獻狼，夏獻麋，秋冬獻鹿豕群獸。」則《天官•獸人》職文也。

(17)《終南傳》曰「黑與青謂之黻，五色備謂之繡。」

(18)《小雅•采菽傳》曰「白與黑謂之黼。」則《考工記•畫繢》之事也。

(19)《無衣傳》曰「戈長六尺六寸，矛長二丈。」亦《考工記》義也。

(20)《豳風•七月傳》曰「大獸公之，小獸私之。」則《夏官•大司馬》職文也。

(21)《小雅•常棣傳》曰「王與親戚燕則尚毛。」亦《秋官•司儀》職文也。

(22)《小雅•天保傳》曰「春曰祠，夏曰禴，秋曰嘗，冬曰烝。」則《春官•大宗伯》職義也。

(23)《正月傳》曰「古者有罪不入于刑，則役之圜土以為臣僕。」則《地官•司救》、《秋官•司圜》義也。

(24)《大雅•緜傳》曰「鼖大鼓長一丈二尺。」則《考工記•韗人》義也。

(25)《生民傳》曰「嘗之日，涖卜來歲之芟；獮之日，涖卜來歲之戒；社之日，涖卜來歲之稼。」則《春官・肆師》職文也。

(26)《行葦傳》曰「天子之弓合九而成規。」則《夏官・司弓矢》、《考工記・弓人》職文也。

(27)《雲漢傳》曰「國有凶荒則索鬼神而祭之。」則《地官・大司徒》職文也。

(28)《魯頌・駉傳》曰「諸侯六閑，馬四種。有良馬、有田馬、有戎馬、有駑馬。」則《夏官・校人》及《馬質》職文也。

凡出《周官》者二十七條。蓋小毛公為河間獻王博士，得見《周官》，因取以傳《詩》附諸故訓之後。雖《詩序》之中亦有為小毛公增益者，如：

(1)《周南・關雎序》說《詩》有六義語，本《春官・太師》。

(2)《衞風・有狐序》云「古者國有凶荒則殺禮而多昏。」語本《地官・大司徒》。

(3)《王風・大車序》云「男女之訟。」亦本《地官・媒氏》。

(4)《齊風・東方未明序》云「挈壺氏不能掌其職。」本《夏官・挈壺氏》。

(5)《南山序》「鳥獸之行。」本《夏官・大司馬》。

蓋均非大毛公本文。⑮

王國維共列舉《毛傳》引《周禮》二十八例；《詩序》引《周禮》五例，雖然較杜其容等學者為多，不過仍然有所遺漏。另外，據筆者所考王國維以《秦・車鄰傳》「寺人，內小臣也」是引《周禮》，其說並不可從，所以經王氏所考者實應為二十七條。⑯ 現在先把本文所蒐集《毛傳》與《周禮》互見之資料抄列如下：

---

⑮ 王國維：〈書《毛詩故訓傳》後〉（《觀堂別集》）《王國維遺書》第4冊，卷1，頁3-5。

⑯ 據筆者所數王國維共列有28條《毛傳》，惟第15條《秦・車鄰傳》「寺人，內小臣也」並非引用《周禮》。「內小臣」一職又見於《儀禮・燕禮》，陳奐云：《周禮・序官》內小臣、閽人、寺人、內豎皆奄官，內小臣為奄官之長，與寺人別官。《傳》云內小臣，則知此寺人非《周禮》寺人矣。……《儀禮・燕禮》：「主人洗……降洗，遂獻左右正與內小臣，皆于阼階上，如獻庶子之禮。」……此《詩》下章「鼓瑟鼓簧」正行君燕臣禮，《傳》以內小臣釋寺人，實本《燕禮》為說。（陳奐：《詩毛氏傳疏》第1冊，頁299-300。）孫詒讓亦以《毛傳》之「寺人」非即「內小臣」，孫氏云：《車鄰・毛傳》云：「寺人，內小臣也。」孔疏云：「天子之官，內

(1)《天官・獸人》：冬獻狼，夏獻麋，春秋獻獸物。⑰

《秦・駟驖傳》：冬獻狼，夏獻麋，春秋獻鹿豕群獸。⑱

　　陳奐《詩毛氏傳疏》：上章《傳》云『冬獵曰狩』，而此則又引《周禮・獸人》文以廣證時牲之義。⑲

(2)《天官・九嬪》：九嬪掌婦學之法，以教九御婦德、婦言、婦容、婦功，各帥其屬而以時御敘于王所。⑳

《周南・葛覃傳》：古者女師教婦德、婦言、婦容、婦功，祖廟未毀教于公宮，三月祖廟既毀，教于宗室。㉑

古代教婦德、婦言之事又見於《禮記》和《儀禮》：

《禮記・昏儀》：是以古者婦人先嫁三月，祖未毀教于公宮，三月祖既毀，教于宗室。教以婦德、婦言、婦容、婦功。㉒

《儀禮・士昏禮》：祖廟未毀教于公宮，三月若祖廟已毀，則教于宗室。㉓

陳奐《詩毛氏傳疏》：《禮記・昏義篇》教以婦德、婦言、婦容、婦功。《周禮・九嬪》掌婦學之法以教九御婦德、婦言、婦容、婦功。此《傳》所本也。㉔

(3)《地官・大司徒》：以荒政十有二聚萬民……七曰眚禮，……十曰多

小臣與寺人別官也。《燕禮》，諸侯之禮也，經云『獻左右正與內小臣』，是諸侯之官有內小臣也。《左傳》齊有寺人貂，晉有寺人披，是諸侯之官有寺人也。然則寺人與內小臣別官矣。此云寺人內小臣者，言寺人是在內細小之臣，非謂寺人即是內小臣之官也。內小臣之官與寺人之官，猶自別矣。」（孫詒讓：《周禮正義》（點校本）第1冊，頁48。）筆者按：陳、孫二說是也。所以王國維所考《毛傳》引《周禮》實只二十七條。

⑰《周禮注疏》（阮刻本）（臺北：藝文印書館，1982年）頁65。
⑱《毛詩注疏》（阮刻本）（臺北：藝文印書館，1982年）頁235。
⑲陳奐：《詩毛氏傳疏》第1冊，頁302。
⑳《周禮注疏》（阮刻本）頁116。
㉑《毛詩注疏》（阮刻本）頁31。
㉒《禮記注疏》（阮刻本）（臺北：藝文印書館，1982年）頁1001-2。
㉓《儀禮注疏》（阮刻本）（臺北：藝文印書館，1982年）頁60。
㉔陳奐：《詩毛氏傳疏》第1冊，頁21。

昏……十有一日索鬼神。㉕

《秋官•掌客》：凶荒殺禮。㉖

《召南•野有死麕傳》：凶荒則殺禮。㉗

《衛•有狐序》：古者國有凶荒則殺禮而多昏，會男女之無夫家者，所以蕃育民人也。㉘

《大雅•雲漢傳》：國有凶荒則索鬼神而祭之。㉙

　　陳奐《詩毛氏傳疏》：《周禮•大司徒》以荒政十有二聚萬民，十有一曰索鬼神。鄭司農注云「索鬼神求廢祀而修之，《雲漢》之詩所謂靡神不舉，靡愛斯牲者也。」《毛傳》本《周禮》，故仲師即本詩以為說。㉚

(4)《地官•媒氏》：令男三十而娶，女二十而嫁。……中春之月令會男女，於是時也，奔者不禁。㉛

《召南•摽有梅傳》：不待禮備也。三十之男，二十之女，禮未備則不待禮會而行之者，以蕃育民人也。㉜

古代男女嫁娶年齡之說又見於《穀梁傳》、《大戴禮》和《尚書大傳》：

《穀梁•文•十二年》：男子……三十而娶，女子……二十而嫁。㉝

《大戴•本命》：中古男三十而娶，女二十而嫁。㉞

《尚書大傳》：孔子對子張曰男子三十而娶，女子二十而嫁。㉟

㉕ 《周禮注疏》（阮刻本）頁157。
㉖ 《周禮注疏》（阮刻本）頁586。
㉗ 《毛詩注疏》（阮刻本）頁65。
㉘ 《毛詩注疏》（阮刻本）頁140。
㉙ 《毛詩注疏》（阮刻本）頁660。
㉚ 陳奐：《詩毛氏傳疏》第2冊，頁770。
㉛ 《周禮注疏》（阮刻本）頁216-7。
㉜ 《毛詩注疏》（阮刻本）頁63。
㉝ 《穀梁注疏》（阮刻本）（臺北：藝文印書館，1982年）頁108。
㉞ 王聘珍：《大戴禮記解詁》（北京：中華書局，1983年）頁251。
㉟ 鄭玄注、王闓運補注：《尚書大傳》（《萬有文庫》，臺北：商務印書館，1937年）頁3。

陳奐《詩毛氏傳疏》：《周禮・大司徒》以荒政十有二聚萬民，十曰多昏。鄭司農云：「多昏，不備禮而娶昏者多也。」與此《傳》訓同。《傳》又本《周禮》會男女法，以申明不待備禮之義。㊱

(5) 《地官・媒氏》：凡嫁子娶妻，入幣純帛，無過五兩。㊲

《召南・行露傳》：昏禮，純帛不過五兩。㊳

(6) 《地官・遂人》：五家為鄰，五鄰為里。㊴

《鄭・將仲子》：二十五家為里。㊵

(7) 《春官・大宗伯》：以辜祭四方百物，以肆獻祼享先王，以饋食享先王，以祠春享先王，以禴夏享先王，以嘗秋享先王，以烝冬享先王。㊶

《春官・司尊彝》：春祠夏禴……秋嘗冬烝。㊷

《小雅・天保傳》：春曰祠，夏曰禴，秋曰嘗，冬曰烝。㊸

有關四季祭祀的名稱又見於《爾雅》、《春秋繁露》、《禮記》和《公羊傳》：

《爾雅・釋天》：春祭曰祠，夏祭曰礿，秋祭曰嘗，冬祭曰烝。㊹

《春秋繁露・四祭》：古者歲四祭。四祭者，四時之所生孰，而祭其先祖父母也。古春曰祠，夏曰礿，秋曰嘗，冬曰蒸。㊺

《禮記・王制》：天子諸侯宗廟之祭，春曰礿，夏曰禘，秋曰嘗，冬曰烝。㊻

㊱ 陳奐：《詩毛氏傳疏》第 1 冊，頁 62。
㊲ 《周禮注疏》（阮刻本）頁 217。
㊳ 《毛詩注疏》（阮刻本）頁 56。
㊴ 《周禮注疏》（阮刻本）頁 232。
㊵ 《毛詩注疏》（阮刻本）頁 162。
㊶ 《周禮注疏》（阮刻本）頁 272-3。
㊷ 《周禮注疏》（阮刻本）頁 305。
㊸ 《毛詩注疏》（阮刻本）頁 330。
㊹ 《爾雅注疏》（阮刻本）（臺北：藝文印書館，1982 年）頁 99。
㊺ 蘇輿撰、鍾哲點校：《春秋繁露義證》（北京：中華書局，1992 年）頁 406。
㊻ 《禮記注疏》（阮刻本）頁 242。

《公羊•桓•八年》：八月春正月已卯烝。烝者何？冬祭也。春曰祠，夏曰礿，秋曰嘗，冬曰烝。㊼

(8)《春官•大宗伯》：時見曰會，殷見曰同。㊽

《小雅•車攻傳》：時見曰會，殷見曰同。㊾

陳奐《詩毛氏傳疏》：「時見曰會，殷見曰同」，《周禮•大宗伯》文。㊿

(9)《春官•肆師》：嘗之日，涖卜來歲之芟；獮之日，涖卜來歲之戒；社之日，涖卜來歲之稼。(51)

《大雅•生民傳》：嘗之日，涖卜來歲之芟；獮之日，涖卜來歲之戒；社之日，涖卜來歲之稼。(52)

陳奐《詩毛氏傳疏》：「嘗之日」以下，《周禮•肆師》文，《傳》引以證興來繼往之義。(53)

(10)《春官•典命》：典命掌諸侯之五儀，諸臣之五等之命。上公九命為伯，其國家、宮室、車旗、衣服、禮儀，皆以九為節；侯伯七命，其國家、宮室、車旗、衣服、禮儀，皆以七為節；子男五命，其國家、宮室、車旗、衣服、禮儀，皆以五為節。王之三公八命，其卿六命，其大夫四命。及其出封，皆加一等。其國家、宮室、車旗、衣服、禮儀亦如之。(54)

《唐•無衣傳》：侯伯之禮七命，冕服七章。天子之卿六命，車旗、衣服、以六為節。(55)

㊼《公羊注疏》（阮刻本）（臺北：藝文印書館，1982年）頁59。
㊽《周禮注疏》（阮刻本）頁275。
㊾《毛詩注疏》（阮刻本）頁367。
㊿ 陳奐：《詩毛氏傳疏》第1冊，頁461。
(51)《周禮注疏》（阮刻本）頁298。
(52)《毛詩注疏》（阮刻本）頁594。
(53) 陳奐：《詩毛氏傳疏》第2冊，頁707。
(54)《周禮注疏》（阮刻本）頁321。
(55)《毛詩注疏》（阮刻本）頁226。

《王・大車傳》：天子大夫四命，其出封五命，如子男之服。(56)

有關侯伯命數禮儀之分等，又見《大戴禮・朝事》：

是故古者天子之官，有典命掌諸侯之儀，……典命諸侯之五儀，諸臣之五等以定其爵，故貴賤有別，尊卑有序，上下有差也。命上公九命為伯，其國家、宮室、車旗、衣服、禮儀，皆以九為節；諸侯諸伯七命，其國家、宮室、車旗、衣服、禮儀，皆以七為節；子男五命，其國家、宮室、車旗、衣服、禮儀，皆以五為節。王之三公八命，其卿六命，其大夫四命。及其出封也，皆加一等。其國家、宮室、車旗、衣服、禮儀亦如之。(57)

(11)《春官・司常》：掌九旗之物名，各有屬，以待國事。日月為常，交龍為旂，通帛為旜，雜帛為物，熊虎為旗，鳥隼為旟，龜蛇為旐，全羽為旞，析羽為旌。(58)

《小雅・六月傳》：日月為常。(59)

《大雅・韓奕傳》：交龍為旂。(60)

《鄘・干旄傳》：鳥隼曰旟，析羽為旌。(61)

《小雅・出車傳》：鳥隼曰旟，龜蛇曰旐。(62)

《大雅・桑柔傳》：交龍為旂，鳥隼曰旟，龜蛇曰旐。(63)

陳奐《詩毛氏傳疏》：「日月為常」，《周禮・司常》文。《司常》云：「王載大常。」《大司馬》云：「仲秋教治兵，王載大常」……《傳》正本《大司馬》為訓。(64)

---

(56)《毛詩注疏》（阮刻本）頁 153。

(57) 王聘珍：《大戴禮記解詁》頁 225-6。

(58)《周禮注疏》（阮刻本）頁 420。

(59)《毛詩注疏》（阮刻本）頁 357。

(60)《毛詩注疏》（阮刻本）頁 680。

(61)《毛詩注疏》（阮刻本）頁 124。

(62)《毛詩注疏》（阮刻本）頁 338。

(63)《毛詩注疏》（阮刻本）頁 653。

(64) 陳奐：《詩毛氏傳疏》第 1 冊，頁 444。

陳奐又云：《周禮•司常》「鳥隼為旟」，《傳》所本也。(65)

(12)《夏官•敘官》：王六軍。(66)

《小雅•瞻彼洛矣傳》：天子六軍。(67)

《大雅•棫樸傳》：天子六軍。(68)

有關周天子六軍之説又見於《左傳》、《穀梁傳》：

《左傳•襄•十四年》：周為六軍。(69)

《穀梁•襄•十一年》：古者天子六師。(70)

(13)《夏官•大司馬》：中春教振旅……遂以蒐田……中夏教茇舍……遂以苗田……中秋教治兵……遂以獮田……中冬教大閱……遂以狩田。(71)

《小雅•車攻傳》：夏獵曰苗。(72)

《秦風•駟驖傳》：冬獵曰狩。(73)

《鄭風•叔于田》：冬獵曰狩。(74)

有關四季狩獵的名稱又見於《管子》、《國語》、《左傳》、《爾雅》和《司馬法》：

《管子•小匡》：春以田，曰蒐，振旅。秋以田，曰獮，治兵。(75)

《國語•齊語》：春以蒐振旅，秋以獮治兵。(76)

《左傳•隱•五年》：春蒐、夏苗、秋獮、冬狩。(77)

---

(65) 陳奐：《詩毛氏傳疏》第1冊，頁146。

(66)《周禮注疏》（阮刻本）頁429。

(67)《毛詩注疏》（阮刻本）頁478。

(68)《毛詩注疏》（阮刻本）頁557。

(69)《左傳注疏》（阮刻本）（臺北：藝文印書館，1982年）頁562。

(70)《穀梁注疏》（阮刻本）頁152。

(71)《周禮注疏》（阮刻本）頁442-7。

(72)《毛詩注疏》（阮刻本）頁367。

(73)《毛詩注疏》（阮刻本）頁235。

(74)《毛詩注疏》（阮刻本）頁163。

(75) 趙守正：《管子通解》（北京：北京經濟學院出版社，1989年）頁299。

(76)《國語》（上冊）（上海：上海古籍出版社，1978年）頁232。

(77)《左傳注疏》（阮刻本）頁59。

《爾雅•釋天》：春獵為蒐，夏獵為苗，秋獵為獮，冬獵為狩。[78]

《司馬法•仁本》：春蒐秋獮，諸侯春振旅秋治兵，所以不忘戰也。[79]

陳奐《詩毛氏傳疏》：「春蒐、夏苗、秋獮、冬狩」，《爾雅•釋天》、《周禮•大司馬》、《隱•五年傳》並同。《傳》所本也。[80]

《穀梁傳》與《公羊傳》也有類似的資料，但名稱不同：

《穀梁•桓•四年》：春曰田，夏曰苗，秋曰蒐，冬曰狩。[81]

《公羊•桓•四年》：春曰苗，秋曰蒐，冬曰狩。[82]

(14)《夏官•大司馬》：大獸公之，小禽私之。[83]

《秋官•朝士》：凡得獲貨賄、人民、六畜者……大者公之，小者庶民私之。[84]

《豳•七月傳》：大獸公之，小獸私之。[85]

陳奐《詩毛氏傳疏》：《正義》云「大獸公之，小獸私之」，《大司馬》職文。「禽」、「獸」得通。[86]

(15)《夏官•挈壺氏》：掌挈壺以令軍井，挈轡以令舍，……皆以水火守之，分以日夜。[87]

《齊•東方未明序》：刺無節也。朝廷興居無節號令不時，挈壺氏不能掌其職焉。[88]

---

[78] 《爾雅注疏》（阮刻本）頁100。
[79] 劉仲平：《司馬法今註今譯》（臺北：商務印書館，1981年）頁1。
[80] 陳奐：《詩毛氏傳疏》第1冊，頁206。
[81] 《穀梁注疏》（阮刻本）頁32。
[82] 《公羊注疏》（阮刻本）頁51。
[83] 《周禮注疏》（阮刻本）頁448。
[84] 《周禮注疏》（阮刻本）頁533。
[85] 《毛詩注疏》（阮刻本）頁283。
[86] 陳奐：《詩毛氏傳疏》第1冊，頁367。
[87] 《周禮注疏》（阮刻本）頁461。
[88] 《毛詩注疏》（阮刻本）頁191。

《齊•東方未明傳》：古者有挈壺氏以水火分日夜以告時於朝。⑧⑨

(16)《夏官•隸僕》：王行，洗乘石。⑨⑩

《小雅•白華傳》：扁扁，乘石貌。王乘車履石。⑨①

(17)《夏官•司弓矢》：天子之弓，合九而成規；諸侯合七而成規，大夫合五而成規，士合三而成規。⑨②

《冬官•弓人》：為天子之弓，合九而成規；為諸侯之弓，合七而成規；大夫之弓，合五而成規；士之弓，合三而成規。⑨③

《大雅•行葦傳》：天子之弓，合九而成規。⑨④

陳奐《詩毛氏傳疏》：「天子之弓合九而成規」，《夏官•司弓矢》及《考工記》並有此文。⑨⑤

(18)《夏官•校人》：辨六馬之屬，種馬一物，戎馬一物，齊馬一物，道馬一物，田馬一物，駑馬一物。……天子十有二閑，馬六種；邦國六閑，馬四種。⑨⑥

《夏官•馬質》：馬量三物，一曰戎馬，二曰田馬，三曰駑馬。⑨⑦

《魯頌•駉傳》：諸侯六閑，馬四種；有良馬，有戎馬，有田馬，有駑馬。⑨⑧

陳奐《詩毛氏傳疏》：《周禮•校人》「掌王馬之政……。」案此《傳》所本也。⑨⑨

---

⑧⑨《毛詩注疏》（阮刻本）頁192。
⑨⑩《周禮注疏》（阮刻本）頁479。
⑨①《毛詩注疏》（阮刻本）頁518。
⑨②《周禮注疏》（阮刻本）頁486。
⑨③《周禮注疏》（阮刻本）頁661。
⑨④《毛詩注疏》（阮刻本）頁602。
⑨⑤陳奐：《詩毛氏傳疏》第2冊，頁713。
⑨⑥《周禮注疏》（阮刻本）頁494-5。
⑨⑦《周禮注疏》（阮刻本）頁455。
⑨⑧《毛詩注疏》（阮刻本）頁763。
⑨⑨陳奐：《詩毛氏傳疏》第2冊，頁879。

(19)《夏官・庾人》：馬八尺以上為龍，七尺以上為騋，六尺以上為馬。⑩

《鄘・定之方中傳》：馬七尺以上曰騋。⑩

《周南・漢廣傳》：六尺以上為馬。⑩

　　陳奐《詩毛氏傳疏》：「馬七尺以上曰騋」，《傳》本《周禮・庾人》文為說。⑩

　　陳奐《詩毛氏傳疏》：《傳》云「六尺以上曰馬」，從《周禮》說也。⑩

(20)《地官・司救》：其有過失者，三讓而罰，三罰而歸于圜土。⑩

《秋官・大司寇》：以圜土聚教罷民，凡害人者，寘之圜土而施職事焉，以明刑⑩恥之。其能改者，反于中國，不齒三年，其不能改而出圜土者，殺。⑩

《秋官・司圜》：掌收教罷民，凡害人者，弗使冠飾而加明刑焉，任之以事而收教之。能改者，……其不能改而出圜土者，殺。雖出，三年不齒。凡圜土之刑人也不虧體，其罰人也不虧財。⑩

《小雅・正月傳》：古者有罪不入於刑則役之圜土以為臣僕。⑩

　　陳奐《詩毛氏傳疏》：《周禮・司圜》「掌收教罷民……」案《毛傳》本《周禮》。⑩

---

⑩《周禮注疏》（阮刻本）頁497。
⑩《毛詩注疏》（阮刻本）頁117。
⑩《毛詩注疏》（阮刻本）頁42。
⑩陳奐：《詩毛氏傳疏》第1冊，頁142。
⑩陳奐：《詩毛氏傳疏》第1冊，頁38。
⑩《周禮注疏》（阮刻本）頁214。
⑩鄭玄：「明刑，書其罪惡於大方版，著其背。」（《周禮注疏》（阮刻本）頁516。）
⑩《周禮注疏》（阮刻本）頁516-7。
⑩《周禮注疏》（阮刻本）頁543-4。
⑩《毛詩注疏》（阮刻本）頁398。
⑩陳奐：《詩毛氏傳疏》第1冊，頁498。

(21)《秋官•司盟》：凡邦國有疑會同，則掌其盟約之載及其禮儀，……盟萬民之犯命者，詛其不信者亦如之。⑪

《小雅•巧言傳》：凡國有疑會同，則用盟而相要也。⑫

《小雅•何人斯傳》：民不相信，則盟詛之。⑬

　　陳奐《詩毛氏傳疏》：《傳》（引者案：指《巧言傳》）引《周禮》文以釋經之盟字耳。⑭

(22)《秋官•大行人》：諸侯之禮，執信圭七寸，繅藉七寸，冕服七章。⑮

《唐•無衣傳》：侯伯之禮七命，冕服七章。⑯

有關諸侯之禮七命又見於《大戴禮》：

《大戴•朝事》：諸侯之禮，執信圭七寸，繅藉七寸，冕服七章。⑰

(23)《秋官•司儀》：王燕，則諸侯毛。⑱

《小雅•棠棣傳》：王與親戚燕則尚毛。⑲

《棠棣•孔疏》：《中庸》曰「燕毛所以序齒。」《文王世子》曰「公與族人燕則以齒而孝悌之道達矣。」王與宗族之人燕以毛髮年齒為次第也。《司儀》曰「王燕，則諸侯毛。」亦謂同姓諸侯也。故彼注云「謂以髮鬢為坐，朝事尊尊尚爵，燕則親親尚齒。」云親親是燕同姓明矣。⑳

---

⑪《周禮注疏》（阮刻本）頁 541。
⑫《毛詩注疏》（阮刻本）頁 424。
⑬《毛詩注疏》（阮刻本）頁 427。
⑭ 陳奐：《詩毛氏傳疏》第 1 冊，頁 531。
⑮《周禮注疏》（阮刻本）頁 562。
⑯《毛詩注疏》（阮刻本）頁 226。
⑰ 王聘珍：《大戴禮記解詁》頁 227。
⑱《周禮注疏》（阮刻本）頁 576。
⑲《毛詩注疏》（阮刻本）頁 322。
⑳《毛詩注疏》（阮刻本）頁 322。孫詒讓反對《棠棣•孔疏》，以為「此經（引者案：指《秋官•司儀》）乃專據王合諸侯而燕，與平時燕諸侯群臣不同。若是同姓族燕，則經又不宜概稱諸侯，絕無別異之文。蓋王合諸侯而饗，禮在《掌客》，彼注謂公侯伯子男盡在。此燕亦五等諸侯盡

(24)《秋官・掌客》：凡禮賓客，國新殺禮，凶荒殺禮，札喪殺禮，禍災殺禮，在野在外殺禮。㉑

《大雅・公劉傳》：新國則殺禮也。㉒

　　陳奐《詩毛氏傳疏》：《周禮・掌客》「凡禮賓客，國新殺禮。」國新即新國。公劉新國於豳執豕為殺禮，《傳》意本《周禮》為訓也。㉓

(25)《冬官・總敍》：戈柲六尺有六寸。㉔

《冬官・廬人》：戈柲六尺有六寸。㉕

《秦・無衣傳》：戈長六尺六寸。㉖

(26)《冬官・韗人》：為皋鼓，長尋有四尺。㉗

《大雅・綿傳》：鼖，大鼓也。長一丈二尺。㉘

　　陳奐《詩毛氏傳疏》：《考工記・韗人》「為皋鼓，長尋有四尺」，古咎皋聲同，《毛傳》正本《周禮》也。㉙

(27)《冬官・畫繢》：青與赤謂之文，赤與白謂之章，白與黑謂之黼，黑與青謂之黻，五采備謂之繡。㉚

在，而其禮則貴齒而不尚爵。若饗禮則以爵為獻數，故《掌客》云「諸侯長十有再獻」，注云「獻公侯以下，如其命數。」二禮所尚不同，亦禮貴相變也。」(孫詒讓：《周禮正義》(點校本) 第 12 冊，頁 3021-2。) 筆者案：《司儀》經文在「王燕，則諸侯毛」前有載「詔王儀，南鄉見諸侯，土揖庶姓，時揖異姓，天揖同姓」(《周禮注疏》(阮刻本) 頁 575。)，可見《司儀》所載之王燕禮法是以同姓、異姓、庶姓為據，與《掌客》不同。所以「王燕，則諸侯毛」或專指同姓諸侯而言。

㉑《周禮注疏》(阮刻本) 頁 586。
㉒《毛詩注疏》(阮刻本) 頁 619。
㉓ 陳奐：《詩毛氏傳疏》第 2 冊，頁 728。
㉔《周禮注疏》(阮刻本) 頁 597。
㉕《周禮注疏》(阮刻本) 頁 640。
㉖《毛詩注疏》(阮刻本) 頁 244。
㉗《周禮注疏》(阮刻本) 頁 622。
㉘《毛詩注疏》(阮刻本) 頁 549。
㉙ 陳奐：《詩毛氏傳疏》第 2 冊，頁 660。
㉚《周禮注疏》(阮刻本) 頁 623。

《小雅・采菽傳》：白與黑謂之黼，⑬¹

《秦・終南傳》：黑與青謂之黻，五色備謂之繡。⑬²

《大雅・文王傳》：黼，白與黑也。⑬³

(28)《冬官・匠人》：匠人建國，水地以縣，置槷以縣，視以景。為規，識日出之景與日入之景。晝參諸日中之景，夜考之極星，以正朝夕。⑬⁴

《鄘・定之方中傳》：度日出日入以知東西，南視定，北準極，以正南北。⑬⁵

《大雅・公劉傳》：既景乃岡，考於日景，參之高岡。⑬⁶

　　陳奐《詩毛氏傳疏》：案《毛傳》本《匠人》。⑬⁷

現在把《詩序》與《周禮》互見之資料抄錄如下：

(1)《天官・漁人》：春獻王鮪。⑬⁸

《周頌・潛敍》：季冬薦魚，春獻鮪也。⑬⁹

「薦魚」、「獻鮪」事又見於《禮記》。

《禮記・月令》：季春之月，……乃告舟備具于天子焉，天子始乘舟，薦鮪于寢廟。⑭⁰……季冬之月……命漁師始漁，天子親往，乃嘗魚，先薦寢廟。⑭¹

(2)《地官・大司徒》：以荒政十有二聚萬民：七曰眚禮，……十曰多

---

⑬¹《毛詩注疏》（阮刻本）頁 500。
⑬²《毛詩注疏》（阮刻本）頁 243。
⑬³《毛詩注疏》（阮刻本）頁 536。
⑬⁴《周禮注疏》（阮刻本）頁 642。
⑬⁵《毛詩注疏》（阮刻本）頁 115。
⑬⁶《毛詩注疏》（阮刻本）頁 620。
⑬⁷陳奐：《詩毛氏傳疏》第 1 冊，頁 139。
⑬⁸《周禮注疏》（阮刻本）頁 66。
⑬⁹《毛詩注疏》（阮刻本）頁 733。
⑭⁰《禮記注疏》（阮刻本）頁 302-3。
⑭¹《禮記注疏》（阮刻本）頁 346-7。

昏。⑭

《秋官・掌客》：凶荒殺禮。⑭

《衛・有狐序》：古者國有凶荒則殺禮而多昏，會男女之無夫家者，所以蕃育民人也。⑭

《召・野有死麕傳》：凶荒則殺禮。⑭

(3)《地官・媒氏》：凡男女之陰訟，聽之于勝國之社。⑭

《王・大車序》：刺周大夫也。禮義陵遲，男女淫奔。故陳古以刺今大夫不能聽男女之訟焉。⑭

(4)《春官・大師》：教六詩：曰風，曰賦，曰比，曰興，曰雅，曰頌。⑭

《關雎序》：詩有六義焉：故一曰風，二曰賦，三曰比，四曰興，五曰雅，六曰頌。⑭

(5)《夏官・大司馬》：外內亂，鳥獸行，則滅之。⑮

《齊・南山序》：刺襄公也。鳥獸之行，淫乎其妹，大夫遇是惡，作詩而去之。⑮

「外內亂」説又見於《司馬法》。

《司馬法・仁本》：外內亂，禽獸行，則滅之。⑮

(6)《夏官・挈壺氏》：掌挈壺以令軍井，挈轡以令舍，……皆以水火守之，分以日夜。⑮

---

⑭《周禮注疏》（阮刻本）頁157。
⑭《周禮注疏》（阮刻本）頁586。
⑭《毛詩注疏》（阮刻本）頁140。
⑭《毛詩注疏》（阮刻本）頁65。
⑭《周禮注疏》（阮刻本）頁218。
⑭《毛詩注疏》（阮刻本）頁153。
⑭《周禮注疏》（阮刻本）頁356。
⑭《毛詩注疏》（阮刻本）頁15。
⑮《周禮注疏》（阮刻本）頁440。
⑮《毛詩注疏》（阮刻本）頁195。
⑮劉仲平：《司馬法今註今譯》頁2-3。
⑮《周禮注疏》（阮刻本）頁461。

《齊‧東方未明序》：刺無節也。朝廷興居無節號令不時，挈壺氏不能掌其職焉。⑮

《齊‧東方未明傳》：古者有挈壺氏以水火分日夜以告時於朝。⑯

對於以上所列《毛傳》、《詩序》與《周禮》互見的資料，有四點需要注意：

一、以上所列《毛傳》與《周禮》互見的資料共二十八組，《詩序》與《周禮》互見的資料共六組，表面上與王國維所考相近，但本文是以《周禮》為本位，王氏以《毛傳》為本位。所以本文所蒐集到的《毛傳》條目和互見次數實際上較王氏為多，例如：《召‧野有死麕傳》、《鄭‧將仲子傳》、《齊‧東方未明傳》、《小雅‧車攻傳》、《小雅‧瞻彼洛矣》等，王氏均缺考；《周頌‧潛敘》也是王國維所失考。

二、《周禮》與《毛傳》互見的資料分佈情況為：

天官	獸人、九嬪	共2次
地官	大司徒、司救、媒氏（2次）、遂人	共5次
春官	大宗伯（2次）、肆師、司尊彝、典命、司常	共6次
夏官	敘官、大司馬（2次）、馬質、挈壺氏、隸僕、司弓矢、校人、庾人	共9次
秋官	大司寇、朝士、司盟、司圜、掌客（2次）、大行人、司儀	共8次
冬官	敘官、鞾人、畫繢、廬人、匠人、弓人	共6次
		合計：36次

與《詩序》互見的資料分佈情況為：

天官	漁人	共1次
地官	大司徒、媒氏	共2次
春官	大師	共1次
夏官	大司馬、挈壺氏	共2次
		合計：6次

⑮《毛詩注疏》（阮刻本）頁191。
⑯《毛詩注疏》（阮刻本）頁192。

三、《毛傳》與《周禮》互見的資料分佈情況為：

周南	葛覃、漢廣	共 2 次
召南	行露、摽有梅、野有死麕	共 3 次
鄘	定之方中（2 次）、干旄	共 3 次
王	大車	共 1 次
鄭	將仲子、叔于田	共 2 次
齊	東方未明	共 1 次
唐	無衣（2 次）	共 2 次
秦	駟驖（2 次）、終南、無衣	共 4 次
豳	七月	共 1 次
小雅	棠棣、天保、出車、六月、車攻（2 次）、正月、巧言、何人斯、瞻彼洛矣、采菽、白華	共 12 次
大雅	文王、緜、棫樸、生民、行葦、公劉（2 次）、桑柔、雲漢、韓奕	共 10 次
魯頌	駉	共 1 次
		合計：42 次

《詩序》與《周禮》互見的資料分佈情況為：

周南	關雎	共 1 次
衛	有狐	共 1 次
王	大車	共 1 次
齊	東方未明、南山	共 2 次
周頌	潛	共 1 次
		合計：6 次

四、從以上互見資料分佈表，可見這些資料分散見於《周禮》天、地、春、夏、秋、冬六官；在《毛傳》和《詩序》則散於十個國風、小雅、大雅、周頌和魯頌。如果說《毛傳》、《詩序》和《周禮》互見的資料是作偽者有意竄入、刪改，

則作偽者的計畫可說是非常周全。所以，筆者認為這些互見資料正是《周禮》、《毛傳》並非偽書的有力證據。

在《毛傳》與《周禮》（包括《考工記》）互見的資料中，《考工記》是戰國時古書，⑯ 把《毛傳》與《考工記》互見之處，看作是《毛傳》引用《考工記》，應該沒有問題。⑰ 至於與《周禮》（《考工記》除外）互見的資料，其中的第1至第4、第8至第9、第11、第13至第14、第17至第21和第24組資料，陳奐都認為是《毛傳》本《周禮》。不過，筆者以為如果單憑甲乙兩書有互見之文字，不作詳細考證就說甲書抄乙書或者乙書抄甲書，是難以使人說服的。所以筆者利用其他材料來判斷上述互見資料的引用問題。以下各條，筆者認為可以推斷是《毛傳》引用《周禮》的，現在試論述如下：

一、《行露傳》之「昏禮，純帛不過五兩」與《地官・媒氏》「凡嫁子娶妻，入幣純帛，無過五兩」意思與用字俱同，表面上很難判斷是誰抄誰。但從《周禮》使用「無過」這個詞語的習慣看，應該是《毛傳》引用《周禮》。在討論《周禮》

---

⑯ 據記載《周禮》面世時已缺《冬官》，後取《考工記》以補之。（馬融傳：「劉向子歆校理秘書，始得列序著于錄略，然亡其《冬官》一篇，以《考工記》足之。」《周禮注疏》（阮刻本）頁7。）又參吳承仕：《經典釋文敘錄疏證》（北京：中華書局，1984年）頁96-100。）現代學者多以《考工記》為先秦古書。聞人軍曾對《考工記》作全面詳細的研究，認為《考工記》的內容大部分是戰國初年所作，有些材料屬於春秋末期或更早，編者間或引用周制遺文以壯聲威，在流傳過程中免不了有所增益或修訂。儘管如此，今本《考工記》大體上能和戰國初期的出土文物相互印證，表明其基本內容未變。」（參聞人軍：《考工記導讀》（四川：巴蜀書社，1988年）頁138。）賀業鉅對《考工記》的營國制度作了詳細的研究，並結合書中所載器物（例如「載」和「鐘」）的描述，推斷《考工記》是春秋後期齊國的產物。（參賀業鉅：《考工記營國制度研究》（北京：中國建築工業出版社，1985年）頁170-180。）惟李鋒認為西漢都城長安城的布局特色與《考工記・匠人・營國》記載的都城布局規劃思想完全相同，由此推斷《考工記》成書年代當在西漢。（參李鋒：〈考工記成書西漢時期管窺〉，《鄭州大學學報》第32卷第2期，1999年，頁106-111。）不過，李氏文只討論了《考工記・匠人・營國》部分，其他部分則沒有涉及。而且從所用語法看，《考工記》在整數與零數之間用「有」字（例如：「戈柲六尺有六寸」，見《冬官・總敘》及《冬官・廬人》），反映了戰國前期及以前的情況（參註⑰），所以筆者認為《考工記》是先秦典籍。

使用「無過」這個詞語的情況之前，先看徐復觀先生對《周禮》成書過程之意見。徐先生極力主張《周禮》是王莽、劉歆所偽作，認為《周官》是王莽草創於前，劉歆整理於後。據徐先生的看法，王莽從公元前七年黜免大司馬到公元前一年再拜大司馬，「這中間共有五年多的韜光養晦的時間；以莽的性格，也必有所作為」。⑮徐先生因此推測在這五年多的時間內，王莽一直在「制禮作樂」，也就是草創《周禮》。「但他第二次以大司馬執政之後，便沒有『親自制作』的時間，只好委之於『典文章』的劉歆，由他整理成書。」⑯徐先生又認為「莽、歆合著此書，以常情推之，只是持其綱領，會其指歸；具體節目，當委之於若干博士儒生之手。居攝元年九月與劉歆共同因議莽母的喪服，而將《周官》改名《周禮》，且正式宣稱係由莽所『發得』的博士諸儒七十八人，大概即是參加此一具體工作的人。」⑰並謂「因王莽迫切地政治需要，《周官》並沒有全部完成，便把它公開了。」⑱

如果《周禮》是由莽、歆「持其綱領」而成於眾博士之手，加上是部未完成之作，則其體例、組織、用字等應該是雜亂無章，至少在用字上也有前後不統一之處。今據《周禮》全書只作「無過」而沒有「不過」，「無過」除見於《地官・媒氏》「無過五兩」外，尚見於：

(1)《地官・載師》：「凡任地，國宅……甸稍縣都皆**無過**十二。」⑲

---

⑮ 例如《冬官・總敘》及《冬官・廬人》「戈柲六尺有六寸」，《秦・無衣傳》作「戈長六尺六寸」；在整數與零數之間，《考工記》用「有」字而《毛傳》不用，前者反映了戰國前期及以前的語法特點，後者所反映的是戰國中期或以後的情況。（參註⑫）又如《冬官・畫繢》「白與黑謂之黼」；《小雅・采菽傳》作「白與黑謂之黼」，《大雅・文王傳》則作「黼，白與黑也」，兩處《毛傳》用字不同。而《畫繢》所載五種不同顏色的組合，只有三種見於《毛傳》（詳上文第25組互見資料），據常理當是《毛傳》引用《考工記》。
⑯ 徐復觀：《周官成立之時代及其思想性格》（臺北：學生書局，1980年）頁51。
⑰ 徐復觀：《周官成立之時代及其思想性格》頁52。
⑱ 徐復觀：《周官成立之時代及其思想性格》頁54。
⑲ 徐復觀：《周官成立之時代及其思想性格》頁52。
⑳《周禮注疏》（阮刻本）頁201。筆者案：《載師》此句「凡任地，國宅……甸稍縣都皆**無過**十二」中的「十二」，是指「十而二」，並非整數「十」和餘數「二」，從上下文可知。《載師》原文：「凡任地，國宅無征，園廛二十而一，近郊十一，遠郊二十而三，甸稍縣都皆無過十二，唯其漆林之征二十而五。」

(2)《地官・泉府》：「凡賒者，祭祀**無過**旬日，喪祭紀**無過**三月。」⑯

(3)《冬官・廬人》：「凡兵**無過**三其身。」⑯

而《毛傳》只作「不過」沒有「無過」。「不過」一詞除見於《行露傳》外，尚見於：

(1)《邶・簡兮傳》：***不過***一散。⑯

(2)《曹・候人傳》：言賢者之官**不過**候人。⑯

「無過」一詞，《周禮》全書只五見，可知並非隨處可見之慣用語。如果《周禮》真的如徐先生所言是成於眾手，而《媒氏》又是抄自《毛傳》，則應該照《毛傳》作「不過五兩」。現在，《周禮》既作「無過五兩」，便不應視作抄自《毛傳》。所以《行露傳》之「昏禮純帛不過五兩」應該是引自《周禮》。

二、凶歲所行之「荒政」，除見於《周禮》與《毛傳》外，尚見於《周書》和《管子》。《周書・糴匡》：

大荒，有禱無祭，國不稱樂，法不滿壑，刑罰不脩，舍用振穹，……喪禮無度，祭以薄資，禮無樂，宮不悼，嫁娶不以時。⑯

《管子・入國》：

歲凶，庸人訾厲，多死喪；弛刑罰，赦有罪，散倉粟以食之。⑯

不過，《周書》和《管子》所言之「荒政」俱不及《周禮》完備。《地官・大司徒》：

以荒政十有二聚萬民：一曰散利，二曰薄征，三曰緩刑，四曰弛力，五曰舍禁，六曰去幾，七曰眚禮，八曰殺哀，九曰蕃樂，十曰多昏，十有一曰索鬼神，十有二曰除盜賊。⑯

---

⑯《周禮注疏》（阮刻本）頁228。
⑯《周禮注疏》（阮刻本）頁640。
⑯《毛詩注疏》（阮刻本）頁100。
⑯《毛詩注疏》（阮刻本）頁269。
⑯ 黃懷信等撰：《逸周書彙校集注》（上冊）（上海：上海古籍出版社，1995年）頁84-89。
⑯ 趙守正：《管子通解》頁193。
⑯《周禮注疏》（阮刻本）頁157。

而《召南・野有死麕傳》、《衛風・有狐序》與《大雅・雲漢傳》所言之「凶荒則殺禮」、「古者國有凶荒則殺禮而多昏」和「國有凶荒則索鬼神而祭之」中的「殺禮」、「多昏」和「索鬼神」均見《地官・大司徒》(「殺禮」又見《秋官・掌客》)而不見於《周書》與《管子》。所以，可以肯定地說，以上兩條《毛傳》和《詩序》都是引用《周禮》。

三、「時見曰會，殷見曰同」是諸侯朝聘禮中的其中兩種。《春官・大宗伯》：

> 以賓禮親邦國：春見曰朝，夏見曰宗，秋見曰覲，冬見曰遇，時見曰會，殷見曰同，時聘曰問，殷覜曰視。⑰

這八種「朝聘」禮之名目亦見於《秋官・大行人》：

> 春朝諸侯而圖天下之事，秋覲以比邦國之功，夏宗以陳天下之謨，冬遇以協諸侯之慮，時會以發四方之禁，殷同以施天下之政，時聘以結諸侯之好，殷覜以除邦國之慝。⑰

今考《毛傳》只有「時見曰會，殷見曰同」，而《周禮》則有嚴密完備之制度，並分別見於春、秋二官。由此可見是《毛傳》據《周禮》以解釋《車攻》經文「會同有繹」中之「會同」的分別，而並非《周禮》抄襲《毛傳》。

---

⑰ 《周禮注疏》（阮刻本）頁 257。
⑰ 《周禮注疏》（阮刻本）頁 560-1。
⑰ 金春峯曾舉出三條證據證明《大戴・朝事》是摘抄自《周禮》。（參金春峯：《〈周官〉之成書及其反映的文化與時代新考》（臺北：東大圖書公司，1993年）頁 217-221。）洪誠指出「從語法看，文獻中，凡春秋以前之文，十數與零之間，皆用『有』字連之，戰國中期之文即不用。《尚書》、《春秋經》、《論語》、《儀禮》經文、《易・繫辭傳》皆必用⋯⋯《周禮》之經記全部用。」（洪誠：〈讀周禮正義〉，《孫詒讓研究》，杭州大學語言文學研究室，1963年，頁 26。）王暉也同意「古書中記數是常見的現象，在先秦載籍中記數使用連詞『有』字與否有很明顯的時代性，我們可以利用這一特徵來鑒別先秦典籍的年代。」王氏指出在出土古文字資料中，「西周晚期到春秋晚期，記數時必用『又』（或『有』）字；戰國前期到中期前段是個轉變時期，轉變之跡還是明顯可見的，戰國前期使用『又』是常見的，到戰國中期前段已以不用『又』為常見了；而大約從公元前 340 年之後，就全不用了。」（參王暉：〈古文字中記數使用「又」字的演變及其斷代作用考〉，《陝西師大學報》（哲社版）1991年2期，頁 112-119。）筆

四、《無衣傳》和《大車傳》的侯伯命數與天子之卿的命數，雖然同見於《大戴禮・朝事》和《春官・典命》，但《大戴禮・朝事》是抄自《春官・典瑞》、《典命》、《秋官・大行人》等，[172] 而《秋官・大行人》也曾言及侯伯之禮。《秋官・大行人》：

> 上公之禮，執桓圭九寸，……冕服九章……諸侯之禮，執信圭七寸，……冕服七章，……諸伯執躬圭，其他皆如諸侯之禮。諸子執穀璧五寸，……冕服五章，……諸男執蒲璧，其他皆如諸子之禮。[173]

《典命》與《大行人》所說的禮與車服制度，都十分整齊而有嚴密的系統，所以《無衣傳》與《大車傳》應該是據《周禮》為說而非援引《大戴禮》。

五、旗物制度除見於《司常》外，也見於《考工記・輈人》。《輈人》：

> 龍旂九斿……鳥旟七斿……熊旗六斿……龜蛇四斿……弧旌枉矢……[174]

《春官・司常》則云：

> 掌九旗之物名，各有屬，以待國事。日月為常，交龍為旂，通帛為旃，雜帛為物，熊虎為旗，鳥隼為旟，龜蛇為旐，全羽為旞，析羽為旌。及國之大閱，贊司馬頒旗物：王建大常，諸侯建旂，孤卿建旃，大夫士建物，師都建旗，州里建旟，縣鄙建旐，道車載旞，斿車載旌。[175]

由於二者來源不同，所以二者所說也不相同。

《毛傳》所記的旗物名稱「日月為常」、「交龍為旂」、「鳥隼曰旟」、「龜蛇曰旐」、「析羽為旌」五種，全部與《司常》相同，而與《考工記》不同，可見並非引用《考工記》。《司常》所載之旗物制度非常整齊和有法度，而《毛傳》只

者曾據洪氏和王氏說，比較《周禮》與《朝事》互見之文字，發現《朝事》與《周禮》互見的文字，在「整數」與「零」之間都有「有」字，只見於《朝事》的則沒有「有」字。據此也可以證明《朝事》是抄自《周禮》。（參拙著〈語言與古籍辨偽〉，《第一屆先秦學術國際研討會論文集》，1992年，頁189-195。）

[173]《周禮注疏》（阮刻本）頁562。
[174]《周禮注疏》（阮刻本）頁614。
[175]《周禮注疏》（阮刻本）頁420-1。

有五種旗物的名稱，如果說是《周禮》抄襲《毛傳》，而藉此設計出如此整齊的系統，相信是難以令人信服。

六、「圜土」這個詞語，除見於《周禮》和《毛傳》外，尚見於《墨子》。《墨子・尚賢下》：

> 昔者傅說居北海之州，圜土之上，衣褐帶索。[176]

不過，《毛傳》以「古者有罪不入於刑，則役之圜土以為臣僕」，應是本於《周禮》。《秋官・大司寇》：

> 以五刑糾萬民，一曰野刑……二曰軍刑……三曰鄉刑……四曰官刑……五曰國刑，上愿糾暴。以圜土聚教罷民……寘之圜土而施職事焉，以明刑恥之。……其不能改而出圜土者，殺。[177]

既曰「以五刑糾萬民」，下接「以圜土聚教罷民」，可見入圜土之人，不在以五刑糾之之列。所以孫詒讓說：「此治司圜所掌過失之罷民，有罪而未入五刑者」，[178]而《毛傳》以「古者有罪不入於刑則役之圜土」，誠如陳奐所言，[179]是本《周禮》為說。

七、古籍中有記載「里」之單位的有：

(1)《管子・小匡》以五十家為「里」，「制，五家為軌，軌有長。十軌為里，里有司。」[180]這段文字又見於《國語・齊語》，只是文字略有不同，作「管子於是制國：『五家為軌，軌為之長。十軌為里，里有司』。」[181]

---

[176] 孫詒讓：《墨子閒詁》（北京：中華書局，1986年）頁62。
[177] 《周禮注疏》（阮刻本）頁516-7。
[178] 孫詒讓：《周禮正義》（點校本）第11冊，頁2745。
[179] 陳奐：《詩毛氏傳疏》第1冊，頁498。
[180] 趙守正：《管子通解》（上冊）頁292。
[181] 《國語》（上冊）頁231。

(2)《尚書大傳》以七十二家為里,「古之處師,八家而為鄰,三鄰而為朋,三朋而為里。」⑱

(3) 何休謂八十戶為一里。《公羊傳‧宣公十五》何休注:「在邑曰里。一里八十戶。」⑱

(4)《管子‧度地》以百家為里(「故百家為里」)⑱《禮記‧雜記下》鄭注引《王度記》:「百戶為里,里一尹。」⑱

古籍所載有關多少家為「里」之制度,只有《周禮》和《毛傳》是以「二十五家」為「里」。可能有人認為是《周禮》抄《毛傳》,但這個說法並不能成立。因為《周禮》這種「六遂比伍」制,是十分有系統的。《地官‧遂人》:

> 遂人掌邦之野。以土地之圖經田野,造縣鄙形體之法。五家為鄰,五鄰為里,四里為酇,五酇為鄙,五鄙為縣,五縣為遂,皆有地域,溝樹之,使各掌其政令刑禁,以歲時稽其人民,而授之田野,簡其兵器,教之稼穡。⑱

除「二十五家為里」外,「四里為酇」等句均不見於《毛傳》。如果認為是《周禮》抄《毛傳》,則編《周禮》之人,既然可以設計出這樣嚴密之系統,又有甚麼理由需要藉《毛傳》一句話來設計。⑱

八、殷墟曾出土了一件大理石雕,屈萬里先生以為是乘石,並引《白華傳》「扁扁,乘石貌。王乘車履石」,說《毛傳》「可能是根據《周禮》」。屈先生又說「《毛傳》用《周禮》之說的地方很多,所以,它這『王乘車履石』之說,我以為可

---

⑱ 鄭玄注。王闓運補注:《尚書大傳》頁16。
⑱《公羊注疏》(阮刻本)頁208。
⑱ 趙守正:《管子通解》(下冊)頁206。
⑱《禮記注疏》(阮刻本)頁748。
⑱《周禮注疏》(阮刻本)頁232。
⑱《毛傳》「二十五家為里」中「十數」與「零數」之間不用「有」字,從其所用語法,可見當成書於《周禮》之後(參註⑰)。

能是根據着《周禮》而來的。」⑱

九、洪誠和王暉在研究古籍及古文字在記數時，是否使用「有」（「又」）字的現象後，指出使用「有」（「又」）字是春秋及戰國前期的特點，戰國中期前段已以不用為常。⑲今考《周禮》的「天」、「地」、「春」、「夏」、「秋」五官和用以補「冬官」闕佚的《考工記》，都使用「有」字；《毛傳》則或用或不用，不用的如：《鄭·將仲子傳》「二十五家為里」⑲，《秦·無衣傳》「戈長六尺六寸」⑲；用的如：《大雅·公劉傳》「從之者十有八國焉」。⑲可見從語法角度看，《毛傳》的成書年代應後於《周禮》和《考工記》。

現在再說《詩序》與《周禮》互見之資料部分。

一、《衛·有狐序》「古者國有凶荒則殺禮而多昏」的「荒政」，上文分析《召南·野有死麕傳》和《大雅·雲漢傳》所載「荒政」時，已一併論及是本於《地官·大司徒》，此處不贅。

二、《關雎序》所列《詩》之「六義」不但名稱與《春官·大師》相同，其排列次第亦相同，二者必定有關是無容置疑的。「六詩」除見於《春官·大師》外，尚見於《春官·瞽矇》「掌九德六詩之歌」，而《關雎序》卻把「六詩」改稱為「六義」。但《序》「只把其中三件——風、雅、頌——輾轉加以說明，卻對賦、比、興的意義，一字未提」，⑲周策縱教授認為「這兒也許有文字殘闕，或者『大序』

---

⑱ 屈萬里：〈說乘石〉，《書傭論學集》（臺北：開明書店，1969年）頁329-330。
⑲ 參註⑰。
⑲ 《毛詩注疏》（阮刻本）頁162。
⑲ 《毛詩注疏》（阮刻本）頁244。
⑲ 《毛詩注疏》（阮刻本）頁617。
⑲ 周策縱：《古巫醫與「六詩」考》（臺北：聯經出版事業公司，1986年）頁187。

的作者認為不必說明，或者他也不大明白。」⑭ 上文既然已證明《衛•有狐序》曾引用《周禮》，則見於《關雎序》之「六義」也應是援自《周禮》。⑮

上文考證《毛傳》與《詩序》曾引用《周禮》，這對於推斷《周禮》非劉歆偽作十分有用。對於《毛傳》之成書年代，學者頗多爭議，大略可分為三說：

(一) 據鄭玄《詩譜》、陸璣《詩草木鳥獸蟲魚疏》以為是六國時人所作。陳奐云：「子夏親受業於孔子之門，遂隱括詩人本志，為三百十一篇作《序》。數傳至六國時魯人毛公，依《序》作《傳》。」⑯

(二) 據《漢書•儒林傳》和《後漢書•儒林傳》以為是西漢初年趙人毛萇所作。

(三) 以為成書於西漢末年，是劉歆所偽作。近人康有為就以為「《毛詩》偽作於劉歆」。⑰

現在學者對劉歆偽作《毛詩》之說，已不大相信。⑱ 加上近年出土的阜陽漢簡《詩經》，⑲ 學者認為其句法、分章、序文及文字等，「皆有可與今本《毛詩》相互發明者，尤可以明《毛詩》之古，宜在三家之上」。⑳

---

⑭ 周策縱：《古巫醫與「六詩」考》頁187。
⑮ 顧頡剛就以《關雎序》的「六義」是「襲自《周禮》」。不過，顧氏認為「《詩序》作於東漢初之衛宏，彼時《周禮》已行，剿取固易易耳。」（參顧頡剛：《史林雜識：初編》「六詩」（北京：中華書局，1977年）頁254。）對於《詩序》出於東漢衛宏，筆者認為並不可從，詳下文。
⑯ 陳奐：《詩毛氏傳疏》第1冊，頁3。
⑰ 以上三說參杜其容：〈詩毛氏傳引書考〉頁10。
⑱ 對於劉歆偽作群書，經錢穆先生〈劉向歆父子年譜〉（載《兩漢經學今古文平議》，臺北：東大圖書公司，1971年，頁1-163。）批駁後，相信此說者已不多。
⑲ 文幸福認為阜陽漢簡《詩經》「必為孝文帝十五年以前之寫本無疑」。參文幸福：《詩經毛傳鄭箋辨異》（臺北：文史哲出版社，1989年）頁60。
⑳ 文幸福：《詩經毛傳鄭箋辨異》頁109。

對於歷來《毛傳》作者、成書年代的爭論，杜其容認為這些爭論「多就史傳中之記載推論，罕有就其內容作客觀之探討者，重以今古文門戶之爭，與夫師法之爭，故其結論多不能中肯，未足憑信。」所以杜氏「作〈詩毛氏傳引書考〉，歸納《毛傳》所引成文，及其立說所本之書，然後分別考證其所引與所本各書之成書時代，以推斷《毛傳》確為何時何人所作，蓋就其本身之直接材料，以解決本身之問題；於史傳所記述之說，但用為旁證，不以為立論之主要根據。」[201] 杜氏在考證《毛傳》所引之書後，推斷「《毛傳》成書年代絕不得早於秦末漢初」，並配合漢儒舊說，以「《毛詩》出於河間獻王之說，證以《毛傳》引書之實際情形，其情勢恰合」。[202] 筆者認為杜氏的方法十分可取，結論也令人信服。既然書出於河間獻王之《毛傳》曾引用《周禮》，則《周禮》斷非劉歆偽作，自不待辨。

現在，再討論《詩序》之作者與成書年代。

關於《詩序》作者這個問題，歷代的爭議也頗多，[203] 其中以出於東漢衛宏說，對探討《周禮》是否劉歆偽作有重要影響。因為如果《詩序》確出於衛宏，則不能以《詩序》曾引用來否定《周禮》為劉歆偽作。幸而陳允吉列舉七證，證明今本《毛詩序》非衛宏所作。[204] 其實從《詩序》本文也可以證明《詩序》成書在《毛傳》之前，絕非衛宏所作。現在把有關資料抄錄如下：

(1)《南陔序》：孝子相戒以養也。

---

[201] 杜其容：〈詩毛氏傳引書考〉頁 10。
[202] 杜其容：〈詩毛氏傳引書考〉頁 22-3。
[203] 夏傳才：「《毛詩序》的作者是誰？古今聚訟紛繁。對古人的說法，有人匯集為十三家之說（原註：胡樸安（蘊玉）《詩經學》，商務印書館 1930 年本。），有人匯集為十六家之說（原註：張西堂《詩經六論》，商務印書館 1957 年本。），也有人引據各家，總括為八說（原註：蔣善國《三百篇演論》，商務印書館 1931 年本。）。提名的作者有孔子、子夏、詩人自作、毛亨、衛宏、國史、子夏、毛亨衛宏合作、漢儒續作，以及村野妄人作等等。」（參夏傳才：《十三經概論》（天津：天津人民出版社，1998 年）頁 165。）
[204] 陳允吉：〈《詩序》作者考辨〉，《中華文史論叢》1980 年第 1 期，頁 180-4。

《白華序》：孝子之絜白也。

《華黍序》：時和歲豐，宜黍稷也。有其義而亡其辭。

鄭玄：此三篇者，鄉飲酒燕禮用焉。曰：笙入，立于縣中，奏《南陔》、《白華》、《華黍》是也。孔子論詩，雅頌各得其所，時俱在耳。篇第當在於此，遭戰國及秦之世而亡之。其義則與眾篇之義合編，故存。至毛公為《詁訓傳》乃分眾篇之義，各置於其篇端。云又闕其亡者，以見在為數，故推改什首，遂通耳。而下非孔子之舊。[205]

(2)《由庚序》：萬物得由其道也。

《崇丘序》：萬物得極其高大也。

《由儀序》：萬物之生各得其宜也。有其義而亡其辭。

鄭玄：此三篇者，……辭義皆亡，無以知其篇第之處。[206]

(3)《小雅•十月之交序》：大夫刺幽王也。

鄭箋：當為刺厲王。作《詁訓傳》時移其篇第，因改之耳。[207]

(4)《小雅•雨無正序》：大夫刺幽王也。

鄭玄：亦當為刺厲王。[208]

(5)《小雅•小旻序》：大夫刺幽王也。

鄭玄：亦當為刺厲王。[209]

(6)《小雅•小宛序》：大夫刺幽王也。

---

[205]《毛詩注疏》（阮刻本）頁 342-3。
[206]《毛詩注疏》（阮刻本）頁 347-8。
[207]《毛詩注疏》（阮刻本）頁 405。
[208]《毛詩注疏》（阮刻本）頁 409。
[209]《毛詩注疏》（阮刻本）頁 412。

鄭玄：亦當為刺厲王。㉑⁰

據鄭玄所說，《南陔》等笙詩在孔子論詩時仍在，其篇第當與鄭氏所見相同，否則後人無從置其先後。而「其義則與眾篇之義合編，故存。至毛公為《詁訓傳》乃分眾篇之義，各置於其篇端」，可見《詩序》成書在《毛傳》之前。今本《十月之交序》作「大夫刺幽王也」，而《鄭箋》則以為「當為刺厲王。作《詁訓傳》時移其篇第，因改之耳。」據此可知鄭玄作《箋》時，確曾得見古本《詩序》，故知毛公作《傳》時曾改《詩序》次第。由此可斷定在毛公作《傳》以前已有《詩序》。上文既考證《詩序》引用《周禮》，則《周禮》斷非劉歆偽作。

至於《周禮》的成書年代，有學者以為是劉歆偽作，徐復觀先生可以為代表。㉑¹不過，經過近年學者或以《周禮》書中古文、㉑²或以書中所記西周職官、㉑³或配合出土考古材料，㉑⁴都證明《周禮》並非劉歆偽作。本文則從《周禮》與古代典籍的關係，考證書出於河間獻王的《毛傳》和書成於《毛傳》之前的《詩序》都曾加以引用，嘗試從另一角度證明《周禮》並非劉歆偽作。

最後，尚有一事可以補充，就是《周禮》有用「莽」字。《秋官·剪氏》：

㉑⁰《毛詩注疏》（阮刻本）頁 419。
㉑¹ 徐復觀：《周官成立之時代及其思想性格》（臺北：學生書局，1980 年）。
㉑² 陳勝長先生在研究《周禮》書中的古文後，指出「《周官》不可能是王莽劉歆等所制作。」（參陳勝長先生：《〈周官〉非古文質疑——從文字學角度討論徐復觀先生的「論證方法」》頁 92。）
㉑³ 張亞初、劉雨在「整理西周金文職官資料的過程中，發現西周金文中的職官也有許多與《周禮》所記相合。……要想了解西周金文中的職官，也無法脫離《周禮》一書，這說明其書雖有為戰國人主觀構擬的成份，然其絕非全部向壁虛造。由於作者去西周尚不算太遠，故書中為我們保存了許多寶貴的西周職官制度的史料。」（參張亞初、劉雨：《西周金文官制研究》（北京：中華書局，1986 年）頁 112。）
㉑⁴ 金春峯《周官之成書及其反映的文化與時代新考》有專章「王莽、劉歆合著周官說考辨」。（參金春峯：《周官之成書及其反映的文化與時代新考》頁 223-243。）

掌除蠹物,以攻禜攻之,以**莽**草熏之。㉕

據史籍所載,王莽當權及篡漢後,百官臣下要避「莽」字諱,㉖ 如果《周禮》真的是奉王莽之命偽作,作偽時王莽雖尚未篡漢,作偽者當知其心意,避免使用「莽」字。㉗

㉕《周禮注疏》(阮刻本) 頁 558。

㉖ 王彥坤《歷代避諱字匯典》:「莽」漢安漢公,僭稱新帝王氏名莽。避正諱「莽」。【改稱】〈姓氏〉《匯考》卷七云:……《文獻通考》【馬】援為莽新成大尹,……本姓莽,因屈身新室,始皆改姓馬以避其諱,及為中興勛戚,不欲顯言改姓之由,遂托為馬服之裔。……〈人名〉《漢書‧王莽傳》載:漢平帝元始四年,莽女立為皇后,有司奏請「群吏毋得與(安漢)公同名。」又,同書《孔光傳》云:孔光從孫襃成侯本名莽,「後避王莽,更名均。」(參王彥坤:《歷代避諱字匯典》(河南:中州古籍出版社,1997年) 頁 305-6。)

㉗ 除「莽」字要避諱外,「新」字也要避諱,改作「心」或「信」(參王彥坤:《歷代避諱字匯典》頁 491。)。《周禮》中雖有「新」字,尚可以辯稱為作偽時還未確立國號,所以沒有避用。

游國恩先生〈楚辭用夏正說〉補正
——《史記・歷書》『三王之正若循環』考辯

胡詠超

著名《楚辭》專家游國恩先生，在其〈楚辭用夏正說〉① 一文中，分四季列舉《楚辭》各篇所紀時月及物候，不但與周正不合，即與殷正亦不相應，而獨合乎夏正。證據確鑿，洵為一篇『提出新問題，開拓新領，富於啟發性的文章。』② 獨惜游先生於篇首相信三代歷法不同，並引證《史記・歷書》『夏以正月，殷以十二月，周以十一月，三王之正若循環』為說：又列表說明三正所用歲首之不同，及其因此而生之季節與月份之差異。從而導致篇末既謂『《楚辭》是用夏正』，又謂『照理，楚人似乎應該奉行周的正朔』之躊躇兩端之說。於無法取得一致下，強為解說：「周雖建子，改前王正朔，然或只是政府的『官文書』用之，而一般習慣則仍用夏正。」引朱子〈答吳晦叔書〉『或是當時二者並行，惟人所用』為援。並謂『至於宋儒改正朔不改時月及冬不可以為春等說，歷經前人廣徵博考，早有定論。而張屏山③、李川父諸人的考辯，尤為詳盡，無可疑者。』

今按：宋儒程頤謂『《春秋》假天時以立義，以夏時冠周月』；胡安國作《春秋傳》，乃并周之月亦以為不改；家鉉翁作〈原夏正〉，又并《春秋》之月亦以為未嘗改；朱子所訂定蔡沈《書集傳・伊訓》更謂「三代雖正朔不同，然皆以寅月起數。蓋朝覲會同，班歷授時，則以正朔行事。至於紀月之數，則皆以寅為首也。……改正朔而不改月數，則於經、史尤可考：周建子矣，而《詩》這『四月維夏，六月徂暑』，則寅月起數，未嘗改也。秦建亥矣，而《史記》『三十一年十二月，更名臘曰嘉平。』夫臘必建丑月也，秦以亥正，則臘為三月，云十二月者，則

---

① 戴《楚辭論文集》下卷，上海《古典文學出版社》，一九五七年版。
② 趙沛霖先生《屈賦研究論衡》語。
③ 當作翠屏，以寧其名，居於閩古田翠屏山之下，因以為號焉。著有《春秋王正月考》。

寅月起數，秦未嘗改也。至三十七年書：十月癸丑，始皇出游。十一月行至雲夢。繼書：七月丙寅，始皇崩。九月，葬酈山。先書十月、十一月，而繼書七月、九月者，知其以十月為正朔，而寅月起數，未嘗改也。……漢初史氏所書，舊例也。漢仍秦正，亦書曰：元年冬十月，則正朔改而月數不改，亦已明矣。」又王耕野《讀書管見》卷上〈伊訓・元祀十有二月〉條曰：「三代改正朔不改月，數見於《詩》、《書》、《周禮》。《詩》有『七月流火』與『四月維夏』可見。……《周禮》『正月之吉始和』。若以子月為正月，則仲冬嚴沍，安得始和？……如〈月令〉是秦書，則以季秋之月朔，頒來歲朔於諸侯。是秦分明以十月為歲首，而未嘗以為春正月也。《商書》元祀十二月，皆是以首月行大事，何嘗改月數乎？」而竹添光鴻《左傳會箋》『隱元年春王、周正月』引崔述曰：「凡天地之化，皆始於子，故歷必起於子。……既以子為歲首，安得不以子為正月一月哉。」按：《崔東壁遺書・王政三大典考卷之一・三代正朔通考》有〈辨胡安國孔子改正朔之說〉、〈辨胡、蔡二氏不改月之說〉、〈辨程頤『夏時冠周月』之說〉等篇，皆斤斤於改正朔之辯。其〈歲首必名正月〉稱：「凡天地之化皆始於子，故歷必起於子。」而顓頊始建寅，唐、虞、夏因之，商復建丑，是歷非必起於子也。其〈三正通用於篇章之證〉又云：「古之時，三正既並行於侯國，亦通用於文人之篇章。……《豳風》（〈七月〉），則自巳月至亥月用夏正，子月至卯月兼采周正。」安有一篇之中，一時用夏正，一時采周正之理乎？然則所謂『宋儒改正朔不改時月及冬不可以為春等說，歷經前人廣徵博考，早有定論』者，實際難成定論。

至於張以寧（翠屏）《春秋春王正月考》，其總論曰：「自帝王之興，受命改正，正朔各異，時亦不同。夫子於《魯論》言夏時，通乎夏時之說，則後之冬不可以為春之疑可釋矣。……孟子於《七篇》言周月，依乎周月之說，則後之改正朔不改月數之疑可釋矣」云云。姑不論孟子《七篇》固非言周月，即言周月，其與『改正朔不改月數』何涉？而《魯論》言夏時，又與『冬不可以為春』何涉？至其謂「胡氏《傳》所引《周書》曰夏正得天，百王所同。其在商周革命改正，示不相沿襲。至於敬授人時，巡守烝享，猶自夏焉。自夏者，仍以夏時也。今謂朝覲會同，班歷授時，三代皆以正朔行事，與《周書》不合矣。」若知正朔與正月為二事，有何不

合？然則，張翠屏所考辯，雖自云『歷稽經史傳記及古註疏之説』④，實際於其『改正朔不改時月』之辯，不可謂『無可疑者』也。善乎，元‧程端學《春秋本義問答》曰：

『隱公元年春王正月』改正朔不改月數不必疑。……何謂改正朔不改月數不必疑？蓋商改夏正，以十二月為歲首矣，而《書》稱『元祀十有二月，伊尹奉嗣王祇見厥祖』，未嘗改十二月為正月也。周改夏正，以十一月為歲首矣，而《周禮》一書，〈七月〉一詩，皆用夏正數月，其曰『一之日觱發』，正指十一月，亦未嘗改十一月為正月也。其他如『四月惟夏，六月徂暑』等詩，顯然可考。秦改夏正，以十月為歲首矣，而《史記》云『始皇三十一年十二月，更名臘曰嘉平，又每歲首先書冬十月，漢用秦正，每歲首先書十月，未嘗改十月為正月也。至漢武帝改歷法用夏正，每歲首始書正月，此皆不改月數之明驗。而所謂改正朔者，惟即位與朝覲會同，則商以十二月，周以十一月，秦以十月，行事以新天下耳目耳。葉氏所謂王者以正朔一天下，如此而已。然其敬授民時，使民春耕夏耘，秋斂冬藏；天子諸侯春祠夏禴，秋嘗冬烝，春蒐夏苗，秋獮冬狩，則仍用夏正，觀《詩》、《書》、《易》、《周禮》、〈月令〉及《汲冢》等書，與《春秋》凡非時必書之事可見矣。蓋四時斷不可易，天子順時以施政斯民，依時以興作。向使周以十一月為春，以二月為夏，五月為秋，八月為冬，則二十四氣皆差，而農作非時，祭祀非節，蒐狩非名。夫夏之孟夏，天子嘗麥、庶人薦麥；夏之孟秋，農乃登穀，天子嘗新。若周之孟夏豈有麥？周之孟秋豈有穀？而〈月令〉、〈王制〉言之乎？蒐者，仲春擇取禽獸之名；苗者，仲夏除獸害苗之名；獵者，仲秋順時殺物之名；狩者，仲冬圍守取物之名。若周改四時，行之則違時害物，名實錯亂，聖人肯為之乎？惟其四時民事不可移易，故班律授時，仍用夏正，而建丑十二月不改為春正月，建子十一月亦不改為春正月。惟其商、周即位、朝覲、會同等事在十二月、十一月，故有改正朔之名。況『改正朔』三字，乃漢儒所自言，於《經》無見，凡商、

---

④〈春秋春王正月考序〉語。

周、秦於歲首稱十二月、十一月、十月者，即其所改正朔也；凡商、周、秦稱正月者，皆建寅月也。……夫夏之四時，非夏之四時也，天之四時也，夏不敢違天而授時，周敢違天而授時乎？由是觀之，商、周雖改正朔而班夏之時，亦何傷哉。』⑤

夷考諸賢所以誤信孔安國『月改則春移』之臆說，此蓋緣於不解『正朔』之與『正月』原為二事所致。明・周洪謨〈周正辯〉於此嘗有精闢之辯解：

或問南臯子曰：『唐、虞、夏后，皆以建寅為歲首，今之曆是也。周人以建子為歲首，是以子月為正月乎？』曰：『歲首云者，言改元始於此月，是以此為正朔，非以此月為正月也。』曰：『正朔、正月有以異乎？』曰：『正之為言端也，端之為言始也。正朔者，十二朔之首，史官紀年之所始也；正月者，十二月之首，曆官紀年之所始也。』

或曰：正者，長也。正朔為第一朔，正月為第一月，猶長子為第一子也，故皆可謂之歲首。前乎商之建丑也，《書》曰『惟元祀十有二月』，是商之正朔以十二月為歲首，而非以十二月為正月也。後乎秦之建亥也，《史》謂『秦既并天下，始改年，朝賀皆自十月朔』，故曰元年冬十月。是秦之正朔以十月為歲首，而非以十月為正月也。由是推之，則周人之建子者，以十一月為歲首，而不以十一月為正月也。後世儒者不得其義，故有紛紛不決之論。漢孔安國、鄭康成則謂周人改時與月，宋程伊川、胡安國則謂周人改月而不改時，獨九峰蔡氏謂不改時亦不改月。至於元儒吳仲迂、陳定宇、張敷言、史伯璿、吳淵穎、汪克寬輩，則又遠宗漢儒之謬，而力詆蔡氏之說，謂以言《書》則為可從，以言《春秋》則不可從。於乎！四時之序，千萬古不可易，而乃紛更錯亂，以冬為春，以春為夏，以夏為秋，以秋為冬，位隨序遷，名與實悖，雖庸夫駔子，且知其不可，而謂聖人平秩四時，奉天道以為政者，乃如是乎！⑥

周氏之〈辯〉，區分『正朔』為史官紀年之始，『正月』為曆官紀年之始，二

---

⑤《通志堂經解》（廿五），台灣《大通書局》印本。
⑥ 程敏政編：《皇明文衡》卷之十五，台灣《世界書局》影嘉靖重刻本。

者為用不同，判然有別，足解古今來諸賢『月改春移』之惑。乃論者不見援以為說，即以高郵王氏父子博通群籍，其於《讀書雜志》〈讀書雜志·春正月〉條，駁正顏師古『以十月為歲首即謂十月為正月』之非，合考諸書，詳舉十七證，以明秦及漢初無改時改月，亦不及之，誠可異也。

抑『改正朔不改時月』之說，今因《雲夢秦簡》之出土⑦而得實證，紛擾千多年之『月改春移』臆說，至是不攻自破。而周洪謨之卓識先發，誠使人欽佩不已。《雲夢秦簡·編年記》載：

> 昭王五十六年後九月，昭死。正月，遬產。
> 今（始皇）七年正月甲寅，鄢令史。
> 十八年，攻趙。正月，恢生。

按：秦以十月為歲首，九月為歲終，而歸餘於終，故閏月謂之後九月。若當時謂十月為正月，則九月為十二月，閏月當為後十二月矣。且其先言後九月，次正月。當時果謂十月為正月，則不當同繫於閏餘之後也。亦唯有以建亥之月為歲首，然後一歲之中常跨夏正之兩年。至於始皇七年及十八年之正月，徵諸餘簡之正月與十月一再同時並列（見下），足以推知其為建寅之月而非建亥之月也。又〈田律〉載：

> 春二月，毋敢伐木山林及雍堤水。不夏月，毋敢夜草為灰。

此與歷用夏正之《禮記·月令》『仲夏月毋燒灰』之文相合。是知秦改正朔，但以十月為歲首，並無改時改月也。若果謂十月為正月，則此二月便為夏正之十一月。時維仲冬，不得謂之春二月矣。又〈金布律〉載：

> 受衣者，夏衣以四月盡六月稟之，冬衣以九月盡十一月稟之，過時者勿稟。

此與用夏正之《豳風·七月》『九月授衣』⑧之文相合。夫秦以十月為歲首，周以

---

⑦ 一九七五年十二月，湖北雲夢縣睡虎地，發現十二座戰國至秦之墓穴，其中十一號墓穴發掘出秦簡一千多枚，為研究古史提供珍貴資料。
⑧ 《傳》『九月霜始降，婦功成，可以授冬衣矣。』

十一月為歲首，而授衣之月無別，足徵改正朔不改時月也。〈廄苑律〉又載：

> 以四月、七月、十月、正月膚田牛。卒歲，以正月大課之。最，賜田嗇夫壺酉、束脯。

此以十月與正月同時並列，則當時不以十月為正月也亦審矣，孰謂秦改十月為正月哉！

復觀《秦簡・日書》所載有關月次之排列，無論其為起於十一月迄於十月⑨；或起於正月迄於十二月⑩，皆十月自十月，正月（或謂一月）自正月，二者判然不同，當時雖改正朔以十月為歲首，而絕無謂十月為正月者。蓋建歷一如舊貫，《史記・張蒼傳論》稱『用秦之《顓頊歷》』是也。而《顓頊歷》乃以建寅之月為正者。

『改正朔不改時月』之真相既明，請言《史記・歷書》『夏以正月，殷以十二月，周以十一月，三王之正若循環』之旨。其實史遷之〈歷書〉，原已分改正朔與建歷為二事，且以建寅為正者也。其篇首云：「昔自在古，歷建正，作於孟春。於時水泮發蟄，百草奮興，秭鴂先滜，物迺歲具，生於東，次順四時，卒於冬分。」此明言自古建歷以建寅為正也。司馬貞《索隱》謂『以建寅為正，謂之孟春』。瀧川資言《考證》引陳仁錫曰：『歷建正作於孟春，乃一書之綱領。』按：《大戴禮記・誥志第七十一》稱：「虞、夏之歷，正建於孟春。於時水泮發蟄，百草權輿，瑞雉無釋，物乃歲俱，生于東，以順四時，卒於冬分。」戴德學禮於后倉，篇中歷引『丘聞周太史曰』及『虞史伯夷曰』等語，此蓋同得先儒所記。要之，自古建歷，未有不以建寅為正者也。〈歷書〉又云：「時雞三號，卒明。撫十二節，卒于丑。日月成，故明也。明者，孟也；幽者，幼也。幽明者，雌雄也。雌雄代興而順至，正之統也。……正不率天，又不由人，則凡事易壞而難成矣。」《考證》謂「錢大昕曰：明孟、聲相近，古讀孟如芒，而孟亦與芒通。毛公詁詩，正為長，冥為幼，與大戴、太史公之義合。」又《大戴禮記》節上有月字，《考證》引豬飼彥博曰：『言自建寅月而循十二月，以絕于建丑月也。』此又〈歷書〉言建歷以建寅為正之

---

⑨ 分別見於〈日書〉甲種及乙種之篇首，此所謂周正。
⑩ 凡二十六處，此所謂夏正。

明證,故云『撫十二(月)節,卒于丑。』是知『正不率天』之『正』,乃指曆法建正之『正』。《尚書‧堯典》所謂『欽若昊天,敬授民時』是也。而『又不由人』及承上句『正不率天』之正字而言,此即列人事之『正朔』之『正』。故〈曆書〉繼之曰:「王者易姓受命,必慎始初。改正朔,易服色,推本天元,順承厥意。……夏正以正月,殷正以十二月,周正以十一月。蓋三王之正若循環。」由於史文闊略,王引之於駁正秦及漢初無改時改月之餘,亦誤謂『古者三正迭用,夏以寅月為歲首,商以丑月為歲首,周以子月為歲首,而皆謂之正月。』蓋混同『正月』與『正朔』所致。按理,既以秦、漢『以十月為歲首即謂十月為正月』之說為非,安得謂『古者三正迭用,而皆謂之正月』邪?今游先生竟信自古相傳之三種不同曆法確實存在,舉《史記‧曆書》『三王之正若循環』為證,無乃失察乎?宋‧魏了翁〈正朔考〉嘗辯章之曰:「朔之改,示一代興亡,各有所尚也。月次之不可改,四時之序不可紊也。苟紊之,則時令乖張,民聽疑惑,雖耕耘斂藏,亦將失其候。《堯典》所謂『欽若昊天,敬授民時』者,萬世不可易也。若夫正朔迭尚,不過以新民視聽,如大朝會、大典禮等用此日,民曰歲首,太史公所謂『朝以十月』者,是其例也。」⑪。其說至為愷切明白,無可疑者。

復觀〈曆書〉云:「黃帝考定星曆……於是有天地神物類之言,……各司其序。……顓頊……命商正重司天以屬神。……堯……立羲和之官,明時正度。……年耆禪舜,申戒文祖云,天之曆數在爾躬。……天下有道則不失紀序,無道則正朔不行於諸侯。幽、厲之後,周室微,陪臣執政,史不記時,君不告朔。」足徵周洪謨〈周正辯〉謂『正朔者,史官紀年之所始;正月者,曆官紀年之所始。』實其來有自、而確鑿無誤也。

綜上所言,知古來一切典籍篇章,未有不用夏正者,固不獨《楚辭》為然也。蓋『夏時得天』,孔子早有定論矣。必辨章夏、商、周三正迭用之『正』,乃『正朔』之『正』,而非『正月』之『正』,然後〈楚辭用夏正說〉,庶幾通篇一貫,前後相應,游先生有知,亦以為然乎。

最後附帶一提:文學史上備受爭議之《古詩十九首》年代問題,主兩漢之說

---

⑪《叢書集成初編:寶顏堂祕笈》本。

者,以為南山可移,『月改春移』之案不可移,亦因《雲夢秦簡》之出土,而不攻自破矣!⑫

一九九八年夏五月於屯門虎地
嶺南學院(大學)梁銶琚堂

---

⑫ 拙著〈古詩『秋草萋已綠』及『涼風率已厲』試解〉,於此有詳細辯解,可參閱。載《文史論學集》,台北《文史哲出版社》,一九九七年。

試論屈原〈九歌〉〈九章〉之疊字及雙聲疊韻字

韋金滿

〈甲〉、緒　論

屈原是我國古代的一位偉大的詩人，為我們留下了輝煌的文學遺產。根據王逸《楚辭章句》所錄，共有二十五篇。① 大半是貫穿著強烈的愛國主義思想，在中國文學史上具有崇高的地位，堪稱百代文學之源流。它的影響及於唐詩、宋詞、元曲，甚至明清雜劇。古今中外致力研究屈原作品的，或從思想內容方面，② 或從音韻句讀方面，③ 甚至從風格特色方面，④ 真是不勝其數。為了開闢新的蹊徑，本文乃就〈九歌〉〈九章〉之疊字及雙聲疊韻字三方面為討論對象，窺探屈原的修辭技巧。

〈乙〉、〈九歌〉〈九章〉之疊字

疊字亦曰重言，蓋累疊相同之字，以為一語，如「蓁蓁者莪」之「蓁蓁」，「伐木丁丁」之「丁丁」，「飄風發發」之「發發」。⑤ 劉彥和《文心雕龍》曾說：

---

① 〈九歌〉十一篇－東皇太一、東君、雲中君、湘君、湘夫人、大司命、少司命、河伯、山鬼、國殤、禮魂；〈九章〉九篇－橘頌、惜誦、抽思、思美人、涉江、哀郢、悲回風、懷沙、惜往日；〈離騷〉、〈天問〉、〈遠遊〉、〈卜居〉、〈漁父〉各一篇。台北，藝文印書局，1967年。
② 譬如：游國恩之《屈原》、郭沫若之《屈原研究》等。
③ 譬如：林蓮仙之〈楚辭音說述評舉要〉、何敬群之〈離騷韻讀大要前言〉等。
④ 譬如：章培恆之〈從詩經楚辭看我國南北文學的差別〉、區綺婷之〈楚辭文學風格之探究〉等。
⑤ 語見《詩經》。

「灼灼狀桃花之鮮，依依盡楊柳之貌，杲杲為出日之容，瀌瀌擬雨雪之狀，喈喈逐黃鳥之聲，喓喓學草蟲之韻，並以少總多，情貌無遺矣。」⑥ 由此可知，疊字「是我國文學在修辭造境方面，極常用而且極有效的技巧。」⑦ 本師高仲華先生更認為重言疊字，「常常使文辭的聲音和美。」⑧ 推而論之，詩人所以喜用疊字，藉以表達真情真景，使聲調諧美，意境傳神，語氣纏綿而韻味無窮。疊字之用，大抵可以分為摹物態、言情意、諧聲響及繪色澤等四項。

〈九歌〉十一篇，使用疊字不多，只有二十五組二十八次：

（一）、摹物態——共十二組十四次，如：⑨

芳菲菲兮滿堂　　〈東皇太一〉
芳菲菲兮襲予　　〈少司命〉

案：「菲菲」二字，形容香氣之陣陣。

飛龍兮翩翩　　〈湘君〉

案：「翩翩」二字，形容舟行輕快而迅捷。

嫋嫋兮秋風　　〈湘夫人〉

案：「嫋嫋」二字，形容秋風徐徐吹拂。

紛總總兮九州　　〈大司命〉

案：「總總」二字，形容九州地域遼闊，人煙稠密。

靈衣兮被被　　〈大司命〉

案：「被被」同「披披」，形容靈衣紛披飄舉。

---

⑥ 語見劉勰《文心雕龍‧物色》。
⑦ 語見龔鵬程《讀詩偶紀》。
⑧ 語見本師高明《高明文輯》第六輯〈讀中國文字的形式美〉。
⑨ 案：「冥冥」曾出現三次，分屬兩組。

　　　　秋蘭兮青青　　　〈少司命〉
案：「青青」同「菁菁」，形容秋蘭的茂盛。

　　　　波滔滔兮來迎　　〈河伯〉
案：「滔滔」二字，形容河水滾滾而來。

　　　　魚鄰鄰兮媵予　　〈河伯〉
案：「鄰鄰」同「鱗鱗」，形容游魚眾多。

　　　　雲容容兮而在下　〈山鬼〉
案：「容容」同「溶溶」，本指水流之貌，這裏形容雲海的波濤起伏。

　　　　石磊磊兮葛蔓蔓　〈山鬼〉
案：「磊磊」二字，形容石頭叢聚。

　　　　石磊磊兮葛蔓蔓　〈山鬼〉
案：「蔓蔓」二字，形容葛藤的蜿蜒纏繞。

　　　　杳冥冥兮以東行　〈東君〉
　　　　雷填填兮雨冥冥　〈山鬼〉
案：上句「冥冥」二字，形容天空的高遠；下句「冥冥」二字，則形容細雨的迷濛。

（二）、言情意——共四組四次，如：

　　　　君欣欣兮樂康　　〈東皇太一〉
案：「欣欣」二字，描摹東皇太一之喜悅。

　　　　極勞心兮忡忡　　〈雲中君〉

案:「慍慍」二字,形容內心憂慼而不安。

　　　　目眇眇兮愁予　　〈湘夫人〉
案:「眇眇」二字,形容湘夫人含愁竊視之情。

　　　　老冉冉兮既極　　〈大司命〉
案:「冉冉」二字,形容年紀漸漸老邁。

(三)、諧聲響——共六組六次,如:

　　　　石瀨兮淺淺　　〈湘君〉
案:「淺淺」二字,形容石上的流水聲。

　　　　乘龍兮轔轔　　〈大司命〉
案:「轔轔」二字,形容車行動的聲音。

　　　　雷填填兮雨冥冥　〈山鬼〉
案:「填填」二字,形容雷聲隆隆。

　　　　猿啾啾兮狖夜鳴　〈山鬼〉
案:「啾啾」二字,形容猿猴的鳴聲。

　　　　風颯颯兮木蕭蕭　〈山鬼〉
案:「颯颯」二字,形容悽厲的風聲。

　　　　風颯颯兮木蕭蕭　〈山鬼〉
案:「蕭蕭」二字,形容風吹動樹木的響聲。

（四）、繪色澤——共四組四次，如：

杳冥冥兮羌晝晦　〈山鬼〉

案：「冥冥」二字，形容幽暗不明。

夜皎皎兮既明　〈東君〉

案：「皎皎」二字，形容夜色皎潔明亮。

爛昭昭兮未央　〈雲中君〉

案：「昭昭」二字，形容光華明耀。

靈皇皇兮既降　〈雲中君〉

案：「皇皇」二字，形容雲神的靈光閃閃，降臨祭壇。

至於〈九章〉九篇，使用疊字較多，共有四十四組四十九次：

（一）、摹物態——共二十組二十二次，如：

何回極之浮浮　〈抽思〉

案：「浮浮」二字，形容北極星的旋轉不息，借喻時光的流駛。

白日出之悠悠　〈抽思〉

案：「悠悠」二字，形容太陽緩緩上昇。

紛郁郁其遠蒸兮　〈思美人〉

案：「郁郁」二字，形容香氣的馥郁。

雲霏霏而承宇　〈涉江〉

案：「霏霏」二字，形容雲霧的流動。

　　　　　瞭杳杳而薄天　　〈哀郢〉

案：「杳杳」二字，形容天空的高遠。

　　　　　焉洋洋而為客　　〈哀郢〉
　　　　　軋洋洋之無從兮　〈悲回風〉

案：「洋洋」二字，形容水波之浩淼。

　　　　　終長夜之曼曼兮　〈悲回風〉

案：「曼曼」同「漫漫」，形容夜之漫長也。

　　　　　歲曶曶其若頹兮　〈悲回風〉

案：「曶曶」同「忽忽」，形容歲月的迅疾流逝。

　　　　　時亦冉冉而將至　〈悲回風〉

案：「冉冉」二字，形容衰老的時間漸漸來臨。

　　　　　路眇眇之默默　　〈悲回風〉
　　　　　穆眇眇之無垠兮　〈悲回風〉

案：「眇眇」同「渺渺」，形容道路之遼遠。

　　　　　莽芒芒之無儀　　〈悲回風〉

案：「芒芒」同「茫茫」，形容草木之幽深廣大。

　　　　　藐蔓蔓之不可量兮〈悲回風〉

案：「蔓蔓」同「漫漫」，形容歸路之漫長。

　　　　　漱凝霜之雱雱　　〈悲回風〉

案：「雰雰」二字，形容霜雪的紛紛飄落。

漂翻翻其上下兮　〈悲回風〉
案：「翻翻」二字，形容鳥兒上下翱翔。

翼遙遙其左右　〈悲回風〉
案：「遙遙」同「搖搖」，形容鳥兒左搖右擺。

氾潏潏其前後兮　〈悲回風〉
案：「潏潏」二字，形容洪水的氾濫湧流。

滔滔孟夏兮　〈懷沙〉
案：「滔滔」同「陶陶」，形容初夏的陽光融融。

草木莽莽　〈懷沙〉
案：「莽莽」二字，形容草木的連綿茂盛。

眴兮杳杳　〈懷沙〉
案：「杳杳」二字，形容視野之廣闊。

浩浩沅湘　〈懷沙〉
案：「浩浩」二字，形容沅水湘江之水波浩蕩。

（二）、言情意──共有十八組二十次，如：

中悶瞀之忳忳　〈惜誦〉
案：「忳忳」二字，形容內心之煩悶迷惘。

心鬱鬱之憂思兮　〈抽思〉

　　　　　慘鬱鬱而不通兮　　〈哀郢〉
　　　　　愁鬱鬱之無快兮　　〈悲回風〉
案：「鬱鬱」二字形容，內心的憂愁鬱結。

　　　　　傷余心之懮懮　　　〈抽思〉
案：「懮懮」二字，形容內心之憂痛。

　　　　　心怛傷之憺憺　　　〈抽思〉
案：「憺憺」二字，形容內心之動蕩不安。

　　　　　何獨樂斯之謇謇兮　〈抽思〉
案：「謇謇」二字，形容自己的直言進諫。

　　　　　魂識路之營營　　　〈抽思〉
案：「營營」二字，形容靈魂的往返周旋。

　　　　　謇謇之煩冤兮　　　〈思美人〉
案：「謇謇」二字，形容自己的忠誠耿直。

　　　　　獨煢煢而南行兮　　　〈思美人〉
案：「煢煢」二字，形容自己的孤獨無依。

　　　　　涕淫淫其若霰　　　〈哀郢〉
案：「淫淫」二字，形容涕淚流落不止。

　　　　　忠湛湛而願進兮　　〈哀郢〉
案：「湛湛」二字，形容自己的忠厚誠實。

涕泣交而淒淒兮　〈悲回風〉

案：「淒淒」二字，形容涕淚漣漣。

超惘惘而遂行　〈悲回風〉

案：「惘惘」二字，形容內心的徬徨迷惘。

居戚戚而不可解　〈悲回風〉

案：「戚戚」二字，形容思緒撩亂。

縹綿綿之不可紆　〈悲回風〉

案：「綿綿」二字，形容思緒的綿綿不絕。

愁悄悄之常悲兮　〈悲回風〉

案：「悄悄」二字，形容內心的憂愁。

紛容容之無經兮　〈悲回風〉

案：「容容」二字，形容思緒的紛亂不定。

罔芒芒之無紀　〈悲回風〉

案：「芒芒」同「茫茫」，形容內心的迷惘不清。

悼來者之愁愁　〈悲回風〉

案：「愁愁」同「惕惕」，形容內心的驚恐憂懼。

（三）、諧聲響——共有三組三次，如：

曾歔欷之嗟嗟兮　〈悲回風〉

案：「嗟嗟」二字，形容歔欷感歎聲。

　　　　　路眇眇之默默　　〈悲回風〉

案：「默默」二字，形容四周的寂靜。

　　　　　憚涌湍之磕磕兮　　〈悲回風〉

案：「磕磕」二字，形容水石的撞擊聲。

　　　　　聽波聲之洶洶　　〈悲回風〉

案：「洶洶」二字，形容水波的騰湧聲。

（四）、繪色澤──只有兩組三次，如：

　　　　　深林杳以冥冥兮　　〈涉江〉
　　　　　翩冥冥之不可娛　　〈悲回風〉

案：「冥冥」二字，形容幽暗。

　　　　　日昧昧其將暮　　〈懷沙〉

案：「昧昧」二字，形容日薄西山，一片昏暗。

〈丙〉、〈九歌〉〈九章〉之雙聲疊韻字

　　劉勰《文心雕龍》曾說：「凡聲有飛沈，響有雙疊。」⑩ 所謂飛沈，即指字調之抑揚；所謂雙疊，即指字之雙聲疊韻。清李汝珍亦曾指出：「雙聲者，兩字同歸一母；疊韻者，兩字同歸一韻。」⑪ 換言之，發音相同者為雙聲，收音相同者為疊韻。⑫ 大抵雙聲疊韻之妙用，不獨增強音節之鏗鏘悅耳，琅琅上口，更能使內容豐富，聲情相切。

---

⑩ 語見劉勰《文心雕龍‧聲律》。
⑪ 語見清李汝珍《音鑑》。
⑫ 語見林尹《中國聲韻學通論》。

〈九歌〉十一篇，使用雙聲字，共十一組十五次；使用疊韻字，則只有七組九次，如：⑬

　　　　　璆鏘鳴兮琳琅　　〈東皇太一〉

案：「琳琅」二字同歸來紐。

　　　　　聊翱遊兮周章　　〈雲中君〉

案：「周章」二字同歸章紐。

　　　　　君不行兮「夷猶」〈湘君〉

案：「夷猶」二字同歸餘紐。

　　　　　吹參差兮誰思　　〈湘君〉

案：「參差」二字同歸初紐。

　　　　　遭吾道兮洞庭　　〈湘君〉
　　　　　洞庭波兮木葉下　〈湘夫人〉

案：「洞庭」二字同歸定紐。

　　　　　搴芙蓉兮木末　　〈湘君〉

案：「木末」二字同歸明紐。

　　　　　鼂騁騖兮江皋　　〈湘君〉
　　　　　朝馳余馬兮江皋　〈湘夫人〉

案：「江皋」二字同歸見紐。

　　　　　聊逍遙兮容與　　〈湘君〉

---

⑬ 本文所論雙聲疊韻字，完全參照李珍華周長楫編撰《漢字古今音表》及郭錫良《漢字古音手冊》。

　　　　　聊逍遙兮容與　　〈湘夫人〉
　　　　　婐女倡兮容與　　〈禮魂〉
案：「容與」二字同歸餘紐。

　　　　　荒忽兮遠望　　　〈湘夫人〉
案：「荒忽」二字同歸曉紐。

　　　　　玉珮兮陸離　　　〈大司命〉
案：「陸離」二字同歸來紐。

　　　　　秋蘭兮麋蕪　　　〈少司命〉
案：「麋蕪」二字同歸明紐。

以上各組，皆成為雙聲字。至於：

　　　　　吉日兮良辰　　　〈東皇太一〉
案：「吉日」二字，同屬質部。

　　　　　靈偃蹇兮姣服　　〈東皇太一〉
案：「偃蹇」二字，同屬元部。

　　　　　靈連蜷兮既留　　〈雲中君〉
案：「連蜷」二字，同屬元部。

　　　　　女嬋媛兮為余太息〈湘君〉
案：「嬋媛」二字，同屬元部。

　　　　　橫流涕兮潺湲　　〈湘君〉

　　　　　觀流水之潺湲　　〈湘夫人〉
案：「潺湲」二字，同屬元部。

　　　　　聊逍遙兮容與　　〈湘君〉
　　　　　聊逍遙兮容與　　〈湘夫人〉
案：「逍遙」二字，同屬宵部。

　　　　　登崑崙兮四望　　〈河伯〉
案：「崑崙」二字，同屬文部。

以上各組，則皆為疊韻字。⑭

　　至於〈九章〉九篇，使用雙聲字，共二十八組三十六次；使用疊韻字，則有二十七組三十三次，如：⑮

　　　　　心鬱邑而侘傺兮　　〈惜誦〉
案：「鬱邑」二字同歸影紐。

　　　　　心鬱邑而侘傺兮　　〈惜誦〉
　　　　　申侘傺之煩惑兮　　〈惜誦〉
　　　　　懷信侘傺　　　　　〈涉江〉

---

⑭ 屈原〈九歌〉中，有些字在宋本廣韻，屬於疊韻字的，如：〈湘君〉、〈湘夫人〉及〈山鬼〉之「薜荔」二字，同屬「霽」韻；〈山鬼〉之「窈窕」二字，同屬「篠」韻；〈山鬼〉之「東風」，同屬「東」韻。但是，根據李氏及郭氏二書，「薜荔」二字，分屬「錫」「脂」二韻；「窈窕」二字，分屬「幽」「宵」二韻；「東風」二字，分屬「東」「冬」二韻，均不同韻母，所以，本文都不列入疊韻字內，餘皆類此。

⑮ 屈原〈九章〉中，有些字在宋本廣韻，屬於雙聲的，如：〈惜誦〉之「中情」同歸知紐；〈哀郢〉「抗行」同歸匣紐等。但是，根據李氏及郭氏二書，「中情」分歸「端」「從」二紐；「抗行」二字，分歸「溪」「匣」二紐；所以本文亦不列入雙聲字內，餘皆類此。

　　　　　　　蹇侘傺而含慼　　〈哀郢〉
案：「侘傺」二字同歸透紐。

　　　　　　　中悶瞀之忳忳　　〈惜誦〉
案：「悶瞀」二字同歸明紐。

　　　　　　　故重著以自明　　〈惜誦〉
案：「重著」二字同歸澄紐。

　　　　　　　悲夷猶而冀進兮　〈抽思〉
　　　　　　　低佪夷猶　　　　〈抽思〉
案：「夷猶」二字同歸餘紐。

　　　　　　　然容與而孤疑　　〈思美人〉
　　　　　　　船容與而不進兮　〈涉江〉
　　　　　　　楫齊揚而容與兮　〈哀郢〉
案：「容與」二字同歸餘紐。

　　　　　　　帶長鋏之陸離兮　〈涉江〉
案：「陸離」二字同歸來紐。

　　　　　　　霰雪紛其無垠兮　〈涉江〉
案：「霰雪」二字同歸心紐。

　　　　　　　腥臊並御　　　　〈涉江〉
案：「腥臊」二字同歸心紐。

　　　　　　　荒忽其焉極　　　〈哀郢〉

案：「荒忽」二字同歸曉紐。

　　　　上洞庭而下江　　〈哀郢〉
案：「洞庭」二字同歸定紐。

　　　　背夏浦而西思兮　〈哀郢〉
案：「西思」二字同歸定紐。

　　　　悲江介之遺風　　〈哀郢〉
案：「江介」二字同歸見紐。

　　　　諶荏弱而難持　　〈哀郢〉
案：「荏弱」二字同歸日紐。

　　　　好夫人之忼慨　　〈哀郢〉
案：「忼慨」二字同歸溪紐。

　　　　草苴比而不芳　　〈悲回風〉
案：「草苴」二字同歸清紐。

　　　　曾歔欷之嗟嗟兮　〈悲回風〉
案：「歔欷」二字同歸曉紐。

　　　　氣於邑而不可止　〈悲回風〉
案：「於邑」二字同歸影紐。

　　　　糺思心以為纕兮　〈悲回風〉
　　　　憐思心之不可懲兮〈悲回風〉

案：「思心」二字同歸心紐。

存髣髴而不見兮　〈悲回風〉

案：「髣髴」二字同歸滂紐。

心踴躍其若湯　〈悲回風〉

案：「踴躍」二字同歸餘紐。

聞省想而不可得　〈悲回風〉

案：「省想」二字同歸心紐。

心鞿羈而不開兮　〈悲回風〉

案：「鞿羈」二字同歸見紐。

借光景以往來兮　〈悲回風〉
慚光景之誠信兮　〈惜往日〉

案：「光景」二字同歸見紐。

望大河之洲渚兮　〈悲回風〉

案：「洲渚」二字同歸章紐。

身幽隱而備之　〈惜往日〉

案：「幽隱」二字同歸影紐。

思久故之親身兮　〈惜往日〉

案：「久故」二字同歸見紐。

妒娃冶之芬芳兮　〈惜往日〉

案:「芬芳」二字同歸滂紐。

以上各組,皆為雙聲字。至於:

    紛緼宜修   〈橘頌〉

案:「紛緼」二字,同屬文部。

    固煩言不可結詒兮〈橘頌〉

案:「煩言」二字,同屬元部。

    尚不知余之從容 〈抽思〉
    寤從容以周流兮 〈悲回風〉
    孰知余之從容 〈懷沙〉

案:「從容」二字,同屬東部。

    軫石崴嵬   〈抽思〉

案:「崴嵬」二字,同屬微部。

    煩冤瞀容   〈抽思〉
    蹇蹇之煩冤兮 〈抽思〉

案:「煩冤」二字,同屬元部。

    遇豐隆而不將 〈思美人〉

案:「豐隆」二字,同屬冬部。

    冠切雲之崔嵬 〈涉江〉

案:「崔嵬」二字,同屬微部。

　　　　　登崑崙兮食玉英　〈涉江〉
　　　　　馮崑崙以瞰霧兮　〈悲回風〉
案：「崑崙」二字，同屬文部。

　　　　　入溆浦余儃佪兮　〈涉江〉
案：「溆浦」二字，同屬魚部。

　　　　　深林杳以冥冥兮　〈涉江〉
案：「深林」二字，同屬侵部。

　　　　　固將愁苦而終窮　〈涉江〉
案：「終窮」二字，同屬冬部。

　　　　　心嬋媛而傷懷兮　〈哀郢〉
　　　　　忽傾寤以嬋媛　〈悲回風〉
案：「嬋媛」二字，同屬元部。

　　　　　今逍遙而來東　〈哀郢〉
　　　　　聊逍遙以自恃　〈悲回風〉
案：「逍遙」二字，同屬宵部。

　　　　　何須臾而忘返　〈哀郢〉
案：「須臾」二字，同屬侯部。

　　　　　外承歡之汋約兮　〈哀郢〉
案：「汋約」二字，同屬藥部。

　　　　　妒被離而鄣之　〈哀郢〉

案：「被離」二字，同屬歌部。

憎慍惀之脩美兮　〈哀郢〉
案：「慍惀」二字，同屬文部。

眾踥蹀而日進兮　〈哀郢〉
案：「踥蹀」二字，同屬葉部。

憐浮雲之相羊　〈悲回風〉
案：「相羊」二字，同屬陽部。

寤從容以周流兮　〈悲回風〉
案：「周流」二字，同屬幽部。

處雌蜺之標顛　〈悲回風〉
案：「雌蜺」二字，同屬支部。

據青冥而攄虹兮　〈悲回風〉
案：「青冥」二字，同屬耕部。

一概而相量　〈懷沙〉
案：「相量」二字，同屬陽部。

臨沅湘之玄淵兮　〈惜往日〉
案：「玄淵」二字，同屬真部。

文君之寤而追求　〈惜往日〉
案：「文君」二字，同屬文部。

報大德之優遊　　〈惜往日〉

案：「優遊」二字，同屬幽部。

思久故之親身兮　〈惜往日〉

案：「親身」二字，同屬真部。

以上各組，皆為疊韻字。

〈丁〉、總　結

劉聖旦《詩歌原論》有云：「下疊字，似乎並不甚難，但一句之中所下的疊字，音節和諧與否，還在其次，而情景表現的明瞭，實在需要充分的工力，然後才能夠兩全其美。」⑯ 移之以論屈原〈九歌〉及〈九章〉所用之疊字，不難令人覺得聲容並茂，醒人耳目。尤其篇中使用疊字，除「冥冥」出現五次，「眇眇」及「鬱鬱」出現三次，「菲菲」、「冉冉」、「滔滔」、「容容」、「蔓蔓」、「洋洋」、「杳杳」、「芒芒」等出現兩次外，其餘皆只用一次，很少雷同，絕無使人感到濫用重複而了無新意。又此等疊字，其運用之性質，據郭紹虞云：「重言之例，其一起於狀物摹聲的作用者：如「關關」、「呦呦」、「洋洋」、「茫茫」之類，皆由單音不足以摹狀其意，必須衍為重言，此類重言，必須二者一義以合成為詞，所以不宜單用，單用則其義亡。本非重言，而以硬疊傳神，或是摹肖口吻，或是形容聲情，如「高高」、「低低」、「大大」、「小小」，之類，單字重言，義本無殊，由前一例言，不宜單用，由後一例言，又不必複用，然而昔人行文選辭，卻不能受此限制，正於自由伸縮之處，見出作家修辭的技巧。」⑰ 推此以論屈原使用疊字之技巧，其「單音不足摹狀，必衍為重言」，有三十七組四十五次，如：⑱

---

⑯ 引見馮永敏〈杜律對句疊字所見之聲情〉。
⑰ 語見郭紹虞《語文通論續集》。
⑱ 疊字出現兩次或以上的，皆在其字下用數字表示該組疊字所出現的次數。

菲菲(2)	淺淺	眇眇(3)	嫋嫋	總總	被被	轔轔
青青	鄰鄰	容容(2)	磊磊	填填	颯颯	蕭蕭
鬱鬱(3)	憯憯	謇謇	營營	騫騫	悠悠	霏霏
淫淫	洋洋(2)	湛湛	嗟嗟	淒淒	習習	默默
戚戚	綿綿	悄悄	雰雰	磕磕	莽莽	浩浩
芒芒(2)	曼曼					

其「本非重言，以硬疊傳神」，有二十四組三十二次，如：

欣欣	皎皎	冥冥(5)	昭昭	皇皇	懭懭	翩翩
冉冉(2)	滔滔(2)	蔓蔓(2)	啾啾(2)	忳忳	浮浮	慢慢
郁郁	熒熒	杳杳(2)	惘惘	洶洶	翻翻	遙遙
潏潏	愁愁	昧昧				

大抵我國乃一字一音之文字，抒情描物，一字未能盡述者，則用疊字以形容，[19] 即如劉勰所謂：「詩人感物，聯類不窮。流連萬象之際，沈吟視聽之區，寫氣圖貌，既隨物以宛轉，屬采附聲，亦與心而徘徊。」[20] 若論修辭技巧之妙用，則以「本非重言，以硬疊傳神」一類為美，蓋此等類字，單音既足以摹肖事物之容狀、音聲、情意，再重疊使用，不但加強語氣，更能令音律悅耳，使人誦之若行雲流水，聞之如金環玉振，視之似明霞散綺，極有諷詠的情味。

此外，**雙聲疊韻聯綿字**，係我國文字上聲律自然之原則，又為我國文字中之特品，故自來詩人觸物抒情，圖寫聲貌，或擬雙聲之語，或采疊韻之詞，倖色揣稱，妙契自然。蓋以其詞性，可摹難狀之景，可抒難喻之情，且可使口吻調和，以增加聲調之美。[21] 屈原賦中莫不多所運用雙聲疊韻字，理由亦復如是。不過，我以為

---

[19] 本師高明先生在《高明文輯》的〈讀中國文字的形式美〉一文中，認為疊字之使用，極有「諧協美」。字音諧協的原則有三：一是重疊，二是錯綜，三是呼應。

[20] 語見劉勰《文心雕龍・物色》。

[21] 本師高明先生在《高明文輯》的〈論聲律〉一文中，曾說：「促使文辭的聲音和美，最要緊的還是聲音的各種基本條件的錯綜；而平仄的錯綜和雙聲疊韻的錯綜，尤為重要。」

使用雙聲疊韻字，仍以「清新」為貴。倘迭用陳言，似使人覺其重複。綜合上述，可以知道屈原使用雙聲字共五十一次，除了「容與」出現六次，「佗傺」出現四次，「夷猶」出現三次之外，其餘皆不出兩次；至於疊韻字，賦中使用四十二次，除了「逍遙」出現四次，「嬋媛」、「崑崙」、「從容」各出現三次之外，其餘亦不出兩次。以此推之，屈原使用雙聲疊韻字，亦貴「清新」，而無「濫用」之病。

近人王力以為「雙聲疊韻也是一種回環的美，這種形式美在對仗中才能顯示出來。」[22] 試看屈原〈九歌〉及〈九章〉之對偶句中，亦喜用雙聲疊韻字，譬如：

撫長劍兮玉珥，璆鏘鳴兮琳琅。	〈東皇太一〉
靈偃蹇兮姣服，芳菲菲兮滿堂。	〈東皇太一〉
靈連蜷兮既留，爛昭昭兮未央。	〈雲中君〉
采薜荔兮水中，搴芙蓉兮木末。	〈湘君〉
朝騁騖兮江皐，夕弭節兮北渚。	〈湘君〉
雲衣兮被被，玉佩兮陸離。	〈大司命〉
帶長鋏之陸離兮，冠切雲之崔嵬。	〈涉江〉
哀州土之平樂兮，悲江介之遺風。	〈哀郢〉
慘鬱鬱而不通兮，蹇佗傺而含慼。	〈哀郢〉
忠湛湛而願進兮，妒被離而鄣之。	〈哀郢〉
寤從容以周流兮，聊逍遙以自恃。	〈悲回風〉
心鞿羈而不形兮，氣繚轉而自縮。	〈悲回風〉
介子忠而立枯兮，文君寤而追求。	〈惜往日〉

大抵在偶句中妥置雙聲疊韻字，不但使對偶更覺精巧，尤能增加音調之宛轉鏗鏘，進而達到「事情相切」之境界。

現將屈原〈九歌〉〈九章〉所使用疊字及雙聲疊韻字之異同，列表如下，以總結全文。

---

[22] 引見王力〈略論語言形式美〉。

(一)、疊字分佈表

疊　字	九歌篇名	九章篇名	數　目
菲菲	東皇太一、少司命		2
欣欣	東皇太一		1
皎皎	東君		1
冥冥	東君、山鬼(2)	涉江、悲回風	5
昭昭	雲中君		1
皇皇	雲中君		1
憺憺	雲中君		1
淺淺	湘君		1
翩翩	湘君		1
眇眇	湘夫人	悲回風(2)	3
嫋嫋	湘夫人		1
總總	大司命		1
被被	大司命		1
冉冉	大司命	悲回風	2
轔轔	大司命		1
青青	少司命		1
滔滔	河伯	懷沙	2
鄰鄰	河伯		1
容容	山鬼	悲回風	2
磊磊	山鬼		1
蔓蔓	山鬼	悲回風	2
填填	山鬼		1
啾啾	山鬼		1
颯颯	山鬼		1

蕭蕭	山鬼		1
怛怛		惜誦	1
鬱鬱		抽思、哀郢、悲回風	3
浮浮		抽思	1
慢慢		抽思	1
謇謇		抽思	1
營營		抽思	1
寒寒		思美人	1
悠悠		思美人	1
郁郁		思美人	1
梵梵		思美人	1
霏霏		涉江	1
淫淫		哀郢	1
洋洋		哀郢、悲回風	2
湛湛		哀郢	1
杳杳		哀郢、懷沙	2
嗟嗟		悲回風	1
淒淒		悲回風	1
曼曼		悲回風	1
惘惘		悲回風	1
習習		悲回風	1
默默		悲回風	1
戚戚		悲回風	1
芒芒		悲回風(2)	2
綿綿		悲回風	1
悄悄		悲回風	1
霧霧		悲回風	1

疊字			
磕磕		悲回風	1
洶洶		悲回風	1
翻翻		悲回風	1
遙遙		悲回風	1
漇漇		悲回風	1
愁愁		悲回風	1
莽莽		懷沙	1
昧昧		懷沙	1
浩浩		懷沙	1
合計	28次	49次	77

(二)、雙聲字分佈表

雙聲字	九歌篇名	九章篇名	數目
琳瑯	東皇太一		1
周章	雲中君		1
夷猶	湘君	抽思(2)	3
參差	湘君		1
洞庭	湘君、湘夫人	哀郢	3
木末	湘君		1
江皋	湘君、湘夫人		2
容與	湘君、湘夫人、禮魂	思美人、涉江、哀郢	6
荒忽	湘夫人	哀郢	2
陸離	大司命	涉江	2
糜蕪	少司命		1
鬱邑		惜誦	1
侘傺		惜誦(2)、涉江、哀郢	4

悶瞀		惜誦	1
重著		惜誦	1
霰雪		涉江	1
腥臊		涉江	1
西思		哀郢	1
江介		哀郢	1
荏弱		哀郢	1
忼慨		哀郢	1
草苴		悲回風	1
歔欷		悲回風	1
於邑		悲回風	1
思心		悲回風(2)	2
髣髴		悲回風	1
踴躍		悲回風	1
省想		悲回風	1
虉羈		悲回風	1
光景		悲回風、惜往日	2
洲渚		悲回風	1
幽隱		惜往日	1
久故		惜往日	1
芬芳		惜往日	1
合計	15次	36次	51

(三)、疊韻字分佈表

疊韻字	九歌篇名	九章篇名	數　目
吉日	東皇太一		1
偃蹇	東皇太一		1
連蜷	雲中君		1
嬋媛	湘君	哀郢、悲回風	3
潺湲	湘君、湘夫人		2
逍遙	湘君、湘夫人	哀郢、悲回風	4
崑崙	河伯	涉江、悲回風	3
紛縕		橘頌	1
煩言		惜誦	1
從容		抽思、悲回風、懷沙	3
歲鬽		抽思	1
煩冤		抽思、思美人	2
豐隆		思美人	1
崔嵬		涉江	1
漵浦		涉江	1
深林		涉江	1
終窮		涉江	1
須臾		哀郢	1
汋約		哀郢	1
被離		哀郢	1
慍惀		哀郢	1
蹉跌		哀郢	1
相羊		悲回風	1
周流		悲回風	1

雌霓		悲回風	1
青冥		悲回風	1
相量		懷沙	1
玄淵		惜往日	1
文君		惜往日	1
優游		惜往日	1
親身		惜往日	1
合計	9次	33次	42

蕭統之文學思想

張仁青

　　蕭梁享國雖淺，而文學理論家輩出，撰述宏富，紛然雜陳，要而歸之，略分三派：一曰守舊派，鍾嶸、裴子野、劉之遴_{梁書劉之遴傳：『之遴好屬文，多學古體，與河東裴子野、沛國劉顯常共討論書籍，因為交好。』}等屬之。二曰趨新派，蕭綱、蕭子顯、徐陵等屬之。三曰折衷派，劉勰、蕭統、劉孝綽等屬之。折衷云者，謂調和於新舊之間，而不為已甚。此派以劉勰開其先，蕭統主其盟，劉孝綽等則其羽翼者也。

　　蕭統字德施，武帝長子，世稱昭明太子。少有文譽，引納才學之士，賞愛無倦。恆自討論篇籍，或與學士商榷古今，間則繼以文章著述，率以為常。于時東宮有書幾三萬卷，名才並集，文學之盛，晉宋以來，未之有也。著有文集二十卷，又撰古今典誥文言為正序十卷，五言詩之善者為文章英華二十卷，文選三十卷。

　　昭明生值南齊末葉，於時東昏失德，屠戮大行，王公貴族授首闕下者踵相接，昭明雖未能親見，然耳之所聞，已足驚心。逮年事稍長，輒感於福禍無常，哀樂難憑，雖貴為帝胄，亦莫能外之，於是自然主義思想遂隱然勃發，而時時流露於篇什之中焉。

> 夫自衒自媒者，士女之醜行，不忮不求者，明達之用心。是以聖人韜光，賢人遁世，其故何也。含德之至，莫踰於道，親己之切，無重於身。故道存而身安，道亡而身害。處百齡之內，居一世之中，倏忽比之白駒，寄寓謂之逆旅，宜乎與大塊而榮枯，隨中和而任放，豈能戚戚勞於憂畏，汲汲于役人間。齊謳趙舞之娛，八珍九鼎之食，結駟連鑣之遊，侈袂執圭之貴，樂則樂矣，憂則隨之。何倚伏之難量，亦慶弔之相及。智者賢人居之，甚履薄冰，愚夫貪士競此，若泄尾閭。玉之在山，以見珍而招破，蘭之生谷，雖無人而猶芳。莊周垂釣於濠，伯成躬耕於野，或貨海東之藥草，或紡江南之落毛。

> 譬彼鴛雛，豈競鳶鴟之肉，猶斯雜縣，寧勞文仲之牲。至如子常寗喜之倫，蘇秦衞鞅之匹，死之而不疑，甘之而不悔。主父偃言：『生不五鼎食，死即五鼎烹。』卒如其言，亦可痛矣。^{陶淵明集序}

人類生命，既如駒隙之俄遷，世間利祿，又如腐鼠之無味，惟有極力提高精神生活，庶幾不為外物所奴役。

> 性愛山水，於玄圃穿築，更立亭館，與朝士名素者遊其中。嘗泛舟後池，番禺侯軌盛稱『此中宜奏女樂』。太子不答，詠左思招隱詩曰：『何必絲與竹，山水有清音。』侯慚而止。出宮二十餘年，不畜聲樂。少時，敕賜太樂女妓一部，略非所好。^{梁書本傳}

絲竹女樂，固能滿足耳目一時之欲，事後依然有空虛寂寞之感，猶未若縱情山水之為得也。

> 或日因春陽，其物韶麗，樹花發，鶯鳴和，春泉生，暄風至，陶嘉月而嬉游，藉芳草而眺矚。或朱炎受謝，白藏紀時，玉露夕流，金風多扇，悟秋山之心，登高而遠託。或夏條可結，倦於邑而屬詞，冬雪千里，覩紛霏而興詠。……不如子晉，而事似洛濱之遊，多愧子桓，而興同漳川之賞。漾舟玄圃，必集應阮之儔，徐輪博望，亦招龍淵之侶。校覈仁義，源本山川，旨酒盈罍，嘉肴益俎。曜靈既隱，繼之以朗月，高春既夕，申之以清夜。^{答湘東王求文集及詩苑英華書}

蓋經常投入大自然之懷抱，藉芳草，悟秋心，方能使襟懷日益高潔，人生日益優美，而終則上達於列仙渾然忘我，與天地同遊之理想境界。其對大自然之崇拜，與夫對神仙世界之嚮往，有非常人所能企及者。

> 昭明太子愛文學士，常與筠及劉孝綽、陸倕、到洽、殷芸等遊宴玄圃，太子獨執筠袖撫孝綽肩而言曰：『所謂左把浮丘袖，右拍洪崖肩。』^{梁書王筠傳}

惟其胸次高曠，才識深美，乃逐漸由對大自然之崇拜轉而對純文學之崇拜，故其文

學理論獨能折衷諸家，模範百世也。今試分別言之。

（一）文學進化論

儒家自來有一根深蒂固觀念，即今不如古，古必勝今，故人必稱堯舜，言必尊先王，似後人之智慧、努力無一可取者。不知人文發展，恆循螺旋而轉動，遞革而遞進，此社會之所以繁複而日新也。東漢王充對儒家此種人文退化觀頗有微詞，乃力倡變古為高之說，期有以恢復人類之自尊，而不盲目崇古。東晉葛洪承其遺意，又進一步提倡今必勝古之說，強調古書多隱難曉之因，在於時移世異，語文變遷，簡牘殘缺，非古人智慧勝於今人也。昭明復推闡葛氏之論，以物質文明印證後世之雕飾不遜於古昔之淳素，尤其卓見。質文既有代變，人事日益繁雜，則文章之富美日新，內容之翻空詭譎，乃進步之徵象。若曰凡百事物均日趨進化，惟獨文章一道反日趨退化，是乃不通之論也。於是高揭文學進化論之大纛，澈底粉碎尚古主義者之迷夢，使文學脫離迂儒之牢籠而趨於純淨，獲得獨立，自由發展。其思想可謂新矣，其立論可謂勇矣。

> 式觀元始，眇覿玄風，冬穴夏巢之時，茹毛飲血之世，世質民淳，斯文未作。逮伏羲氏之王天下也，始畫八卦，造書契，以代結繩之政，由是文籍生焉。易曰：『觀乎天文，以察時變，觀乎人文，以化成天下。』文之時義遠矣哉。
> 若夫椎輪為大輅之始，大輅寧有椎輪之質，增冰為積水所成，積水曾微增冰之凜。何哉，蓋踵其事而增華，變其本而加厲。物既有之，文亦宜然，隨時變改，難可詳悉。_{文選序}

言文字肇興，僅具實用價值，其後人文日繁，而載文之工具日便，外內表裏，遂相資而彌盛，由質趨文，由樸趨麗。易詞言之，即由摛詞淳素變為麗藻繽紛，由實用價值轉入藝術價值。此則以變動的歷史眼光投射於文學發展之軌跡上，而作點、

線、面之綜合觀察，遂成千秋定論。劉勰亦有此種觀念，其文心雕龍通變篇云：

> 黃唐淳而質，虞夏質而辨，商周麗而雅，楚漢侈而艷，魏晉淺而綺，宋初訛而新。

又贊云：

> 文律運周，日新其業，變則其久，通則不乏。趨時必果，乘機無怯，望今制奇，參古定法。

或曰，昭明嘗敬禮劉勰^{事見梁書文學傳}，文學理論不免受其啟發，其或然歟。

（二）緣情說

一篇美的文章，必有真情以絡之，此自晉陸機以後文學批評家之一致看法也。昭明亦云：

> 詩者，蓋志之所之也，情動於中而形於言。^{文選序}

又云：

> 其文章不羣，辭彩精拔，跌宕昭彰，獨超眾類，抑揚爽朗，莫之與京。橫素波而傍流，干青雲而直上。語時事則指而可想，論懷抱則曠而且真。^{陶淵明集序}

頗能探究文章之本。蓋文藝創作乃所以抒情，必有其情者始克有其文，無其情而勉強為之，直若無源之水，無根之木，其枯涸可立而待也。昭明又謂惟『綜緝辭采，錯比文華，事出沈思，義歸翰藻』之作，乃得稱為美文。故文章之美者，除內秉真誠之情，自然流露以出外，仍須有思想、詞華以佐之。西哲亨德(Theodore W. Hunt)亦云：

> 文學為貫徹想像、感情(feelings)、興趣、思想之文字表現，而使一般人易

於理解，並引起其興味於無形中者也。_{文學原理及問題}

是則感情乃文學之基本動力，中西學者所見大致相同也。

（三）文學封域論

文學有廣狹二義：舉凡經史子集，以至語錄小說，而具有文學之形式者，皆是文學，此文學之廣義者也。惟巧思內運，詞華外現，而具有藝術美之作品，始可稱為文學，此文學之狹義者也。昭明論文，取其狹義。

> 若夫姬公之籍，孔父之書，與日月俱懸，鬼神爭奧，孝敬之准式，人倫之師友，豈可重以芟夷，加之剪截。
> 老莊之作，管孟之流，蓋以立意為宗，不以能文為本，今之所撰，又以略諸。
> 若賢人之美辭，忠臣之抗直，謀夫之話，辨士之端，冰釋泉涌，金相玉振。所謂坐狙丘，議稷下，仲連之卻秦軍，食其之下齊國，留侯之發八難，曲逆之吐六奇，蓋乃事美一時，語流千載，概見墳籍，旁出子史。若斯之流，又亦繁博，雖傳之簡牘，而事異篇章，今之所集，亦所不取。
> 至於記事之史，繫年之書，所以褒貶是非，紀別同異，方之篇翰，亦已不同。若其讚論之綜緝辭采，序述之錯比文華，事出於沈思，義歸乎翰藻，故與夫篇什，雜而集之。_{文選序}

此則以純藝術性之觀點，嚴定文學之封域。蓋自建安以前，文學寄居儒家之籬下，固無獨立可言。建安以後，雖已逐漸蔚為大國，而世人觀念，多取廣義，內涵無所不包，**實屬大而無當**。昭明有鑒於此，以為非嚴定其封域，不足以順應洶湧而至之唯美思潮，亦即非嚴律其繩尺，不足以饜當世重文相感之心。其封域為何，即作品須具備『綜緝辭采，錯比文華，事出沈思，義歸翰藻』諸條件者，始可稱之為文學。_{按此雖昭明選史特例，實則全書之通例也。}故經子史應屏除於文學範疇之外，以其不合於上述條件

也。^{惟史傳中之讚論序述除外} 蓋周孔之經，所以明道，老莊百家，重在立意，馬班諸史，偏於記事，皆利用文字作表達工具，故此等文字，祇能視為經史百家之文，而非文人之文。文人之文，以文為主，匠心默運，機杼別出，專意經營，並無外在之束縛，即今人所謂純粹為文學而文學者也。清阮元闡述其說云：

> 昭明所選，名之曰文，蓋必文而後選也，非文則不選也。經也，子也，史也，皆不可專名之為文也。故昭明文選序後三段特明其不選之故，必沈思翰藻，始名之為文，始以入選也。或曰：昭明必以沈思翰藻為文，於古有徵乎。曰：事當求其始。凡以言語著之簡策，不必以文為本者，皆經也，史也，子也。言必有文，專名之曰文者，自孔子易文言始。傳曰：『言之無文，行之不遠』，故古人言貴有文。孔子文言實為萬世文章之祖，此篇奇偶相生，音韻相和，如青白之成文，如咸韶之合節，非清言質說者比也，非振筆縱書者比也，非佶屈澀語者比也。是故昭明以為經也，史也，子也，非可專名之為文也，專名為文，必沈思翰藻而後可也。自唐宋韓蘇諸大家以奇偶相生之文為八代之衰而矯之，於是昭明所不選者，反皆為諸家所取。故其所著者非經即子，非子即史，求其合於昭明序所謂文者鮮矣，合於班孟堅兩都賦序所謂文章者更鮮矣。其不合之處，蓋分於奇偶之間。經子史多奇而少偶，故唐宋八家不尚偶。文選多偶而少奇，故昭明不尚奇。如必以比偶非文之古者而卑之，則孔子自名其言曰文者，一篇之中偶句凡四十有八，韻語凡三十有五，豈可以為非文之正體而卑之乎。^{書梁昭明太子文選序後○見文筆考}

章太炎駁之曰：

> 昭明太子序文選也，其於史籍則云不同篇翰，其於諸子則則云不以能文為貴。此為裒次總集，自成一家，體例適然，非不易之定論也。抱扑子百家篇曰：『狹見之徒，區區執一，惑詩賦瑣碎之文，而忽子論深美之言，真偽顛倒，玉石混殽，同廣樂於桑間，均龍章於素質。』期可以箴矣。且沈思孰若莊周荀卿，翰藻孰若呂氏淮南，總集不摭九流之篇，格於科律，因不應為之

詞。誠以文筆區分，文選所集，無韻者猥眾，豈獨諸子。若云文貴其彣耶。未知賈生過秦，魏文典論，同在諸子，何以獨堪入錄。有韻文中既錄漢祖大風之曲，即古詩十九首亦皆入選，而漢晉樂府反有憖遺。是其於韻文也，亦不以節奏低卬為主，獨取文采斐然，足耀觀覽，又失韻文之本矣。是故昭明之說本無以自立者也。<small>文學總略○
見國故論衡</small>

按二說各有精義，蓋仁智所見，不能盡同也。今不暇多辯，但舉史記漢書之公孫弘等傳贊以備商略：

史記平津侯主父偃傳贊：

太史公曰：公孫弘行義雖脩，然亦遇時。漢興八十餘年矣，上方鄉文學，招俊乂，以廣儒墨，弘為舉首。主父偃當路，諸公皆譽之，及名敗身誅，士爭言其惡。悲夫。

漢書公孫弘等傳贊：

贊曰：公孫弘、卜式、兒寬皆以鴻漸之翼困於燕爵，遠迹羊豕之間，非遇其時，焉能致此位乎。是時，漢興六十餘載，海內艾安，府庫充實，而四夷未賓，制度多闕。上方欲用文武，求之如弗及，始以蒲輪迎枚生，見主父而歎息。羣士慕嚮，異人並出。卜式拔於芻牧，弘羊擢於賈豎，衛青奮於奴僕，日磾出於降虜，斯亦曩時版築飯牛之朋已。漢之得人，於茲為盛，儒雅則公孫弘、董仲舒、兒寬，篤行則石建、石慶，質直則汲黯、卜式，推賢則韓安國、鄭當時，定令則趙禹、張湯，文章則司馬遷、相如，滑稽則東方朔、枚皋，應對則嚴助、朱買臣，曆數則唐都、洛下閎，協律則李延年，運籌則桑弘羊，奉使則張騫、蘇武，將率則衛青、霍去病，受遺則霍光、金日磾，其餘不可勝紀。是以興造功業，制度遺文，後世莫及。孝宣承統，纂修洪業，亦講論六藝，招選茂異，而蕭望之、梁丘賀、夏侯勝、韋玄成、嚴彭祖、尹更始以儒術進，劉向、王襃以文章顯，將相則張安世、趙充國、魏相、丙吉、于定國、

杜延年，始民則黃霸、王成、龔遂、鄭弘、召信臣、韓延壽、尹翁歸、趙廣漢、嚴延年、張敞之屬，皆有功迹見述於世。參其名臣，亦其次也。

前者無藻采，昭明屏於美術文學之外，後者詞華爛然，故選之。許文雨文論講疏云：『案文辭加綜緝錯比之功者，即劉勰所謂麗辭。謂事出沈思，則非振筆縱書，義歸翰藻，則非清言質說。』所謂『辭采』『文華』『麗辭』『翰藻』，均屬美術文學之條件，亦即文字通過美學（Aesthetics）之處理者也。所謂『沈思』，即創作文藝之想像力，想像力豐富之作品，始可言美，始可言美術價值。昭明選文宗旨固不外乎是，其中心思想亦不外乎是。其價值在此，而後人爭議之焦點亦在此。

（四）文質和諧論

　　昭明既大力提倡美術文學，並精選周秦以來一千餘年之美文，以沾益後生。惟美之極致，或流於淫靡^{如宮體詩是}，或將專重外形^{如後人所謂『選派』}，皆非其所以選文之初衷，故又發為文質和諧之論。

> 夫文典則累野，麗則傷浮，能麗而不浮，典而不野，文質彬彬，有君子之致。吾嘗欲為之，但恨未逮耳。^{答湘東王求文集及詩苑英華書}

意謂摛辭華麗並非文章之病，惟華而有實，麗不傷浮，始臻佳妙。易詞言之，必形式與內容調劑得中，始能臻於文質彬彬之最高境界。觀其文學理想，蓋以美妙人生為內涵，卓越藝術為外形者也。

（五）文德論

昭明論文，既主文質相劑，故過與不及，均非所宜。而專以描寫肉慾為能事之色情文學，尤嚴拒於千里之外。

> 關雎麟趾，正始之道著，桑閒濮上，亡國之音表。^{文選序}

所作陶淵明集序，於陶公為人，深致傾慕，於陶公文章，亦推崇備至，獨於其閑情一賦頗有微辭。

> 余愛嗜其文，不能釋手，尚想其德，恨不同時，故加搜校，粗為區目。白璧微瑕，惟在閑情一賦，揚雄所謂勸百而諷一者，卒無諷諫，何足搖其筆端，惜哉無是可也。

按昭明所謂白璧微瑕，蓋指其中間一段描寫情愛部分，茲全錄之：

> 願在衣而為領，承華首之餘芳。悲羅襟之宵離，怨秋夜之未央。
> 願在裳而為帶，束窈窕之纖身。嗟溫涼之異氣，或脫故而服新。
> 願在髮而為澤，刷玄鬢於頹肩。悲佳人之屢沐，從白水以枯煎。
> 願在眉而為黛，隨瞻視以閒揚。悲脂粉之尚鮮，或取毀於華妝。
> 願在莞而為席，安弱體於三秋。悲文茵之代御，方經年而見求。
> 願在絲而為履，附素足以周旋。悲行止之有節，空委棄於牀前。
> 願在晝而為影，常依形而西東。悲高樹之多蔭，慨有時而不同。
> 願在夜而為燭，照玉容於兩楹。悲扶桑之舒光，奄滅景而藏明。
> 願在竹而為扇，含淒飆於柔握。悲白露之晨零，顧襟袖以緬邈。
> 願在木而為桐，作膝上之鳴琴。悲樂極以哀來，終推我而輟音。

此篇描繪美人之高潔，陳訴戀情之深功，好色而不淫，怨誹而不亂，乃離騷後難得一見之創格。其撰作緣由，現雖無從深究，但觀其寄託遙深，情意宛轉，則可斷為一篇象徵主義（Symbolism）之作品，未可以等閒兒女之情目之也。昭明乃承襲自

漢尊毛詩為經典以後文章與道德混為一談之觀念,以為此篇足損陶公高致,或亦春秋責備賢者之意乎。惟蘇軾則深不以為然,其題文選云:

> 淵明作閒情賦,所謂『國風好色而不淫』者,正使不及周南,與屈宋所陳何異,而統大譏之,此乃小兒強作解事者。<small>東坡題跋</small>

迴護陶公,可謂不遺餘力。韓淲<small>宋人</small>駁之云:

> 東坡謂梁昭明不取淵明閒情賦,以為小兒強解事。閒情一賦雖可以見淵明所寓,然昭明不取亦未足以損淵明之高致。東坡以昭明為強解事,予以東坡為強生事。<small>澗泉日記</small>

除指斥蘇氏外,於陶公昭明均未作左右袒,甚具卓識。明清二代,爭訟益繁,歸納其說,要不出正反折衷三派,茲遴載一二,以為談辯之助焉。

【一】贊同昭明者

(一)明郭子章豫章詩話:

> 陶彭澤閒情賦,蕭昭明云:『白璧微瑕,惟閒情一賦。』東坡曰:『淵明作閒情賦,所謂「國風好色而不淫」,正使不及周南,與屈宋所陳何異,而統大譏之,此乃小兒強作解事者。』昭明責備之意,望陶以聖賢,而東坡止以屈宋望陶,屈猶可言,宋則非陶所願學者。東坡一生不喜文選,故不喜昭明。

(二)清方東樹續昭昧詹言:

> 昔人謂正人不宜作艷詩,此說甚正,賀裳駁之非也。如淵明閒情賦,可以不作。後世循之,直是輕薄淫褻,最誤子弟。

【二】贊同陶公者

(一)明何孟春註陶靖節集:

賦情始楚宋玉、漢司馬相如,而平子伯喈繼之為定靜之辭。而魏則陳琳阮瑀作止欲賦,王粲作閑邪賦,應瑒作正情賦,曹植作靜思賦,晉張華作永懷賦,此靖節所謂奕世繼作,並固觸類,廣其辭義者也。

(二) 明張自烈輯箋註陶淵明集:

按昭明序云:『白璧微瑕,惟在閑情一賦。』愚謂昭明識見淺陋,終未窺淵明萬一。盲者得鏡,用以蓋卮,固不足怪。

(三) 民國陳衍石遺室論文:

其序陶淵明集,指其閑情一賦,以為白璧微瑕,乃於高唐、神女、好色、洛神諸賦,則無不選入,此何說哉。且題曰閑情,乃言防閑情之所至也,何所用其疵點乎。後世選家不選,殆自謂所選皆有關人心世道之文,合於立德立功之旨。乃歸有光寒花葬誌,自寫與妻婢調笑情狀,頗不莊雅,而姚惜抱選入古文辭類纂,曾滌生選入經史百家雜鈔,謂之何哉。

【三】不為左右袒者

清吳觀文批校陶淵明集陶淵明集序批語:

至於淵明閑情一賦,其自序曰:『雖文妙不足,庶不謬作者之意。』所謂作者之意,即上張蔡兩賦,所謂『檢逸辭而宗澹泊,始則蕩以思慮,而終歸閑正。將以抑流宕之邪心,諒有助於諷諫』云爾也。予細玩其賦,如『願在衣而為領』等語,何等流宕,而終結之曰:『尤蔓草之為會,誦邵南之餘歌。坦萬慮以存誠,憩遙情於八遐。』則終歸閑正矣。作者之意若曰:吾如是之蕩以思慮,而終無益也,則不如『坦萬慮以存誠』而已,此豈非有助于諷諫乎。而昭明乃謂其卒無諷諫,其論亦已過矣。雖然,昭明之論閑情賦則為過當,而其言『卒無諷諫,何必搖其筆端』二語,要自為作文之正論也。予

觀後世之學義山詩者,徒習其浮靡流宕之詞,而失其旨,不能終歸閑正。予嘗謂孔子若作,則此等詩皆當入刪詩之例,惟其謬於作者之意也,使得聞『卒無諷諫』二語,當亦廢然返矣。然則昭明之論豈可以其過當而盡非之哉。

(六) 文體論

文體莫備於梁朝,亦莫嚴於梁朝。昭明選文,獨具隻眼,七代文體,甄錄略盡,凡分體三十有八,持較文心,名目雖小有出入,大體則適相符合。茲造表比較之,以明其異同。

● 文選與文心雕龍文體分類異同表

文選	文心	文選	文心	文選	文心	文選	文心
①賦	賦	⑫啟	奏啟	㉓頌	頌讚	㉞碑文	誄碑
②詩	詩・樂府	⑬彈事	奏啟	㉔贊	頌讚	㉟墓誌	誄碑
③騷	(騷)	⑭牋	書記	㉕符命	封禪	㊱行狀	○
④七	雜文	⑮奏記	奏啟	㉖史論	論說	㊲弔文	哀弔
⑤詔	詔策	⑯書	書記	㉗史述贊	頌讚	㊳祭文	哀弔
⑥冊	詔策	⑰移	檄移	㉘論	論說	○	史傳
⑦令	詔策	⑱檄	檄移	㉙連珠	雜文	○	諸子
⑧教	詔策	⑲對問	雜文	㉚箴	銘箴	○	諧隱
⑨文	詔策	⑳設論	雜文	㉛銘	銘箴	○	議對
⑩表	章表	㉑辭	(騷)	㉜誄	誄碑		
⑪上書	奏啟	㉒序	論說	㉝哀	哀弔		

觀此表知文心所有而文選所無者凡四：一曰史傳，二曰諸子，三曰諧隱，四曰議對。此四體者，皆非沈思翰藻之作，不符昭明之選文宗旨，故予以排除。此外，賦又分為十五子目，詩又分為二十三子目，亦皆他書所無者。此則昭明區分文體之特色，蓋集眾家之大成者也。按文選成於眾手，可能參與編纂者，有劉孝綽、王筠、殷芸、到洽、徐勉、到沆、張率、王規、殷鈞、王錫、張緬、張纘、陸襄、何思澄、劉苞、謝舉、劉杳等（據南史梁書各本傳所作之推測），均屬一時之選，昭明必與之商酌再三，相互辯難，思之至慎，計之至熟，然後出之。其非師心自用，貿然決定，可以斷言。至其分類所以如此細密者，以梁初文風特盛，作者蔚起，文體日益繁夥，內容日益複雜，非有精密之畫分，不足以應時代之需要，事實具在，無待喋喋矣。

惟後世不慊意此種分類法者甚多，蘇軾恨其『編次無法，去取失當。』（題文選）姚鼐譏為『分體碎雜，立名可笑。』（古文辭類纂序目）蓋責其乖離瑣細，不能執簡馭繁也。孫德謙亦云：

> 六朝以前，文章無有選本，昭明文選，固後世選家之所宗也。惟選文當以體裁為主，昭明之選，其例誠善，宜為姚鉉而下，遞相師祖。但每類之中，所用子目，如賦之曰志、曰情，不免為細已甚。即賦為六義附庸，今先賦後詩，識者譏之，是也。（六朝麗指）

以先賦後詩，不明本源責之，固極有見。然賦在兩漢，已以附庸蔚為大國，至梁代更與五言詩、駢體文並稱文藝界之三大主流。故孰先孰後，實無關宏旨，不必深究。姚永樸則云：

> 欲學文章，必先辨門類，門者其綱也，類者其目也。總集古以文選為美備，故王厚齋困學紀聞云：『李善精於文選，為注解，因以講授，謂之文選學。』少陵有詩云：『續兒誦文選。』又訓其子云：『熟精文選理。』蓋選學自成家。陸放翁老學庵筆記亦云：『宋初此書盛行，士為之語曰，文選爛，秀才半。』然其中錄文既繁，分類復瑣。蘇子瞻題之云：『恨其編次無

法，去取失當。』亦不可謂盡誣。蓋文有名異而實同者，此種只當括而歸之一類中，如『騷』『七』『難』『對問』『設論』『辭』之類，皆詞賦也。『表』『上書』『彈事』，皆契議也。『箋』『啟』『奏記』『書』，皆書牘也。『詔』『冊』『令』『教』『檄』『移』，皆詔令也。『序』及諸史論贊，皆序跋也。『頌』『贊』『符命』，同出襃揚。『誄』『哀』『祭』『弔』，並歸傷悼。此等昭明皆一一分之，徒亂學者之耳目。_{文學研究法門類}

更具體指出其分類缺失所在。以上皆文學家之觀點，或因立場不同_{如二姚皆桐城派鉅子}，持論遂異。雖然，文體分類之難有三：一曰素材不全，二曰標準不定，三曰抉別不精。自古至今，尚無一部令人滿意之選本，其故在此。夫前修未密，後出轉精，乃學術進步之必然現象，若文選既導總集之先河，先哲嘔心瀝血之作，復賴此而存，則分類偶有瑕疵，亦未足深怪也，況其識見且在前代諸家之上乎。

抑有進者，文選與文心雕龍又同為六朝唯美文學之兩部要籍，文選乃選錄唯美文學作品之總集，文心則評騭唯美文學作家之得失，其影響於後世文學者至深且遠。他勿具論，即以文體分類一端言之，自乾嘉以來，辨析文體之風甚熾，要而歸之，約分三派：一曰駢文派，一曰散文派，一曰駢散合一派。無論何派，均崇奉蕭劉二氏為宗主，論點亦不能自出於二書畛畦之外。茲試製一表以明之。

● 近代文體分類師承表

```
文    選 ─── 孫  梅・阮  元 ─────── 駢  文  派
         ╲
          ╲→ 姚  鼐・曾國藩 ─────── 散  文  派
         ╱
文心雕龍 ─── 李兆洛・章炳麟 ─────── 駢散合一派
```

觀此，則其沾溉文苑、裨益詞林者，歷千百年而未已，謂非梁代文學之雙璧，中古文學之瑰寶可乎。

景印香港新亞研究所《新亞學報》（第一至三十卷）

論「台」與「臺」之別

——兼評中港臺三地印刷品「台」與「臺」之混淆

李啟文

一、前　言

香港商務印書館為宣傳其出版之《敦煌石窟全集》，自本年（1999）十月上旬至十一月中旬，分別在港九新界三處場地作「全球首展最大石窟壁畫：五台山圖」（宣傳單張語），余嘗往港島場地瀏覽焉。宣傳單張云：「原大展覽敦煌莫高窟第61窟的五台山圖。這是敦煌石窟中最大的壁畫，繪於公元10世紀，橫13.65米，高3.42米。」此中之「五台山圖」，實應作「五臺山圖」。「五臺山圖」，羅振玉先生《鳴沙山石室祕錄》曾有提及，其篇五〈壁畫〉「五臺山圖」條云：「亦畫壁上，極工緻，梵剎一百九十餘，一一皆記其名，可取以補《清涼山志》。」① 疑即指莫

---

① 羅氏《鳴沙山石室祕錄》，又名〈莫高窟石室祕錄〉。據莫榮宗先生所輯〈羅雪堂先生著述年表〉（原載臺北《大陸雜誌》，25：2〔1962：7：31〕、25：3〔1962：8：15〕；又收入《羅雪堂先生全集‧續編》〔臺北：文華出版公司，1969〕第20冊，頁8263-8285），宣統元年（1909），羅氏撰〈莫高窟石室祕錄〉，載《東方雜誌》；明年（1910），國粹學報出單行本，改名《鳴沙石室祕錄》。檢宣統元年（1909）上海《東方雜誌》第六年（卷）第十一期及第十二期，分別載有羅氏〈莫高窟石室祕錄〉。今余所見之單行本，乃「國粹學報社印」之《鳴沙山石室祕錄》，線裝，凡二十葉，無出版日期，首葉書名下且有「改定之本」四小字。「五臺山圖」條，見葉十九。此《祕錄》，臺灣出版之《羅雪堂先生全集》（凡七編：初、續、三編由臺北文華出版公司出版，四至七編由臺北大通書局有限公司出版）未收。近偶翻《中國叢書廣錄》（陽海清編撰、陳彰璜參編，武漢：湖北人民出版社，1999年4月第1版），其款目第4533號為羅振玉先生所撰之《雪堂學術論著集》（上冊，頁356），乃「吉林大學古籍研究所選編整理」，1988年起由北京中華書局陸續排印出版，凡十集；其中第二集即收有〈莫高窟秘錄〉一卷。此〈秘錄〉，當即上述之〈莫高窟石室祕錄〉。惟此十集《雪堂學術論著集》，似未有在香港見售者。

高窟第61窟西壁之「五臺山圖」而言②。今社會上「台」、「臺」兩字已通用（大陸更以「台」代「臺」），如「臺灣」亦作「台灣」，此因書寫方便，自不宜拘泥。但若係屬於整理古文獻一類之學術性印刷品，或涉及古代地名（如「天台」、「五臺」）之學術論著，則「台」與「臺」自不能混同。今觀此「原大展覽敦煌莫高窟第61窟」之「五臺山圖」複製品，圖內之「五臺縣」、「東臺」、「南臺」、「中臺」、「西臺」、「北臺」、「遊臺之嶺」等，除「遊臺」之「臺」寫作「臺」外，其餘皆作「苔」（即「臺」之俗字，但複製圖中之「苔」，多寫作「薹」），無作「台」者，已足為明證。因思近二十年來中港臺三地，以正體字（即一般所謂「繁體字」）印刷之學術論著，或介紹古跡名勝之印刷品，每將「台」、「臺」混淆，甚或隨意替代，故提筆命篇，從地名角度，論述「台」與「臺」之別。蓋二字意義不同，而與之有關之地名含義亦各異，故若用於學術論著或古籍整理，則二者絕不能相混。今分數項言之。

二、「臺」與「台」意義不同

《說文》至部，「臺」，「觀，四方而高者，从至，从高省，與室屋同意。」又口部，「台」，「說也，从口㠯聲。」段注：「台說者，今之怡悅字。」是「臺」與「台」之本義不同；「台」即「怡」之本字。然「台」其後又有與「臺」同韻部者，《廣韻》台臺皆同屬「咍」韻，平聲。「台」，土來切，音「胎」；「臺」，徒哀切，音「抬」。然今「台」已與「臺」同音，粵音皆作「抬」，漢語拼音則為「tái」，大陸簡體字則以「台」代「臺」。然二字字義既不同，故與之有關之地名亦各有含義，二者不能相混。如《淮南子》卷四〈地墜訓〉，「時、泗、沂出臺、台、術。」

---

② 敦煌莫高窟壁畫中，除第61窟西壁之「五臺山圖」外，尚有數窟內亦繪有「五臺山圖」，參杜斗城，《敦煌五臺山文獻校錄研究》（太原：山西人民出版社，1991）上編第三章第三節（此書用簡體字印刷，五臺山之「臺」悉作「台」）；又參鄭炳林，《敦煌地理文書滙輯校注》（蘭州：甘肅教育出版社，1989），頁311注⑭。然第61窟西壁之「五臺山圖」，場面最為宏大，堪為代表也。

高誘注:「時、泗、沂皆水名,臺、台、術皆山名,處則未聞也。」時、泗、沂皆山東半島水系,高注雖未能指出臺、台、術所在 ③,但「臺」之與「台」有別,至為明確。而「五臺山」之「臺」與「天台山」之「台」,亦各有其含義,二者不能混同（大陸以簡體字印刷者例外）。

五臺山之得名,蓋謂其山有五峰高如臺也。《太平御覽》卷四五〈地部〉「五臺山」條引《水經注》曰:

> 「五臺山,其山五巒〔巒〕巍然,故曰五臺。」④

是「五臺山」不得作「五台山」（簡體字印刷則例外）。而天台山之得名,唐徐靈府《天台山記》曰:

> 「按《真誥》云:天台山高一萬八千丈,周迴八百里,山有八重,四面如一,當牛斗之分,以其上應台宿,光輔紫宸,故名天台。」⑤

是「天台」之「台」,蓋本於三台星。《後漢書》傳一〈劉玄傳〉,「三公上應台

---

③《續漢書・郡國志》三泰山郡費縣有台亭,劉昭注:「《左傳》襄十二年,莒圍台。杜預曰,縣南有台亭。」楊伯峻《春秋左傳注》（修訂本）（北京:中華書局,1990年5月第2版）謂「台在今山東費縣東南十二、三公里」（頁995）；則此「台」在沂水支流武水（參《水經注》卷二五〈沂水注〉）流域附近,與《淮南子・墜形訓》所言者異。

④ 見影宋本《太平御覽》（北京:中華書局影印,1960）,頁215上。

⑤《天台山記》,見《古逸叢書》之廿五（係「影舊鈔卷子本」）,又收入《唐文拾遺》卷五〇、《大正藏》卷五一（No.2096）。《古逸叢書》本此《記》卷首題「方瀛觀徐徵君纂」,「瀛」乃「瀛」之譌,字書無「瀛」字。卷末附《直齋書錄解題》,謂《天台山記》乃「唐道士徐靈府譔,元和中人也。」《天台山記》所引《真誥》此條,不見於二十卷本（《叢書集成初編》本,據《學津討原》本排印）《真誥》之內。

復案,清康熙世（西元1662-1722）張聯元所輯《天台山全志》卷二〈山目〉「天台山」條引《真誥》,謂「天台山高一萬八千丈,周圍八百里,……或曰當牛女之分,上應台宿,故曰天台」（見《續修四庫全書》史部地理類〔上海:上海古籍出版社影印,1995〕,第723冊,頁459下）。此與《天台山記》之作「當牛斗之分」微異。檢《漢書》卷二八下〈地理志〉篇末所載各地分野,吳地當斗宿之分野,粵地當牛、女之分野,則「周圍八百里」之天台山,或當斗牛女之分野也。

宿」，李賢注引《春秋·漢含孳》曰：「三公在天為三台」，即指三台星而言。三台星之「台」，音「胎」，即上引《廣韻》之土來切，故「天台山」亦不得混作「天臺山」。《御覽》（影宋本）卷四一〈地部〉「天台山」條引諸書，皆作「台」，不作「臺」。是「五臺山」之「臺」與「天台山」之「台」實不能相混者也。

三、歷代地志「臺」與「台」各別

　　古代文獻所載，天台山之「台」與五臺山之「臺」各異。《文選》卷一一載東晉孫綽〈遊天台山賦〉，《宋書》卷六七〈謝靈運傳〉載〈山居賦〉之「遠東則天台、桐栢」，皆作「台」，不作「臺」。上引《御覽》所引《水經注》，五臺山之「臺」，即不作「台」。《北齊書》卷四〇〈白建傳〉，「河清三年（西元564），突厥入境，代、忻二牧悉是細馬，合數萬匹，在五臺山北柘谷中避賊」《北史》卷五五〈白建傳〉同）。又《北史》卷八九〈藝術·盧太翼傳〉，「徙居林慮山茱萸澗。受業者自遠而至，……後憚其煩，逃於五臺山。」此兩條五臺山之「臺」，亦不作「台」。而古代地志「五臺山」、「五臺縣」之「臺」，與「天台山」、「天台縣」、「台州」之「台」，二者判然有別，絕不相混。今舉隋唐以下十數種志書為證。

　　(1)《隋書》卷三〇〈地理志〉中雁門郡五臺縣，「舊曰慮虒，……大業初改焉。有五臺山。」⑥同書卷三一〈地理志〉下永嘉郡臨海縣，「有赤山、天台山」⑦。

　　(2)《通典》卷一七九〈州郡典〉九雁門郡代州五臺縣，「有五臺山」⑧。同書卷一八二〈州郡典〉一二臨海郡台州目，「秦漢屬會稽郡，……吳置臨海郡，……隋平陳，郡廢，……大唐武德四年，……置海州，五年改為台州」，本注：「因天

---

⑥ 唐·魏徵等，《隋書》（北京：中華書局校點本，1973），頁853。
⑦ 同上，頁879。
⑧ 唐·杜佑，《通典》（北京：中華書局校點本，1988），頁4741。

台山為名」⑨。台州領有始豐縣,「有天台山」⑩。

(3)《元和郡縣圖志》卷一四代州五臺縣,「本漢慮虒縣,……隋大業二年改為五臺縣,因山為名」;「五臺山,在縣東北百四十里。《道經》以為紫府山,《內經》以為清涼山」⑪。同書卷二六台州目,「本秦之回浦鄉,分立為縣。……隋平陳……為臨海縣,……武德四年……於臨海縣置海州,五年改海州為台州,蓋因天台山為名。」⑫ 台州領有唐興縣,「晉武帝……改為始豐,肅宗上元二年,改為唐興」;「天台山,在縣北一十里」⑬。

(4)《舊唐書》卷三九〈地理志〉二代州五臺縣,「漢慮虒縣,隋改為五臺」⑭。同書卷四〇〈地理志〉三台州唐興縣,「晉改始豐,……上元二年,改為唐興」⑮。

(5)《新唐書》卷三九〈地理志〉三代州五臺縣,「有五臺山」⑯。同書卷四一〈地理志〉五台州唐興縣,有「天台山」⑰。

(6)《太平寰宇記》卷四九代州五臺縣,「本漢慮虒縣,……隋大業二年改為五臺縣,因縣東五臺山為名」。「五臺山,在縣東北一百四十里。《水經注》云:五臺山,五巒巍然,故謂之五臺」⑱。同書卷九八台州天台縣,「晉太康元年改曰始豐,……上元二年改為唐興縣。梁改為天台縣,……今為天台縣」;「天台山,在州西一百一十里」⑲。

(7)《元豐九域志》卷四代州五臺縣,「有五臺山」⑳。同書卷五台州天台縣,

---

⑨ 同上,頁4834-5。
⑩ 同上,頁4835。
⑪ 唐・李吉甫,《元和郡縣圖志》(北京:中華書局校點本,1983),頁403。
⑫ 同上,頁627。
⑬ 同上,頁628。
⑭ 後晉・劉昫等,《舊唐書》(北京:中華書局校點本,1975),頁1483。
⑮ 同上,頁1591。
⑯ 宋・歐陽修、宋祁,《新唐書》(北京:中華書局校點本,1975),頁1006。
⑰ 同上,頁1063。
⑱ 宋・樂史,《太平寰宇記》(臺北:文海出版社影印清萬廷蘭刻本,1963),第1冊,頁397。
⑲ 同上,頁739。
⑳ 宋・王存等,《元豐九域志》(北京:中華書局校點本,1984),頁168。

「有天台山」㉑。

(8)《輿地廣記》卷一八代州五臺縣，「有五臺山」㉒。同書卷二三台州天台縣，「有天台山」㉓。

(9)《輿地紀勝》卷一二台州有天台縣，〈景物〉目下有「天台山」條㉔。

(10)《宋史》卷八六〈地理志〉二代州有五臺縣㉕。同書卷八八〈地理志〉四台州有天台縣㉖。

(11)《金史》卷二六〈地理志〉下代州五臺縣，「貞祐四年三月升為臺州，有五臺山」㉗。

(12)《元一統志》太原路代州，「元置寧化軍，……五臺升為臺州」㉘；其〈山川〉目，有「中臺山」，在臺州㉙。同書台州路，領有天台縣㉚。

(13)《大明一統志》卷一九太原府代州五臺縣，「金陞為臺州，元仍舊，本朝洪武二年改為五臺縣」㉛；其〈山川〉目有「五臺山」㉜。同書卷四七台州府，領有天台縣㉝；其〈山川〉目有「天台山」，「在天台縣西一百一十里，道書，是山上應台星，超然秀出。」㉞

(14)《讀史方輿紀要》卷四〇太原府代州五臺縣，有五臺山，在「縣東北百四

㉑ 同上，頁 217。
㉒ 宋・歐陽忞，《輿地廣記》(臺北：文海出版社影印士禮居重雕曝書亭藏宋刻初本，1962)，頁 342。
㉓ 同上，頁 419。
㉔ 宋・王象之，《輿地紀勝》(臺北：文海出版社影印粵雅堂雕本，1962)，頁 125。
㉕ 元・脫脫等，《宋史》(北京：中華書局校點本，1977)，頁 2133。
㉖ 同上，頁 2176。
㉗ 元・脫脫等，《金史》(北京：中華書局校點本，1975)，頁 632。
㉘ 趙萬里校輯，《元一統志》(北京：中華書局，1966) 卷一，頁 106。
㉙ 同上，頁 113。
㉚ 同上，頁 611。
㉛ 明・李賢等，《大明一統志》(臺北：文海出版社影印明天順五年〔西元1461〕內府刊本，1965)，頁 1201。
㉜ 同上，頁 1210。
㉝ 同上，頁 3068。
㉞ 同上，頁 3094。

十里，……迴環五百餘里，有五峰並聳。」㉟ 同書卷九二台州府天台縣，有天台山，在「縣北三里，一名桐柏山，亦名大小台山。」㊱

(15)《嘉慶重修一統志》卷一五一代州〈山川〉目「五臺山」條，「在五臺縣東北一百二十里，西北距繁峙縣一百三十里」㊲。同書卷二九七台州府〈山川〉目有「天台山」條，「在天台縣北」㊳。

《一統志》〈山川〉目所載「五臺山」，凡五條，除今山西五臺縣東北之五臺山外，其餘四地分別在今湖北保康縣西北、四川簡陽縣西北、廣東仁化縣西、雲南羅平縣南㊴，卻無「五台山」條㊵。其所載之「天台山」，凡七條，除浙江天台縣北之天台山外，其餘分別在今陝西麟遊縣西、浙江龍泉縣西、江西橫峰縣東北、福建沙縣東北、貴州廣順縣南、貴州平壩縣南㊶；而「天臺山」，凡二十三條㊷，然無一處係在今浙江天台縣北之天台山位置者。

㉟ 清‧顧祖禹，《讀史方輿紀要》（清光緒二十六年〔1900〕廣雅書局刊本）卷四〇葉三五。
㊱ 同上，卷九二葉四八。
㊲ 見《嘉慶重修一統志》（上海：商務印書館，上海涵芬樓景印清史館藏進呈寫本，《四部叢刊續編》，1934）卷一五一葉六。
㊳ 同上，卷二九七葉九。
㊴ 上海商務印書館1934年影印出版之《嘉慶重修一統志》，附有「索引」十冊。據「索引」，清代名五臺山者，除今山西五臺縣東北者外，尚見於：卷三四九湖北鄖陽府保康縣（今縣）西北，卷三八四四川成都府簡州（今簡陽縣）西北，卷四四四廣東韶州府仁化縣（今縣）西，卷四八四雲南曲靖府羅平州（今羅平縣）南。
㊵ 檢臧勵龢等編《中國古今地名大辭典》（上海：商務印書館，1931年5月初版），有「五台山」條，凡兩處，一「在熱河圍場縣」（即今河北圍場縣），一「在山西代縣」（頁111）。代縣即唐代州治，似此「五台山」即佛教聖地五臺山。然同書別有「五臺山」條，云「在山西五臺縣東北一百八十里，西北距繁峙縣一百三十里」；下引《水經注》：「山五巒巍然，故謂之五臺」云云（頁117）。是此條之「五臺山」，始指佛教名山之五臺山也，《辭典》之「五台山」不與焉。
㊶ 據上海商務印書館所附「索引」，《一統志》〈山川〉目載天台山凡七條，除今浙江天台縣北（卷二九七台州府）者外，其餘分別在今陝西麟遊縣西（卷二三五鳳翔府）、浙江龍泉縣西（卷三〇五處州府）、江西橫峰縣東北（卷三一四廣信府）、福建沙縣東北（卷四三〇延平府）、貴州廣順縣南（卷五〇〇貴陽府）、貴州平壩縣南（卷五〇一安順府）。
㊷ 此二十三處天臺山，文繁不錄，讀者可從上海商務印書館影印出版《一統志》時所附之十冊「索引」中檢得。

上錄隋唐以下地志,凡十五條,其五臺縣、五臺山、臺州之「臺」,與天台山、台州之「台」,二者絕不相混。以是知山西佛教聖地五臺山之「臺」,與佛教天台宗、今浙江天台縣北天台山之「台」,二字絕不能混淆。若天台山之「台」易為「臺」,則地志文獻資料之「天臺山」不在今浙江天台縣北。若五臺山之「臺」易作「台」,則傳統地志文獻資料又無「五台山」。然至要者,乃「臺」與「台」各有其地名含義。故學術論著或古文獻整理成果,如以正體字排印,則「台」與「臺」不能互易。

四、唐宋時代諸遊記、制書中「臺」與「台」各異

除上引諸條歷代地志所記「臺」與「台」二字各別外,唐宋之世,時人所寫有關五臺山及天台山之遊記及制書,其「臺」、「台」二字亦不相混。如前引唐徐靈府之《天台山記》,即作「台」。以下更舉中日三僧之制書、遊記為證,以見時人於「台」、「臺」二字之不相混淆。

唐德宗世(西元780-804),釋圓照集《代宗朝贈司空大辨正廣智三藏和上表制集》,凡六卷[43]。其卷二有〈請捨衣鉢助僧道環修金閣寺制〉一首[44]、〈請捨衣鉢同修聖玉華寺制書〉一首、〈請修臺山金閣玉華寺等巧匠放免追呼制〉一首[45]、〈請臺山五寺度人抽僧制〉一首、〈請光天寺東塔院充五臺山往來停止院制〉一首[46] 等,據日本京都青蓮院所藏古鈔本[47],上述諸制「臺山」、「五臺山」之

---

[43]《代宗朝贈司空大辨正廣智三藏和上表制集》六卷,見《大正新脩大藏經》卷五二 (No. 2120)。《宋高僧傳》(北京:中華書局校點本,1987)卷一五圓照本傳則謂照撰集《不空三藏碑表集》七卷(頁379)。卷數各異,今不論(參中村裕一,〈『代宗朝贈司空大弁正広智三藏和上表制集』解説〉,載《不空三藏表制集他二種》〔久曾神昇編,東京:汲古書院,1993〕,頁377-405)。
[44] 此制名稱,蓋據《大正藏》本 (No.2120,頁834上)。檢《不空三藏表制集他二種》所載之影印本(據京都青蓮院藏古鈔本影印),「道環」之「環」,似「瓌」字(頁51)。
[45] 此制名稱,蓋據《大正藏》本 (No.2120,頁835上)。檢《不空三藏表制集他二種》〈總目錄〉,此制名稱作〈請修臺山金閣玉華寺等匠放逸追呼制〉(案〈總目錄〉用「台」,乃日本漢字)。

「臺」，皆不作「台」㊽。

日僧圓仁於唐文宗世（西元827-840）入華求法，撰有《入唐求法巡禮行記》㊾，《記》內之天台、天台山、天台宗等，皆作「台」，而五臺山、五臺縣等則作「臺」，二字不相混。今舉三例如下：

(1) 卷二開成四年七月廿三日條，「三僧為向天台，忘歸國之意，……聞道向北巡禮有五臺山，去此二千餘里。……又聞有天台宗和尚法號志遠，……」㊿

(2) 同卷開成五年四月廿三日條，「到劉使普通院宿，便遇五臺山金閣寺僧……，又見從天台國清寺……。」㊶

(3) 同卷同年五月十六日條，「齋後，入涅槃院，……便見天台座主志遠和尚……，並是天台宗，……志遠和尚自說云，日本國最澄三藏貞元廿年入天台求法，台州刺史陸公自出紙及書手。……更見大鞋和尚影，……巡五臺五十遍，於中臺頂冬夏不下，……」㊷

此外，北宋神宗之世（西元1068-1085），日僧成尋亦撰有《參天台五臺山記》㊸，其天台之「台」與五臺之「臺」即各別，不相混淆，亦不相替代㊹。是唐宋之世，時人所寫天台山、天台宗、台州之「台」，與五臺山之「臺」絕不相混同者也。

㊻ 此制名稱，蓋據《大正藏》本（No.2120，頁837上）。光天寺，一本作「先天寺」（見《大正藏》本，No.2120，頁833中）。青蓮院藏本即作「先天寺」，見《不空三藏表制集他二種》，頁69。
㊼ 日本京都青蓮院藏本，屬平安時代中期寬治元年至二年（西元1087-1088）之寫本，見中村裕一，〈『代宗朝贈司空大弁正広智三藏和上表制集』解說〉，載《不空三藏表制集他二種》，頁398。日寬治元年至二年（西元1087-1088），當北宋哲宗在位之世（西元1086-1100）。
㊽ 《不空三藏表制集他二種》之〈總目錄〉，臺山、五臺山之「臺」作「台」，乃日本漢字。
㊾ 《入唐求法巡禮行記》今存最早本子，為日本京都東寺觀智院所藏之古鈔本，1926年，東京東洋文庫曾將此本影印，詳顧承甫、何泉達點校之《入唐求法巡禮行記》（上海：上海古籍出版社，1986）〈前言〉，頁7-12。
㊿ 見點校本《入唐求法巡禮行記》，頁64-65。
㊶ 同上，頁103。
㊷ 同上，頁107-108。
㊸ 《參天台五臺山記》，東京：東洋文庫叢刊第七，1937年（？）出版，係據古抄本影印，凡八冊。
㊹ 案《大日本佛教全書》〈總目錄〉中，《參天台五臺山記》八卷列於第115冊《遊方傳叢書》第

五、傳世敦煌文物中「臺」與「台」各別

　　上引摹繪敦煌莫高窟第61窟之「五臺山圖」複製品內,「五臺縣」、「東臺」、「南臺」、「中臺」、「西臺」、「北臺」、「遊臺」等,皆作「臺」(或「㙜」)而不作「台」,已為最佳實證。今再舉數條敦煌遺書中有關五臺山之資料,以證五臺山之「臺」與天台山之「台」,二者不能混淆。

　　(1) 斯5573號〈五臺山讚〉　杜斗城先生《敦煌五臺山文獻校錄研究》一書,其所附書影有斯5573號〈五臺山讚〉之照片,五臺山之「臺」即作「㙜」。黃永武先生主編之《敦煌寶藏》,此《五臺山讚》之照片更清晰⑤。

　　(2) 伯4641號〈五臺山聖境讚〉　上引杜書所附書影,另有伯4641號〈五臺山聖境讚〉照片,五臺山之「臺」不作「台」㊺。

　　(3) 伯3360號〈大唐五臺山曲子五首〉　上引杜書所附書影,有伯3360號照片,相片內之「東㙜」、「北㙜」、「中㙜」、「西㙜」、「南㙜」,皆不作「台」㊼。

三)第一種(頁38),然「五臺山」卻印作「五台山」。《全書》第116冊《遊方傳叢書》第四)又收有《刪補天台五台山記》八卷(見〈總目錄〉,頁39)。又《全書》第113冊《遊方傳叢書》第一)收有高楠順次郎之《靈仙三藏行歷考》一卷,其中引圓仁《行記》卷二開成五年四月廿八日條,謂元和十五年九月十五日,「靈仙在五台山停點普通院西亭。後數年住五台山」(頁153)。又《大日本佛教全書》〈分類目錄〉地誌部,亦作《參天台五台山記》及《刪補天台五台山記》(〈分類目錄〉,頁33)。以上五處之「五台山」,如非日本漢字,則「台」乃誤植。《大日本佛教全書》〈著者名目錄〉中,即作《參天台五臺山記》及《刪補天台五臺山記》(〈著者名目錄〉,頁42)。又《大日本佛教全書》〈書目索引〉中,亦作《參天台五臺山記》及《刪補天台五臺山記》(〈書目索引〉,頁15),是也。又臺北華宇出版社出版之《大藏經補編》第32冊(1986年2月初版)亦收有《參天台五臺山記》,然此冊之〈編輯說明〉及〈目次〉內,皆將五臺山之「臺」用「台」替代,或編輯誤以為「台」乃「臺」之俗寫,不知天台之「台」與五臺之「臺」含義不同也。

復案,《大正新脩大藏經》卷五五〈目錄部〉收有諸日僧入唐求法目錄多卷,其五臺之「臺」與天台之「台」亦各別,讀者可取以比觀焉。

㊹ 見黃永武主編,《敦煌寶藏》第五輯(臺北:新文豐出版公司,1982)第43冊,頁472上。
㊺ 伯4641號〈五臺山聖境讚〉,又見《敦煌寶藏》第十四輯(1986)第134冊,頁132下。惟此冊之〈目錄〉,將「聖」字誤植作「勝」(頁2);照片上之標題亦誤「聖」為「勝」(頁132下)。

(4) 伯2511號〈諸道山河地名要略〉 羅振玉先生《鳴沙石室佚書》收有伯2511號〈諸道山河地名要略〉,其中代州〈山名〉目,第三條即為「五臺」,云「在五臺縣東北」,「五臺」之「臺」,亦不作「台」[58]。

(5) 斯529號〈諸山聖跡志〉 鄭炳林先生《敦煌地理文書滙輯校注》一書[59],收有斯529號〈諸山聖跡志〉,謂唐世名山十八所,第一即為「五臺山」。此卷「五臺山」、「中臺」、「東臺」、「西臺」、「南臺」、「北臺」等之「臺」,皆不作「台」[60]。

(6) 伯2977號〈五臺山志殘卷〉 鄭書收有伯2977號〈五臺山志殘卷〉。此卷之「中臺」、「東臺」皆寫作「基」,不作「台」[61]。

(7) 伯3937號〈往五臺山行記〉 鄭書收有伯3937號〈往五臺山行記〉。此卷「五臺山」之「臺」,亦不作「台」[62]。

(8) 伯4686號〈往五臺山行記〉 鄭書收有伯4686號另一卷〈往五臺山行記〉。此卷內謂「手畫臺山圖」,「臺山圖」即「五臺山圖」[63],其「臺」字不作「台」[64]。

(9) 斯397號〈往五臺山行記〉 鄭書收有斯397號又一卷〈往五臺山行記〉。

---

[57] 伯3360號,又見《敦煌寶藏》第十三輯(1985)第128冊,頁24下。據照片所示,此卷子首句作「大唐五基曲子五首」,無「山」字。

[58] 伯2511號〈諸道山河地名要略〉,見《鳴沙石室佚書》,載《羅雪堂先生全集·三編》(臺北:文華出版社影印;1970)第五冊,頁1781-1800(摹寫本);又《四編》(臺北:大通書局有限公司,1972)第五冊,頁2027-2046(影寫本)。又參王重民原編、黃永武新編,《敦煌古籍敘錄新編》(臺北:新文豐出版公司,1986)第六冊史部,頁192-234。又見《敦煌寶藏》第十三輯第121冊,頁350-354(「五臺」(山名)一條,見頁352上)。

[59] 鄭炳林《敦煌地理文書滙輯校注》,已見上注②引。鄭氏此書用簡體字印刷,五臺山之「臺」悉作「台」。

[60] 參《敦煌寶藏》第一輯(1981)第4冊,頁304-305。《寶藏》所載此卷(斯529號)照片,其字體雖難辨認,但若將鄭炳林書所載此卷正文與之對讀,則尚可認出「五臺山」、「中臺」、「東臺」、「西臺」、「南臺」、「北臺」等之「臺」,皆不作「台」。

[61] 見《敦煌寶藏》第十三輯第125冊,頁500下。

[62] 見《敦煌寶藏》第十四輯第132冊,頁421上、頁424。此兩頁之圖片內仍可辨認「五臺」之「臺」不作「台」而寫作「臺」。

[63] 參鄭書,頁311注⑭。

此卷中「臺山」之「臺」亦不作「台」⑥。

（10）伯3931號〈印度普化大師遊五臺山啟文〉 鄭書收有伯3931號〈印度普化大師遊五臺山啟文〉。此卷內「西臺」、「東臺」、「南臺」之「臺」，皆寫作「basebase」，不作「台」⑥。

上舉敦煌文書中有關五臺山、東南西北中臺之「臺」，唐人皆寫作「臺」或「basebase」，絕不書作「台」，蓋「五臺」之「臺」與「天台」之「台」，二者含義不同，故時人記五臺山、五臺縣之「臺」，與天台山、台州之「台」，二字絕不相混，此亦因二字字音不同故也——臺音抬，陽平聲；台音胎，陰平聲。

六、中港臺三地印刷品「台」與「臺」之混淆舉隅

上文從「臺」與「台」之含義不同、歷代地志資料、唐宋時人遊記制書所記之「五臺」與「天台」，以及敦煌遺書中所載五臺山之「臺」等四項，論證五臺山之「臺」與天台山之「台」二字不能相混。尤有進者，不獨古地志資料五臺山之「臺」不作「台」，即以坊間流傳之魯智深大鬧五臺山故事，其五臺山之「臺」亦不作「台」。今所知《水滸傳》簡本中刊刻年代最早者，乃明萬曆二十二年（西元1594）雙峰堂余象斗刊本⑥，其第四回「魯智深大鬧五臺山」，五臺山之「臺」即作「臺」或「basebase」，並不作「台」。是當時尚知「臺」與「台」之有別也。

五臺之「臺」與天台之「台」本不容相混，然「臺」之筆畫較「台」為多，故社會上每習用「台」代「臺」，此於地圖方面為然。民國初期之地圖，余無緣得見；然民國十年（1921）後之地圖中，五臺縣、五臺山已有易為「五台縣」、「五台山」之現象，今舉數例如下。

---

⑥ 見《敦煌寶藏》第十四輯第134冊，頁234。
⑥ 見《敦煌寶藏》第一輯第3冊，頁323上。照片內「臺山」二字尚隱約可見。
⑥ 見《敦煌寶藏》第十四輯第132冊，頁323上。
⑥ 見劉世德、陳慶浩、石昌渝主編，《古本小說叢刊》第十二輯（北京：中華書局影印，1991年6月第1版）〈前言〉，頁20。

（1）日本東亞同文會嘗編纂《支那省別全誌》十八卷，卷末附有各省別地圖，今檢其「山西省全圖」⑱，五臺縣作「五基」縣，而五臺山已印作「五台山」矣。

（2）上海申報館六十周年紀念時，曾出版特大本之《中華民國新地圖》⑲，其第二十二圖中，五臺縣仍作「五臺」縣，而五臺山則作「五台山」。

（3）童世亨著之《中國形勢一覽圖》⑳，其「山西省圖」內，五臺山、五臺縣已易為「五台山」、「五台」縣。

（4）商務印書館出版之《中國分省圖》㉑，其「山西省圖」內，五臺山、五臺縣之「臺」亦用「台」。

（5）上海申報館六十週年紀念時所出版之《中國分省新圖》㉒，其山西省圖內，五臺縣、五臺山之「臺」，皆用「台」替代。

上舉數種地圖集之「五台山」、「五台縣」，雖可視為社會上已習用「台」代「臺」，然以地名角度視之，則此諸地圖之用「台」，皆非規範者。試觀一九三五年出版、日本大宮權平所著之《中華民國歷史地圖》㉓，其「山西省（及綏遠省東南部）歷史地圖」內，五臺縣、臺懷（鎮）、五臺山、東南西北中臺諸「臺」字，悉作「臺」，不作「台」。此圖旁別有一小幅「五臺山踏查實測圖」，五臺山之「臺」亦作「臺」，是也。是三十年代中國所出版之地圖集，似反不若日本所出版者之準確。今檢臺灣國防研究院印行之《中華民國地圖集》第三冊㉔，其「河北山西地

---

⑱ 案「山西省全圖」於1921年出版，今所據者為東京凌雲書房株式會社1981年2月重印之《中國分省地圖一九一八年──一九四四年》，「山西省北部」圖在頁16-17。

⑲《中華民國新地圖》，丁文江、翁文灝、曾世英編纂，上海申報館，1932年（？）出版。

⑳ 童世亨，《中國形勢一覽圖》，上海：商務印書館，1934年12月初版。

㉑《中國分省圖》，中華教育文化基金董事會編譯委員會編輯，長沙：商務印書館，1934年6月初版、1938年10月修正九版。

㉒《中國分省新圖》，丁文江、翁文灝、曾世英編纂，上海申報館，1939年8月10日四版。案此《新圖》乃上引丁、翁、曾三先生所編《中華民國新地圖》之縮本。

㉓ 大宮權平，《中華民國歷史地圖》，東京：中屋三間印刷株式會社印刷，1935年出版。

㉔《中華民國地圖集》第三冊，張其昀主編，臺北：國防研究院，1961年10月出版。

形、人文圖」，五臺縣、五臺山之「臺」皆不作「台」，蓋得「臺」之本義。故若係引用古代文獻資料（包括地名），則「臺」與「台」二字不得隨意互易（簡體字印刷者例外）！

　　五臺山之「臺」與天台山之「台」，二者不能相混，已辨説如上。然今社會上已習慣以「台」代「臺」，如「臺灣」、「臺北」之作「台灣」、「台北」等，此亦無可厚非，但若係以正體字印刷而涉及古地名之學術論著，或古代文獻整理成果，甚或介紹古跡名勝之旅遊書籍，則五臺山之「臺」與天台山之「台」，實不能混淆（尤以前二者為然）。惟今日大陸、臺灣、香港三地以正體字印刷之學術論著（或旅遊書籍），每將「臺」與「台」相混，不特以「台」代「臺」，其甚者且以「臺」代「台」，是又過猶不及。今舉十餘例如下。

　　(1) 上引日僧圓仁《入唐求法巡禮行記》，日本學人小野勝年先生嘗撰《入唐求法巡禮行記の研究》，凡四卷⑦⑤。小野氏書內凡排印《行記》原文者，五臺（山、縣）之「臺」，與天台（宗、山、智者等）之「台」，皆不相混⑦⑥。此書中國大陸嘗出中文版，乃簡化本，僅一冊，書名為《入唐求法巡禮行記校註》⑦⑦，由白化文、李鼎霞、許德楠諸先生修訂校註，周一良先生審閱，用正體字印刷。然書內凡與天台有關之事物（如天台宗、天台山、天台智者等），其「台」字皆盡易為「臺」，而「台州」之「台」亦變作「臺」⑦⑧，斯亦矯枉過正矣。蓋大陸用簡體字，學人習

---

⑦⑤ 小野勝年，《入唐求法巡禮行記の研究》（東京：鈴木學術財團），第一卷出版於1964年；第二卷，1966年；第三卷，1967年；第四卷，1969年。

⑦⑥ 案小野氏《研究》第一卷所附「圓仁求法巡禮圖」，第二卷所附「山東河北山西巡禮圖」，第三卷所附「山西・陝西巡禮圖」，五臺山皆植作「五台山」。此或係日本漢字故。試觀第二卷所附諸幅照片，若係介紹五臺山者，皆作「臺」；而第二卷頁415之「五臺山巡禮圖」，亦作「臺」，五臺縣則用日本漢字作「五台県」。

⑦⑦ 《入唐求法巡禮行記校註》，石家莊：花山文藝出版社，1992年出版。

⑦⑧ 《入唐求法巡禮行記校註》正文前所附書影中，有唐貞元二十一年（西元805）台州發予日僧最澄等之公驗照片（此照亦見於小野氏《研究》第四卷所附照片〔第二十五幅〕）。原件上可見「天台」、「台州」字樣，然此照之文字解説，竟將台州之「台」易作「臺」，大謬。

用「台」代「臺」，一旦轉回以正體字排印時，編輯誤以為天台山、天台宗、台州之「台」乃簡體字，故盡將之易作「臺」，不知「臺州」至金代時始置，其前身即五臺縣，在山西；而台州在唐初已置，其前身為海州臨海縣（今縣），在浙江。就時間言，台州置於唐，臺州置於金；就地域言，一在南，一在北；可謂風馬牛不相及。故天台山之「台」實不能易為「臺」，而五臺山之「臺」亦不能易作「台」也（簡體字排印者例外）。

（2）香港出版社曾出版《中國名勝古蹟》一書⑲，以正體字印刷。書內之五臺山、五臺縣之「臺」，即印作「台」。此或編輯以為「台」與「臺」通用（如「臺灣」之作「台灣」），不知用於古地名時，則二者有別也。

（3）香港出版社嘗出版介紹古跡名勝之《四大名山》⑳，用正體字排印。書內五臺山、東南西北中臺之「臺」，盡變作「台」。此書內頁 16—17 刊印出木刻「五臺山圖」，但其圖片標題，仍作「五台山圖」，或編輯習於簡體字之以「台」代「臺」而不明「五臺」之義歟？

（4）臺灣某公司亦嘗出版《佛教名山》一書㉑，以正體字排印。書內頁 36 有康熙御筆「五臺聖境」石坊彩圖，然圖片說明竟作「五台聖境」。此或編輯以社會習用「台」字代「臺」（如「臺灣」之作「台灣」），遂將此康熙御筆之「五臺」易作「五台」，蓋亦不明「台」與「臺」之別。

（5）香港商務印書館近日出版《敦煌石窟全集》卷 12《佛教東傳故事畫卷》㉒，據宣傳資料介紹，此《全集》共出二十八卷，係「敦煌研究院幾代的研究者」，經「五十多年的努力」編寫而成云云。此《全集》在香港出版，自以正體字印刷，然

---

⑲《中國名勝古蹟》，香港：讀者文摘遠東有限公司，1983 年出版。
⑳《四大名山》，（香港）和平圖書有限公司、香港佛教文化事業公司、（北京）中國建設出版社聯合出版，1987 年 6 月第 1 版。
㉑《佛教名山》，（臺北）台灣珠海出版有限公司、（香港）香港珠海出版有限公司聯合出版，1997 年 2 月初版。
㉒《敦煌石窟全集》卷 12《佛教東傳故事畫卷》，香港：商務印書館，1999 年 9 月第 1 版。

今所見卷12《佛教東傳故事畫卷》中，其最末一章所敘五臺山與文殊之關係，五臺山之「臺」竟印作「台」。此因《全集》乃大陸學人所編寫，其手稿或多為簡體字；而在香港出版過程中，有關編輯不知「臺」與「台」之有別，故未將「台」轉回正體之「臺」。《敦煌石窟全集》之宣傳冊頁云，《全集》乃「解讀敦煌這本天書的鑰匙」，今卷12內五臺山之「臺」竟以「台」字替代，實有若名山之點涴，和璧之匿瑕！

(6) 臺灣《中華佛教百科全書》第3冊收有「五台山」條 [83]，謂在「山西省五台縣東北」。此處「五台山」、「五台縣」之「台」，皆應作「臺」。此或編輯以為「台」乃「臺」之俗寫而致誤歟？日本《望月佛教大辭典》亦收有「五臺山（支那）」條 [84]，其「五臺山」之「臺」即不作「台」，是。又《望月佛教大辭典》第七卷《索引》附有「佛教分布地圖」七幅，第三圖乃「支那本部」，其中山西省內之五臺山即印作「五臺山」，不作「五台山」，是也。

近見文物出版社出版之《柴澤俊古建築文集》[85]，以正體字印刷，其中數篇即與五臺山有關，如〈五臺山紀略〉、〈五臺南禪寺〉、〈五臺佛光寺〉、〈五臺南禪寺大殿修繕復原工程設計書〉等，其五臺之「臺」皆不用「台」而用「臺」，是也。此或作者手稿本用「臺」，又或編輯將正體之「臺」以代簡體之「台」；要之，蓋得「臺」之真義。

(7) 臺北大乘文化出版社嘗出版《現代佛教學術叢刊》，凡一百冊，精裝本。其中第55冊為《天台學概論》[86]，第56冊為《天台宗之判教與發展》[87]，第57冊為《天台思想論集》[88]，第58冊為《天台典籍研究》[89]。上述四書之扉頁、目錄、

---

[83] 見《中華佛教百科全書》（臺南：中華佛教文獻基金會，1994），第3冊，頁993-994。

[84] 見《望月佛教大辭典》（東京：世界聖典刊行協會，1973年11月20日第九版）第二卷，頁1239下-1243上。

[85] 《柴澤俊古建築文集》，北京：文物出版社，1999年6月出版。

[86] 《天台學概論》，臺北：大乘文化出版社，1979年1月初版。

[87] 《天台宗之判教與發展》，臺北：大乘文化出版社，1979年2月初版。

[88] 《天台思想論集》，臺北：大乘文化出版社，1979年5月初版。

正文及版權頁內，天台之「台」皆作「台」，是也，然此四書之書脊及封面，竟又將天台之「台」易作「臺」，致「台」、「臺」錯出。此或出版者誤以為「台」乃「臺」之俗寫，故書籍裝釘時，將書脊、封面上天台之「台」易為「臺」，實矯枉而過正。

(8) 臺灣某出版社曾出版演培法師之《諦觀全集》，凡34冊，精裝本。其中第26冊為《天臺性具思想論》⑩，乃日人安藤俊雄著，演培法師繙譯者。此書內之「天臺」，其實乃「天台」之誤。此或出版者以為天台之「台」乃日本漢字，故以中文字印刷時，遂將「台」改作「臺」，不知天台之「台」有其含義也。近見蘇榮焜先生繙譯、安藤俊雄原著之《天台學──根本思想及其開展》⑪，書內天台之「台」皆不作「臺」，是也。

(9) 臺北文津出版社嘗出版《天台宗性具圓教之研究》⑫，此書之書脊、封面、扉頁、版權頁內，天台之「台」皆作「台」，是也；然書內之目錄、正文，則天台之「台」盡易作「臺」，實誤。

(10) 偶翻《上海博物館集刊》第七期⑬，以正體字排印，內有周麗麗〈瓷器宗教紋樣、吉祥圖案綜述〉一文，引錄《宋高僧傳》卷一九〈唐天台山封干師傳〉，其天台之「台」竟用「臺」字替代⑭。此或編輯亦誤以為天台之「台」乃簡體字，故以正體字印刷時，遂將「台」轉為「臺」，其弊與上述第一例同。

(11) 臺灣南華大學近日出版《天臺哲學與佛教實踐》一書⑮，書內竟將天台、

---

⑧⑨《天台典籍研究》，臺北：大乘文化出版社，1979年6月初版。
⑩《天臺性具思想論》，安藤俊雄著，演培法師譯，臺北：天華出版事業股份有限公司，1989年9月1日天華一版。案演培法師之《諦觀全集》，初版乃新加坡靈峰般若講堂印行，1978年5月出版，共28冊，平裝本，《天臺性具思想論》即在第21冊內（頁165-476）。
⑪《天台學──根本思想及其開展》，安藤俊俊著、蘇榮焜譯，臺北：慧炬出版社，1998年10月出版。
⑫見尤惠貞，《天台宗性具圓教之研究》，臺北：文津出版社，1993年5月初版。
⑬《上海博物館集刊》第七期，上海：上海書畫出版社，1996年9月第1版。
⑭同上，頁132、頁142注㉕。
⑮見尤惠貞，《天臺哲學與佛教實踐》，嘉義：南華大學，1999年8月出版。

台州之「台」盡易作「臺」，是亦矯枉過正之例，或編輯因社會上習用「台」代「臺」（如「臺北」之作「台北」），以為「台」乃「臺」之俗寫，遂盡易「台」作「臺」，不知天台之「台」乃星宿之名，與「臺」之本義有別。

（12）昔牟宗三先生撰《佛性與般若》一書[96]，其中第三部乃述天台宗之性具圓教者。據牟先生之手稿[97]，天台之「台」皆不作「臺」，然此書出版後，則「台」與「臺」錯出，此或亦出版者以為天台之「台」乃「臺」之俗寫，故以「臺」易「台」（但又不盡替代），斯亦不知「台」與「臺」含義不同故也。近閱〈牟宗三先生著作編年目錄〉[98]，其中第361項〈天臺宗之衰微與中興〉[99]、第381項〈天臺宗在中國佛教中的地位〉[100]，天臺之「臺」皆應作「台」。此或亦有關編輯誤以為「台」乃「臺」之俗寫，致矯枉過正歟？

七、結　語

山西之五臺山與浙江之天台山，皆為釋道二教之名山。五臺山後因附會為文殊師利之道場清涼山，故以此著名，其佛教之盛，在南北朝時代已然[101]，固無待於李唐之世[102]。天台山之顯名於佛教，則以隋世智者大師（智顗）駐錫此山，天台宗蓋

---

[96] 《佛性與般若》，臺北：臺灣學生書局，1977年6月初版，1997年5月修訂版六刷。
[97] 《牟宗三先生手稿集》影印本，今庋藏於香港新亞研究所圖書館內。
[98] 見李明輝，〈牟宗三先生著作編年目錄〉，載臺北《中國文哲研究通訊》，9：3（1999：9），頁125-175。
[99] 同上，頁156。案牟先生此文，又收入上引臺北大乘文化出版社出版之《天台宗之判教與發展》，頁325-368（惟頁351-352裝釘錯誤）。
[100] 同注[98]，頁158。
[101] 參嚴耕望，〈南北朝時代五臺山之佛教〉，載《國故新知：中國傳統文化的再詮釋——湯用彤先生誕辰百周年紀念論文集》（北京：北京大學出版社，1993年8月第1版），頁255-260。惟此《論文集》以簡體字印刷，嚴師文章內之五臺山盡易作「五台山」。
[102] 唐代五臺山有進香道，參嚴耕望，《唐代交通圖考》第五卷河東河北區（臺北：中央研究院歷史語言研究所，1986年5月出版），篇肆肆〈五臺山進香道〉。

亦奠基於此也。余於道書內典，皆未嘗流觀，蓋色空未泯，無有難即。前年（1997）受命整理先師　嚴耕望歸田先生之遺稿，去歲（1998）則爬梳其《魏晉南北朝佛教地理稿》。歸田師遺稿中，曾謂《參天台五臺山記》中五臺之臺須作「臺」（意謂不作「台」），故余於此印象殊深。今視香港商務印書館作全球首展之「五臺山圖」複製品，五臺之「臺」皆不作「台」，足證嚴師所言不謬；因思近二十年來中港臺所出版以正體字印刷之學術論著、古籍文獻整理成果，以至名勝古蹟介紹，若涉及五臺與天台古地名者，其「臺」與「台」每多混淆，且隨意替代，故不得不發而為文[103]，妄加指謬；大德方家，幸勿怪無狀可也！雖然，上引十餘例之指瑕，總屬大醇小疵，幸讀者勿以偏概全，一葉蔽目，輕視此等論著之學術價值及藝術價值，則區區之所祝願也。

　　　　　　　　　　　一九九九年十月廿三日起草，十一月
　　　　　　　　　　　十六日初定稿；十二月下旬重行修訂。
　　　　　　　　　　　二〇〇〇年一月卅日改定，四月廿六日
　　　　　　　　　　　復有增訂。

---

[103] 本文所引《御覽》卷四五「五臺山」條、羅振玉〈莫高窟石室祕錄〉，及〈請捨衣鉢助僧道環修金閣寺制〉此三條資料，即採自嚴師〈南北朝時代五臺山之佛教〉。

景印香港新亞研究所《新亞學報》（第一至三十卷）

曹利用（971-1029）之死

何冠環

導言：

北宋前期的武將，論權位之高及官爵之崇，首推曹彬（931-999）及本文主角曹利用。二曹都官至樞密使兼侍中，位列樞相，並爵封國公；不過二人的下場及聲名卻大大不同：曹彬功名令終，配饗廟庭；曹利用卻官貶爵除，死於非命。在宋廷士大夫眼中，曹彬謹慎謙恭，知所進退；曹利用卻驕橫跋扈，自取其敗；在朱熹（1130-1200）編的《五朝名臣言行錄》中，曹彬名列武臣之首；曹利用則榜上無名。①雖然，對他的死，文臣們仍公道地稱「天下冤之」。

曹利用廣為人知的事功，是他在真宗（997-1022在位）景德元年（1004）十月，當遼兵大舉南侵時，奉詔出使遼國，然後在同年十二月底成功與遼締訂澶淵之盟而還。至於曹利用較不為人知的事，是其為北宋樞臣中任期次長的人（在武臣中則任期最長）。考曹利用在真宗祥符七年（1014）七月甲辰出任樞密副使，到天禧元年（1017）九月癸卯改同知樞密院事，至二年（1018）六月乙未晉陞知樞密院事，三年（1019）十二月辛卯真除樞密使，到仁宗（1022-1063在位）天聖七年（1029）正月癸卯被罷，計前後任副使、同知院事凡四十八月半（包括兩閏月），知樞密院事、樞密使一百卅月餘（包括三閏月），共任樞臣幾近十五年。②另一方面，曹利

---

① 曹彬在是書之名次，僅在文臣之首、宋開國元勳趙普（922-992）之後，另曹彬子曹瑋亦榜上有名。參見朱熹：《五朝名臣言行錄》，《四部叢刊》本，（上海：商務印書館，1936年），卷一之二，〈樞密使濟陽曹武惠王彬〉；卷三之五，〈樞密曹武穆公瑋〉。

② 考北宋樞臣任期最長的，是真宗時的陳堯叟（961-1017）。陳堯叟是太宗端拱二年（989）的狀元，他在咸平四年（1001）三月辛卯任同知樞密院事，至景德元年（1004）八月己未改簽書樞密院事；至三年（1006）二月己亥，陞任知樞密院事；到大中祥符五年（1012）九月戊子擢樞密使，七年（1014）六月乙亥罷職；到八年（1015）四月壬戌復任樞密使，至九年（1016）八月丙

用雖以武將之身建功立業，然其實出身文臣之家，父親、岳父、族兄以至女婿均為文臣，與文臣有甚深淵源，並且長期介入宋廷文臣的黨爭。當他在真宗的不次提拔下，在真宗晚年獲擢為樞密副使時，在種種原因的驅使下，曹利用選擇與有「投機小人」之譏的丁謂（966-1037）一黨合作，而與有「正人君子」之稱的寇準（962-1023）等對抗。③ 在劉皇后（970-1033）的支持下，曹、丁一伙將寇準等打垮，曹利用並因此晉位樞密使。仁宗繼位後，丁謂一黨很快便在寇準的政治繼承人王曾（978-1038）等反擊下垮台。曹利用雖然未受丁謂牽連，而得保權位；但他無自知之明，既沒與王曾等修好，又不小心地開罪了大權在握的劉太后及其寵信的內臣，結果在天聖七年（1029），他被眾多文臣武將，包括曹彬兒子曹瑋（973-1030）合謀誣陷。他在貶官罷職之餘，還給押送之內臣，奉劉太后命謀殺於道中。等到劉太后死，仁宗親政，他之冤枉才得到平反。

　　曹利用生平事跡，可談論的實在不少。然相比於曹彬的研究，就大大不如。④

戌罷職。他在樞府前後達一百八十一月（包括六閏月）。他的任期較曹利用的一百七十八月稍長三月。參見脫脫（1314-1355）：《宋史》，（北京：中華書局點校本，1977年11月），卷6，〈真宗一〉，頁115；卷7，〈真宗二〉，頁124，130；卷8，〈真宗三〉，頁151，156，158，160，163；李燾（1115-1184）：《續資治通鑑長編》（以下簡稱《長編》），（北京：中華書局點校本，1979-1995年），冊3，卷30，頁678；冊7，卷92，頁2118；卷94，頁2173。

③ 早在宋真宗末年，宋人對丁謂和寇準的評價，已有忠奸愛憎之分，視丁為小人，而以寇為君子。史稱當丁謂貶逐寇準時，京師的人便說：「欲得天下寧，當拔眼中丁；欲得天下好，莫如召寇老」當丁謂在半年後被貶，人們都拍手稱快，認為報復之速，天道不可誣。到了仁宗時，褒寇而貶丁之觀點就成為定論，好像范仲淹（989-1052）便稱許寇準「當國，真宗有澶淵之幸，而能左右天子，如山不動，卻戎狄，保宗社，天下謂之大忠。」范仲淹稱寇準為大忠，而蘇洵（1009-1066）論寇準、丁謂之爭時，就直指丁謂是小人，他說「今上即位之初，寇萊公為相，惟其側有小人不能誅，又不能與之無忿，故終以斥去。」參見《長編》，卷99，頁2294；范仲淹：《范文正集》，（文淵閣《四庫全書》本），卷5，葉28下至29上下，〈楊文公寫真贊〉；蘇洵：《嘉祐集箋注》，（曾棗莊、金成禮箋注）（上海：上海古籍出版社，1993年3月），卷11，頁307-309，〈上富丞相書〉。

④ 關於曹彬功過事跡的研究，可閱：張其凡：〈庸將負盛名：略論曹彬〉，載鄧廣銘、徐規主編：《宋史研究論文集》（一九八四年年會編刊），（杭州：浙江人民出版社，1987年11月），頁507-527；柳立言：〈宋初一個武將家族的興起：真定曹氏〉，載中央研究院歷史語言研究所出版社編輯委員會主編：《中國近世社會文化史論文集》，（台北：中央研究院出版社，1992年6月），頁39-87。

據筆者所知，已故的劉子健教授在三十多年前，曾寫過一篇考証曹利用是否懂契丹語的短文。⑤ 另外在幾年前，大陸的宋史學者汪聖鐸先生，在他那本寫得深入淺出的佳作《宋真宗》中，亦曾在好幾個章節中，扼要地述及曹利用在宋真宗朝(997-1022在位)之事跡。而在同一系列，由黃燕生先生執筆撰寫的《宋仁宗·宋英宗》，也據《長編》和《宋史·曹利用傳》的記述，用了三頁半的篇幅，交待了曹利用在天聖七年被貶之始末。⑥ 至於全面考索曹利用生平事跡的研究，現時尚不多見。為此，筆者不避淺陋，試在本文考論曹利用之生平事跡，並評論他之冤死，在宋初文臣武將之爭的特殊意義。

（一）出入文武：曹利用的家世與出身

　　曹利用字用之，趙州寧晉人（今河北省寧晉縣），《隆平集》、《東都事略》和《宋史》都有傳。⑦ 他的父親曹諫（？-988後）是才兼文武的人，大概在太宗(976-997在位)初年以明經及第出仕，在雍熙年間以著作郎出守北邊的定遠軍，到雍熙四年（987）五月，從左拾遺換武資為崇儀使，最後官至崇儀使。曹利用大概在端拱初年至淳化元年，以父遺蔭，自三班小使臣的殿前承旨出身。⑧

---

⑤ 劉子健：〈討論「北宋大臣通契丹語」的問題〉，原載《大陸雜誌》，二八卷十二期（1964年6月），現收入劉著：《兩宋史研究彙編》，（台北：聯經出版事業公司，1987年11月），頁89-91。按劉氏認為曹利用並未通契丹語。

⑥ 汪聖鐸：《宋真宗》，（長春：吉林文史出版社，1996年7月），頁82-84；272-273；276-280；黃燕生：《宋仁宗·宋英宗》，（長春：吉林文史出版社，1997年12月），頁33-36。

⑦ 參見曾鞏（1019-1083）：《隆平集》，收入趙鐵寒主編：《宋史資料萃編》第一輯，（台北：文海出版社，1967年1月），卷10，頁412-416，〈曹利用傳〉；王稱（？-1200後）：《東都事略》，收入趙鐵寒主編：《宋史資料萃編》第一輯，（台北：文海出版社，1967年1月），卷50，頁745-748，〈曹利用傳〉；《宋史》，卷290，頁9705-9708，〈曹利用傳〉。按杜大珪（？-1194後）所編之《名臣碑傳琬琰之集》收有曾鞏所撰〈侍中曹公利用〉一傳，內容與《隆平集》完全相同。見杜大珪：《名臣碑傳琬琰之集下》，文淵閣《四庫全書》本，（上海：上海古籍出版社，1987年7月），卷5，頁3-5。

⑧ 曹諫明經登第之年月不詳，據《宋會要輯稿》，他在雍熙四年正月已官至著作郎，他最晚當在太宗朝初年登第。考曹諫在雍熙四年五月換崇儀使前之文資官，《隆平集》、《東都事略》及《宋

曹利用從出身到敗死，都走著武將的道路。不過，當我們仔細檢視曹利用的家世、親屬背景以及其言行，我們會注意到，曹利用並不屬於典型的將家子。在他身上，實雜有相當比重的文臣子弟氣質。其父曹諫雖棄文就武，但時人其實以儒將視之。另外值得我們注意的是，曹利用雖為武臣，但他的從兄曹憲（？-1042後）、妻父李士衡（959-1032）、二婿盧士倫（？-1044後）和程勘（997-1066），都是科第出身的文臣。曹利用本人，雖然「慷慨有志操」，然亦「少喜談辯」和不忘「讀書略通大意」，而後來亦以得賜進士出身為榮。⑨ 是故，我們可以說，曹利用本人及曹氏一門，其實徘徊出入於儒門與將家之間。曹利用後來拉幫結派，介入以文臣集團為主的黨爭而不克自拔，說來與他的文臣家世背景不無關係。

至於曹利用所具備的武臣氣質與膽略，從有限的史料去看，似乎亦得力於曹氏之門風家教。其父曹諫雖是經生出身，但卻甚具武幹。據《太宗實錄》及《宋會要》所載，在太宗雍熙四年正月，當遼軍大舉入寇之際，曹諫奉命扼守定遠軍。定遠軍是小城，在瀛州南百四十里，處於遼騎出沒之前方。定遠軍雖然存糧充足，但兵少而城不固，守軍人心危懼，有人想向遼投降。曹諫當機立斷，立斬欲降敵數人，並

史》曹利用本傳均作右補闕，惟《太宗皇帝實錄》作左拾遺，現從《實錄》。關於曹諫之卒年，史所未載。按曹諫在改授崇儀使後之事跡不詳，而群書均言他官至崇儀使。考馬知節（955-1019）在端拱元年自冀州調知定遠軍，疑曹諫在端拱元年卒於任上，而由馬知節接任。又考曹利用出身的殿前承旨一職，在淳化二年（991）正月改為三班奉職，則曹利用受蔭出身，當不晚於淳化二年正月。參見徐松（1781-1848）輯：《宋會要輯稿》（以下簡稱《會要》），（北京：中華書局，1957年11月，影印國立北平圖書館1926年本），〈蕃夷一之一三〉；《宋史》，卷290，頁9705；《東都事略》，卷50，頁745；《隆平集》，卷10，頁412；錢若水（960-1003）：《太宗皇帝實錄》（以下簡稱《實錄》），《四部叢刊三編本》，（台北：商務印書館，1966年影印本），卷41，頁61。另參見拙著：〈論宋初功臣子弟馬知節（955-1019）〉，載廖伯源編：《嚴耕望先生紀念論文集》，（台北：稻鄉出版社，1998年10月），頁275。《長編》，卷32，頁710。

⑨《宋史》，卷285，頁9601，〈陳執中傳〉；卷290，頁9705；卷292，頁9755，〈程勘傳〉；《隆平集》，卷10，頁412；范鎮（1008-1088）：《東齋記事》（汝沛點校）（與《春明退朝錄》合本），（北京：中華書局，1980年9月），卷1，頁2；魏泰（1050-1110）：《東軒筆錄》（李裕民點校），（北京：中華書局，1983年10月），卷12，頁139；《范文正集》，卷11，葉23下至31上，〈宋故同州觀察使李公神道碑銘〉；曹憲及李士衡等事跡將在下文論述。

激勵士卒，堅守危城。遼軍見定遠軍有備，就引軍離去。⑩

曹門的門風家教，亦可從曹利用從兄曹憲之行止得到旁証。據劉攽（1022-1088）為其所撰之墓表所載，曹憲和曹諫父子一樣，都是文武雙修的人：他既習三禮，並於咸平三年（1000）以三禮登第出仕；然又「尚氣節，材武善射」；且有擊退寇盜，率眾守護鄉里之紀錄。⑪

因史料缺乏，我們未能証明「少慷慨有志節」的曹利用，在年輕時有否隨父兄守家保國。我以為可能性較大，曹利用後來敢不斷上奏言邊事，又有膽量自薦出使遼國，相信得力於早年從父兄守邊保家的珍貴閱歷，也受其父兄任事果敢的性情影響。

除了受到父兄的教誨外，曹利用出入文武的取向，可能亦受到妻父李士衡的影響。李士衡字天均，出身秦州富家。他和曹諫一樣，都是文武雙修的人。他於太平興國八年（983）登進士第，到雍熙四年五月，因其父李益（？-987）在家鄉橫行不法，為太宗所誅，而受累除籍去官。到太宗晚年，寇準當政，他才因寇準之薦舉復官。咸平三年他以平定益州王均兵變有功，從此得到真宗的賞識。在寇準之舉薦下，他在真宗朝晚年官拜樞密直學士、三司使。曹利用是他次女之婿，從目前有限的資料去看，曹利用成為李士衡的女婿，未詳是在曹發跡之前抑在後，也未知曹利用娶李氏女，是原配還是續娶？從李士衡的經歷來看，他與曹諫都是文武兼資的人。我猜李士衡與曹諫交好，並看上了曹利用，而招他為東床快婿。當曹利用未發跡前，李對他加以提攜，並教導他如何在武將途上仕進。⑫

---

⑩ 《實錄》，卷41，頁61；《會要》，〈蕃夷一之一三〉。考曹諫以守城功，得到太宗優詔褒獎，並從著作郎擢左拾遺，又賜五品服。是年五月被召入京，改授崇儀使，仍知定遠軍。

⑪ 劉攽：《彭城集》，《叢書集成初編》本，（上海：商務印書館，1936年），卷36，頁486，〈尚書駕部員外郎曹君墓表〉。曹憲字正叔，祖名曹貴，父名曹珣，據他們贈官不高的事實去看，他們當只是曹諫父、祖的從兄弟，而非曹利用的直系至親。曹憲與曹利用不同的地方，是他「性溫厚疏財」，不求顯達。當曹利用當權得勢時，他並沒有去攀附他，而甘於做知縣的小官。他曾勸過曹利用盈滿之慮，但利用不聽。利用敗，他也受累貶官，但他仍敢上書，為乃弟辨冤。劉太后死，他得以復官，最後官至駕部員外郎，卒年八十六。

⑫ 《范文正集》，卷11，葉24下至30下；《實錄》，卷41，頁61-62；《長編》，卷28，頁637-638。附帶一談，李士衡的第三女婿是曹彬的幼子曹琮（？-1045）；但曹琮兄曹瑋卻是曹利用後來的死敵。於此，可見姻親關係在政治鬥爭中不一定構成同盟關係。

（二）因緣際會：曹利用與澶淵之盟

真宗景德元年宋遼締訂的澶淵之盟，不僅是宋遼和好百年的關鍵，也是許多宋方參予者自視及被視為一生功業所在，包括控扼全局的宰相寇準和出使訂盟的曹利用。後來曹利用在天禧四年（1018）十一月與狀元出身的宰相李迪（976-1043）在真宗前互相攻擊時，便仍然不忘自誇澶淵訂盟之功，説「以片文隻字遭逢聖世，臣不如迪；奮空拳，捐軀命，入不測之敵，迪不如臣也。」[13]

曹利用能夠訂約而還，並因此受到真宗的賞識，從此得以扶搖直上，飛黃騰達，其實一半是他的本事 一半是他的運氣。他因父死而受蔭為殿前承旨後，浮沉仕途十多年，才稍遷為三班小使臣的右班殿直，並被選為鄜延路走馬承受。因為他擔任傳報軍情的走馬承受職務，所以能有機會上言奏事，而給真宗及樞密使王繼英（946-1006）認識。據宋人筆記所載，他在出使遼國前，已因常常上書言邊事，而讓真宗留下不錯印象。[14] 時勢造英雄，景德元年八月，遼國舉國南侵，宋廷在新任宰相寇準的主持下，積極備戰。同時，宋廷亦試探與遼議和的可能。在此環境下，曹利用就得到出人頭地的機會。是年十月，真宗收到陷遼的心腹王繼忠（？-1023）報信，知悉遼廷有議和之意，於是令樞密院擇人出使遼國。真宗對出使的人選，指示「須忠義識略之人，可以入敵境觀其誠偽，不必限以位秩高下。」為此，當時年已卅四，沉滯於下僚的曹利用就敢自薦出使。他對樞密使王繼英自陳：「儻得奉君命，死無所避」。 王繼英大概對他有印象，聽他這樣説，就向真宗推薦他。真宗記得他是常陳邊事者，就召見他。曹利用見到真宗，首先便説和戎息民為便，一開始便迎合了真宗的心意。當真宗問他的家在哪裡時，他即一派慷慨盡忠地説：「臣盡節，得死為幸，豈顧家為？」真宗很滿意他的應對，於是加他閣門祗候，借崇儀副使之銜，奉遼主之手書，取道大名府出使遼國。[15]

---

[13]《長編》，卷96，頁2223-2224。

[14]《宋史》，卷290，頁9705；江少虞（？-1145後）：《宋朝事實類苑》，（上海：上海古籍出版社，1981年7月），卷12，頁134，〈曹侍中〉。

[15]《宋朝事實類苑》，卷12，頁134；《長編》，卷57，頁1251--1252，1256，1259，1261-1262，1265-1269；卷8，頁1278-1279。

曹利用使遼，一開始就不順利。當曹利用離京不久，遼軍已在承天蕭太后（953-1009）親自指揮下，發動攻勢，大舉進攻關南要塞瀛州。遼軍雖被瀛州守軍擊退，但繼續進襲河北諸州郡。在戰火猛燃的環境下，當曹利用抵達大名府時，大名府鈐轄孫全照（952-1011）不信遼有誠意議和，就勸判大名府事的參政王欽若（962-1025）把曹利用留下來。王繼忠見宋使遲遲不來，即派人致書真宗詢問。真宗得報，一方面回書王繼忠，表示已派曹利用出使；另一方面再以手詔催促曹利用前往。但大名府正被圍，宋使不能進入，無法下達真宗諭旨。當王繼忠知道曹利用被困於大名府後，他即再致書真宗，請真宗盡快在澶州改派別人往遼議和，以免遲緩生變。與王繼忠一直保持聯絡的莫州部署石普（961-1035）收到王書，即在貝州差遣殿前散直張皓（？-1008後）持王書馳告真宗。張皓道出敵寨，為遼兵捕獲，解送蕭太后及遼聖宗（982-1031在位）車帳前。遼主有心議和，對張皓好好款待後，就將他釋放，並令其往大名府，持真宗之詔，催促曹利用前來議和。王欽若等雖見到張皓，但懷疑遼人有詐，不敢遣曹利用出使。張皓無奈，只好獨自回到遼軍前，向遼主交待。遼主厚待張皓一番後，再命王繼忠致書真宗，另派使者從速議和。這時真宗在寇準的堅持下，御駕親征，向澶州前進。張皓抵行在，向真宗奏告遼主之意。不過，曹利用的運氣不差，真宗對他仍有信心，並沒有改派別人。（按：曹利用懂契丹語可能是真宗留用他的考慮）真宗怕王欽若等不信他真的差遣曹利用議和，除了正式下詔王欽若，命他遣曹利用出使外，又令參政王旦（957-1017）給王欽若寫信，以釋他的疑心。張皓帶同真宗的詔旨和王旦的親筆信，再到大名府，催督曹利用一同北去。這次王欽若遵旨，讓曹利用前往。⑯ 在這裡，附帶一談的是

---

⑯《長編》，卷58，頁1279-1286。張皓是澶州人，在真宗大中祥符初年，官至供奉官。沈括（1031-1095）在其《夢溪筆談》及其所撰的〈張中允（牧）墓誌銘〉中（按：張牧是張皓子，沈括是張牧婿），記其出使遼國及其與曹利用恩怨之事甚詳。按李燾已辨明沈括所言，哪些地方不盡不實。參見沈括：《夢溪筆談校証》（胡道靜校証），（上海：上海古籍出版社，1987年9月），補筆談卷3，頁1002-1003；《長興集》，卷13，葉1上至6下，〈張中允墓誌銘〉。關於曹利用是否懂契丹語的問題，劉子健教授從《長編》卷58，「景德元年十二月庚辰朔」條的「臣鄉使，曉契丹語。又密伺韓杞」一句的上文下理，校以《長編紀事本末》的清抄本，推論曹利用不懂契丹語；劉氏又以宋律大臣不得學「虜語」一點，否定曹利用曉契丹語；不過，曹利用當時並非大臣，只是一個地位低微的小武臣，他曉胡語看來不算犯法。另《長編》同一條卻

王欽若對曹利用的態度。作為真宗的寵臣及朝廷重臣的王欽若，雖然兩番不讓曹利用使遼，但他對曹利用看來還很客氣，沒有擺出上司的架子。後來二人在二府相處無間，當年在大名府的喜相逢，相信不無幫助。

曹利用更大的運氣，是當他尚在出使途中，遼軍主戰最力的大將蕭撻覽（？-1004）竟意外地給宋軍伏弩射殺，使遼軍士氣大挫。而反過來，當真宗抵澶州後，在寇準及殿前都指揮使高瓊（935-1006）的軟硬催逼下，真宗勉強渡過黃河，登上敵前的澶州北城城樓，從而大大振奮了宋軍的士氣。在士氣此消彼長下，蕭太后及遼相韓德讓（941-1011）判斷己方無法在短期內打敗宋軍，而兩軍對峙時間越久，就對孤軍深入的己方越不利時，就決定盡快與宋議和，並盡量爭取對遼有利的條件。當曹利用抵遼軍寨前，即得到蕭太后、遼聖宗及韓德讓接見。雙方表達和好意願後，蕭太后即派左飛龍使韓杞（？-1005後）持遼聖宗國書，隨曹利用往澶州詳議和約條件。⑰

韓杞在是年十二月初一入見真宗，提出遼方的議和條件，是要取回關南。真宗與臣下商議後，定下宋方的談和底線：關南地不可割，但金帛可以多給。韓杞在當日即回遼營覆命，真宗命曹利用與韓杞同往遼營，臨行前，真宗向曹利用明確指示宋廷的談和底線：宋朝每年願出金帛百萬兩疋買和。據《長編》所記，當真宗向曹利用訓示畢，曹即很乖巧地討真宗歡喜，一方面半真半假地說他偷聽到韓杞與手下的對話，稱宋澶州北寨兵強可畏。另一方面，又向真宗表態，他會堅守宋方議和的立場，絕不會向遼的苛求妥協。不過，曹利用甫離真宗御塌，就給宰相寇準召見。寇準惡狠狠地警告曹利用：雖然真宗許給遼歲幣百萬，但他只允給三十萬。倘若曹利用爭取不到這個價錢，就不要回來，因為寇準一定殺他。⑱

提到，當真宗不想在回書中明言宋方願賄遼金帛以買和時，即令曹利用與韓杞「口述茲事可也」。這一點似乎又可旁証曹利用懂契丹語，能直接向遼使傳話。按曹氏生於河北邊郡，又多半曾隨父守邊，他懂得一點契丹語，並不希奇。劉氏否定他懂契丹語的証據實不足。參見劉子健：前揭文，頁89-91；《長編》，卷58，頁1288。

⑰ 據宋人所記，張皓從遼營返抵澶州，馬上告知宋北寨守將、內臣周文質（？-1026後），他探到遼軍翌日遲明來襲的情報。周文質立即報告主將李繼隆（950-1005），李命周預先設備。當蕭撻覽果然於翌晨來到宋軍陣前時，即中宋威虎軍頭張瓌所守之床子弩伏弩而死。參見《長編》，卷58，頁1286-1288；卷59，頁1313-1314。

⑱《長編》，卷58，頁1288，1292。

曹利用當然明白，寇準這番話絕對不是開玩笑的。寇準素以敢作敢為、近於霸道著稱。倘曹利用不能爭取到寇準可以接受的議和條件，真的會性命不保，到時只怕真宗也救他不得。在戰戰兢兢的心情下，曹利用再度出使，這次他在遼營前後逗留了四天（從初一至初四），與遼君臣一再討價還價，堅持關南地不可割，但補償金帛可以商量。當遼接伴使高正始（？-1005後）恐嚇說，遼軍不得關南不會罷休。曹利用即針鋒相對地回答，說他「稟命專對，有死而已」，跟著警告遼方，「若不恤後悔，恣其邀求，地固不可得，兵亦不易息也。」蕭太后母子知道嚇不倒曹利用，就不再堅持宋方割地，只求每年多取金帛。於是曹利用開出寇準所定下的價錢：宋方每年輸遼絹二十萬疋、銀十萬兩。蕭太后也不笨，隨即又派王繼忠向曹利用提出新的議和條件，要求宋方承諾，不再在宋遼邊上開移河道及廣浚壕塹。至於遼方交換的條件，是遼聖宗認宋真宗為兄。另外，遼方要求宋方差遣真宗近侍大臣持誓書再來議約。是月初五，曹利用與職位較韓杞高的遼右監門大將軍姚東之（？-1005後）持遼主國書返宋營。曹利用首先入見真宗覆命，據《長編》所載，真宗正在用膳，知道曹回來，就命內臣出帳問曹許給遼歲幣數目。曹很懂真宗的心意，要給真宗一個驚喜，就推說這是機密，只可以向真宗面奏。真宗很心急，得報後命內臣再問曹大概的數目。曹故弄玄虛，不肯明說數目，只以三指加額。內臣自作聰明，向真宗奏報所許的歲幣是三百萬。真宗失聲說太多，但一會又說罷了。曹利用在帳外聽到真宗的說話後，入帳後就先請罪，說自己所許太多。當真宗以為曹真的給遼三百萬時，曹才說真話。真宗當然喜出望外，而大大嘉許曹利用的功勞。曹利用後半生的富貴就在此一刻成就下來。真宗不知道，宋方爭取到三十萬的好價錢，其實一半是寇準的功勞，沒有寇準如山的軍令，只怕曹利用不會拚命爭取有利於宋的議和條件。在這事上，曹利用算得上是因禍得福。⑲

姚東之在初六日入見真宗，呈上遼主國書，但書辭仍說曹利用所提之條件不合王繼忠前議。不過，真宗早便從曹利用前一日的密奏，知道遼方其實已答允接受他開出的條件。這次遼方耍一耍花樣，也就難不倒真宗。禮尚往來，真宗即邀姚東之參加他擺設在行宮南樓的宴會，讓遼使見識一下在樓下黃河畔宋軍的軍威。翌日

---

⑲《長編》，卷58，頁1290-1293。

（初七），真宗派西京左藏庫使、獎州刺史李繼昌（948-1019）以左衛大將軍之銜，持誓書與姚東之往遼報聘，表示同意曹利用所許的歲幣數目，以及接受王繼忠後來提出的要求。真宗也接受曹利用的建議，另外致書蕭太后致意。和議甫定，真宗即論功行賞，第一個受賞的就是曹利用。在是月初八，真宗超授曹利用官職，自三班小使臣的殿直，越過諸司使臣一級，擢為橫班使臣的東上閤門使，並遙領忠州刺史。真宗又特賜曹利用宅京師第一區，另外又賜他進士出身。真宗在曹利用進官詔中，大大表揚他的功勞，表示宋廷「軺軒將命，允謂難才；儻申專對之能，必加非次之命。」稱許他「單車奉使，出境會盟；既交遠國之歡，實稱行人之職。息民繼好，爾勞居多。」故此「顧惟寵章，豈限彝等」。⑳曹利用任新職後的第一件差使，就是在八天後伴送隨李繼昌來獻遼國誓書的遼使丁振（？-1005後）出境。丁振在遼官西上閤門使，由新任東上閤門使而熟悉遼情的曹利用擔任接伴使，自然是十分合宜。曹利用送遼使出境，雖然沒有經過趙州，而可讓他一嚐衣錦還鄉之樂；不過，他已今非昔比，一躍成為真宗駕前的寵臣。比較之下，曾和他稱兄道弟而功不可沒的另一使臣張皓，在和約締結後只遷官兩資為左侍禁，二人際遇就有天壤之別了。㉑

（三）錦上添花：曹利用與宜州兵變之平定

澶淵之盟締定後，曹利用成為真宗駕前的寵臣。真宗以他辦事得力，不時委任他處理朝廷內外突發性之軍政事務，好像在景德二年（1005）四月，便命他會同兵部郎中邊肅（？-1012後）及內侍副都知閻承翰（947-1014），審理權三司使劉師道（？-1010後）之弟劉幾道應舉作弊一案。曹利用大概識得時務，對於不為權勢

---

⑳《長編》，卷58，頁1291-1293；《宋史》，卷290，頁9706；《隆平集》，卷10，頁412；不著撰人：《宋大詔令集》，（北京：中華書局點校本，1962年），卷94，頁343，〈曹利用進官詔·景德元年十二月丁亥〉；《東齋記事》，卷1，頁2。考曹利用所授之官，全銜為「金紫光祿大夫、檢校尚書左僕射、使持節忠州刺史、兼御史大夫、上柱國、東上閤門使」。范鎮說曹利用先賜進士出身，而後除僕射，當是指這次曹利用除檢校左僕射而言。

㉑《長編》，卷58，頁1297；《長興集》，卷13，葉2上至3下。按左侍禁在三班小使臣中，序位高殿直兩資。

薰天的宰相寇準所喜的劉師道，就沒有加以庇護。結果劉師道被貶，權三司使一職由丁謂接替。㉒ 另外，在是年十月，當遼使來京賀真宗承天節，真宗要委任接伴使時，曹利用就成為首選。㉓

從景德二年十月至三年（1006）二月，宋廷中樞人事起了很大變化，首先是首相畢士安（938-1005）和樞密使王繼英分別於二年十月和三年二月病逝，然後是次相寇準在王繼英死後不久失寵罷相。真宗罷去寇準後改組二府人事：原參政王旦拜相，另一參政馮拯（958-1023）加官留任，王旦的好友翰林學士趙安仁（958-1018）擢參政；寇準的政敵王欽若及陳堯叟則雙雙出任知樞密院事，而兩個功臣子弟韓崇訓（952-1007）及馬知節就擢簽書樞密院事。㉔ 對於此番人事變動，曹利用並不受太大的影響，雖然在審理劉師道一案，他有迎合寇準之嫌；但他完全可以辯稱只是奉真宗旨意行事。事實上他認識到只要得到真宗的寵信，就不必依附文臣任何一黨派。在王旦及王欽若分掌二府之期間，曹利用依舊受到信任，擔任各種職務。好像景德三年四月，真宗便再派他到御史台和殿前侍衛司，會同知制誥朱巽（？-1023後）及龍圖閣待制陳彭年（961-1017）編記繫囚名單，讓真宗稍後親自審決。㉕ 是年六月，汴水暴漲，真宗又派他與內臣宣政使李神福（947-1010）、馬軍副都指揮使曹璨（950-1019）及步軍副都指揮使王隱（？-1008後）統領禁兵巡護隄岸。曹

㉒ 劉師道之弟劉幾道在咸平五年舉進士，當時考官陳堯咨（970-1034）教他在考卷中密作記號，因得以擢第。景德二年初，他作弊之事為人告發，真宗為顧全劉師道之面子，就從輕發落，只將他革去官籍，並令他永不預舉。但劉師道不識相，在真宗前堅稱其弟無辜，要求重審此案。結果真宗委派曹利用等三人往御史台審理此案。獄成，劉師道坐論奏誣罔，罷權三司使，責授忠武軍行軍司馬；而陳堯咨亦罷知制誥，貶為單州團練副使。按劉師道是寇準對頭王欽若好友，陳堯咨則是寇準政敵簽書樞密院事陳堯叟之弟。而邊肅是寇準的同年，以守邢州有功，擢樞密直學士，受到真宗的賞識。這次案件很有可能是寇準借來排除異己的行動，考劉師道被罷不久，王欽若亦被寇準排擠，罷去參政之職，而權三司使一職，在是年五月，就由當時受寇準賞識、曾在楊流渡禦敵立功的知制誥丁謂接替。參見《長編》，卷56，頁1248；卷57，頁1252；卷58，頁1276；卷59，頁1328；卷60，頁1339；卷61，頁1359。
㉓ 除了曹利用後，出任接伴使的宋廷文臣，還有翰林學士李宗諤（965-1013）。參見《長編》，卷61，頁1373。
㉔《長編》，卷61，頁1369-1370；卷62，頁1387-1390。
㉕《長編》，卷62，頁1395。按朱巽是寇準的追隨者，陳彭年則是王欽若的死黨。

利用等成功地堵塞了一度崩潰的河隄,而受到真宗的獎賞。㉖ 不過,當他在是年十一月,要求以真宗誕辰承天節之恩典,奏補其子出身時,就吃了王欽若一記悶棍。王欽若奏稱諸司使副若非遇郊禋大典,並無蔭子之例。曹利用雖得寵,但真宗也不好破壞規矩。曹利用大概明白,他要在仕途更上一層樓,執掌兵符而炙手可熱的王欽若,還是最好不要開罪。另外,他要想學韓崇訓等享有蔭子之恩典,就須要再立戰功,從而晉身樞府執政。㉗ 真宗對他確是恩寵有嘉,就在翌年,就給他統兵出征以立軍功的機會。

　　景德四年(1007)六月廿一日,位於西南的宜州(今廣西宜山縣)發生兵變。知州劉永規(?-1007)因馭下嚴酷,過份勞役戍守當地的澄海軍卒,而給軍校陳進(?-1007)乘機鼓動眾人叛變。劉永規及宜州兵馬監押國均(?-1007)被殺,判官盧成均被叛兵擁為帥,僭號南平王,據宜州反。廣南西路轉運使舒賁(?-1007後)一面移牒招撫,一面馬上調發桂州、潯州等州兵會師於柳州之柳城,討伐叛軍,並飛奏宋廷。真宗在七月十日得報後,命廷議擇將平亂。王欽若大概曉得真宗的心意所屬,就大力推舉曹利用領軍南征,並稱許曹利用「精於方略,悉心王事。」真宗於是委任曹利用與「多歷邊任、尤熟用兵」的供備庫使張煦(947-1020)為廣南東、西路安撫使,而以「頗知嶺外山川險阨」的如京副使張從吉(959-1007)及「勇往可任」的內臣、內殿崇班張繼能(957-1021)為副將,又命虞部員外郎薛顏(?-1032)為隨軍轉運使,供應糧草。真宗再調發荊湖南北路先屯禁兵、蘄黃州虎翼、荊南雄略等軍,開赴桂州集中,歸曹利用調度指揮。㉘

㉖ 曹璨是曹彬長子,後來曹利用的死敵曹瑋之長兄,李神福則是真宗信任的內臣,真宗東封泰山,曾再與曹利用奉命經度行宮道路。真宗特增宣慶使一職授之。參見《長編》,卷63,頁1408;《宋史》,卷466,頁13605-13606,〈李神福傳〉。

㉗ 《長編》,卷64,頁1438。

㉘ 《長編》,卷47,頁1014,1024;冊5,卷58,頁1274;卷66,頁1472-1473;卷67,頁1497;卷94,頁2164;卷99,頁2291;卷100,頁2321;卷110,頁2569;《宋史》,卷7,頁134,〈真宗紀二〉;卷276,頁9406,〈張從吉傳〉;卷308,頁10149-10150,〈張煦傳〉;卷466,頁13620-13624,〈張繼能傳〉;《宋會要輯稿》,〈兵十之十二〉;歐陽修(1007-1072):《歐陽文忠公集》,(文淵閣《四庫全書》本),卷36,葉7上至8下,〈廣平郡太君張氏墓誌銘〉。劉永規是一愚昧無知的酷吏,他令澄海軍卒伐木修葺州廨,數目不足的就杖責之,弄到有人要率妻兒往山林采斫,即教風雨,也不肯停役,結果激起兵變。與曹利用並為主將的張煦字輔暘,

小小一城的兵變,真宗竟如此大張旗鼓的去討伐,我以為是真宗想在臣下面前再展示他的「韜略」,以滿足個人之虛榮。景德元年澶州一役,名義上是真宗御駕親征,其實由始至終都是寇準及李繼隆等指揮。雖然李繼隆及石保吉(954-1010)等人口口聲聲說擊敗敵人,是「上稟宸略」及「契丹之敗,並出聖謀」;但真宗心中明白這次僥倖不敗,其實全靠臣下的功勞。㉙ 今次宜州兵變,正好給他一個展示「宸略」和「聖謀」的機會。他雖派曹利用出征,然戰守部署均由他遙遠指揮,實行將從中御。為了讓自己能第一時間知曉軍情及指揮軍隊作戰,真宗特別增置自京師至宜州的馬遞鋪。當知兵的寇準不再在他身邊時,真宗就充滿自信地對王旦等分析敵情,認定叛軍只會保護家屬,據城拒守,或是略奪城中財貨後逃往山林,而多半不會立謀主,選募敢死之士,襲取廣州。曹利用出師的同時,真宗即再命內臣于德潤(?-1020後)馳驛宜州,向叛軍招降。為防叛軍襲擊廣州,又特任在澶州一役射殺蕭撻覽有功的內臣周文質為廣州駐泊都監。為保證南征不出亂子,真宗一方面嚴令南征部隊須恪守軍紀,不得擾民及劫掠;另一方面許以厚賞,稱「立功者所在以官物給賜,即時遷擢,便宜行事。諸州縣官屬,如賊至,所部能規畫擒戮者,厚加酬賞。隨軍將校,日給肴酒,務令豐飫。」並詔曹利用等「將士立功者不須給帖付之,第據功狀遷補,內殊異者以名聞。」稍後,真宗又命閤門祗候張禹

開封人,自幼入太宗藩邸。太宗朝久歷邊任,人稱其有幹才。咸平三年以供備庫副使為綿、漢等州都巡檢,從平王均(?-1000)有功遷正使。後歷任西邊諸路鈐轄兼巡檢,與夏人作戰多回。在景德元年十月,以環慶路鈐轄改涇原路鈐轄,加賀州刺史再知環州。景德四年乃從征宜州,真宗晚年官至西上閤門使。張從吉是青州人,父兄皆為太宗藩邸舊僚,其父張平官至三司鹽鐵使,他以蔭補出身,澶淵之役以殿直從李繼隆迎戰遼軍,李初戰失利,他入見真宗為李申辯稱旨。後擢供奉官知宜州,在宜州八年,屢破溪蠻有功,累遷內殿崇班。代還,授如京副使徙知澧州。大概他曾知宜州多年,另又為曹利用所認識,故命他從曹利用征宜州。按《宋史·張平傳附張從吉傳》作「張從吉」,惟〈張繼能傳〉則作「張從古」;而《長編》一作「張從古」,一作張從吉,而歐陽修所作之墓銘則作「張從古」,現從《宋史·張平傳附張從吉傳》。張繼能字守拙,并州太原人,從太祖朝開始已從征,多有戰功。本傳稱他「沉密知兵,頗勇敢,喜讀書」。又考曹利用所指揮的荊南澧朗等州歸遠兵,多是曾犯盜罪之配軍,強悍能戰。至於隨軍轉運使薛顏,與丁謂交好,官至少府監,卒於天聖九年,他名聲不佳,據說杜衍(978-1057)不肯為他寫墓誌銘。

㉙《長編》,卷58,頁1293,1298。

正、楊繼筠為潭州、桂州駐泊都監,把守湖廣要地。另外,真宗為防範流配嶺南之官員給叛軍誘作內應,即委曹利用等延問廣州幕職、州縣官、軍官及配流人,詢求退敵意見,若有可採納的,馬上奏聞。原本因過被謫的人,就許其立功贖罪。㉚

　　七月廿一日,真宗再收到舒賁的奏報。教真宗意外的是,叛軍並未如他所想的株守城中或逃往山林。在陳進和盧成均指揮下,叛軍於七月初一傾巢攻擊柳城縣,守將殿直韓明(?-1007)、許貴(?-1007)及郝惟和(?-1007)率所部千餘人抵禦,但寡不敵眾,當晚柳城就被叛軍攻陷,韓明和許貴陣亡,郝惟和僅以身免,未幾亦死。叛軍一方面向舒賁詐降,另一方面追擊退守象州待援的宋軍。真宗一時沒有主意,除了命舒賁姑且續向叛軍招降外,就只好趁遣使賜曹利用等人衣服的同時,催促他們盡快趕往宜州。㉛

　　為了讓曹利用打好仗,真宗於是年八月初二,又遣內侍閻文慶(?-1007後)至桂州,設宴犒待曹利用以下使臣和軍校;是月十一日,真宗又下詔,以曹利用等出征,遠涉炎瘴,命緣路諸州建造亭舍,給曹軍休息。五天後,又給曹利用頒下立功將士的賞格,令曹利用嚴察有濫殺平民以冒功的人。另外,真宗擔心宜、融諸州所屬的溪洞諸蠻首領會乘機響應叛軍,就立即下詔宜、融州守臣,要他們曉諭諸蠻首領,不許其族人輒出邊境,搖擾邊民。宋廷答應在平定亂事後,給他們優加賞賜。㉜ 收到真宗一連串的指令,曹利用當然心內明白,這一仗他是替真宗打的,不可有絲毫差錯。為了增強勝算,曹利用出征時,就特意揀選孫繼鄴(979-1037)等多員勇將隨行。㉝

　　宋廷在八月十九日再得舒賁奏報,知悉叛軍最新動向。宜州所屬的懷遠軍及天

㉚《長編》,卷66,頁1472-1475。

㉛《長編》,卷66,頁1476;卷67,頁1502。

㉜《長編》,卷66,頁1478-1479,1482。按閻文慶是閻承翰子,後官至西京左藏庫使。參見《宋史》,卷466,頁13610-13612,〈閻承翰傳〉。

㉝《宋會要輯稿》,〈兵十之十三〉。考孫繼鄴字元嗣,先世是金陵人,其父孫承睿自南唐投宋,累官至左藏庫使。孫繼鄴以蔭為三班奉職,初任馬遞鋪,轉運使奏改監岑陽酒稅。曹利用知其有勇,就辟其從征宜州。後來他即首建大功。參見《宋史》,卷290,頁9708-9709,〈孫繼鄴傳〉;曾棗莊、劉琳主編:《全宋文》,冊11,(成都:巴蜀書社,1990年10月),卷475,〈孫抃三〉,頁698-701,〈步軍都虞候孫公神道碑銘〉。

河寨的守軍,雖然在七月十九日成功抵禦了叛軍的進攻;但叛軍不久即放棄宜州,改攻柳州及象州,並扼守容州,以窺伺廣州。由於知柳州王昱懦怯無能,不戰而遁,結果柳州輕易給叛軍攻下。真宗收到這個壞消息後,就不再像先前那樣樂觀。他馬上遣使詔諭曹利用,要他們提防山川險惡之不測,以及大軍長途勞頓之不利,命他們謹慎持重,不要恃勇輕進,與叛軍硬拼。㉞ 叛軍取得柳州後,除分兵留守柳州洛容等縣外,再從宜州所屬之羈縻州思順州,分兵進攻象州。舒賁得報,立即派內臣于德潤率兵千人倍道前往增援。廣州方面,幸而守將周文質做好防守準備,並集結東西海巡檢戰棹刀魚船,扼守端州峽口。叛軍才放棄東下進攻廣州之企圖。象州方面,在曹利用大軍未到之前,亦因知州何邴(?-1009)善於守城,得保不失。是月廿五日,宋廷再得到內臣于德潤的奏報,知道叛軍正圍攻象州。參知政事馮拯不擔心叛軍會去交趾,但憂慮叛軍會渡海進攻瓊州,那時要剿滅他們,就會曠日持久。真宗也怕拖下去會有更大的變故,於是再遣內臣史崇貴(?-1012後)疾馳至桂州,命曹利用等火速進兵,另一方面,又派人再向叛軍招降。㉟

曹利用等在九月初抵桂州,是月十三日,真宗再下詔曹利用等,命他們分兵追擊叛軍,又許曹利用等便宜行事。另外,又剿撫兼施,賜給曹利用招降的敕牓文四十道,派人揭示於要路及出示於叛軍前。㊱ 同月二十日,曹利用解象州圍之大軍前鋒,在象州東南九十九里的武仙縣之李練鋪,遇上陳進率領之叛軍來拒。宋將郭志言(?-1022後)麾動騎兵左右縱擊叛軍,但叛軍恃所披之順水甲及標牌,仍奮

㉞ 叛軍在七月十九日進攻懷遠軍,守將知懷遠軍任吉(?-1023後)、桂昭等州巡檢張守榮(?-1007)及融柳等州巡檢張崇貴(?-1007後)併力固守,並出兵擊退再來犯之叛軍。叛軍又攻天河寨,亦被守將天河寨兵馬監押錢吉(?-1007後)及來援之張守榮擊退。真宗賞功,四人分別擢西頭供奉官及右侍禁,並賜錦袍銀帶器帛;然張守榮在是年九月底卻病故。任吉則在天聖元年(1023)官至崇儀副使知施州。按懷遠軍初隸宜州,熙寧八年省併入宜州治所龍水縣。 參見《長編》,卷66,頁1483-1485,1491;卷100,頁2326。《宋史》,卷466,頁13621;王存(1023-1101):《元豐九域志》(王文楚、魏嵩山點校),(北京:中華書局,1984年12月),卷9,頁429-430,〈宜州〉;卷10,頁485,〈琳州〉。

㉟《長編》,卷66,頁1485-1486;《宋史》,卷466,頁13622;《元豐九域志》,卷10,頁506。按思順州領三縣,與其他十二個羈縻州均隸宜州。考《宋史》作思順州,《長編》作思順府當筆誤。

㊱《長編》,卷66,頁1488。

力進攻，宋軍之弓矢及攢鋒一時也阻擋不住；幸而曹利用早有準備，立時變陣，令前軍改用戟刀大斧攻敵，先鋒大將張繼能率先破攻叛軍的標牌陣。這時宋將史崇貴登山大呼，稱叛軍已敗走，令宋軍急追殺之。叛軍聞言，軍心動搖，很快便兵潰。另一方面，曹利用之愛將孫繼鄴又以詐敗之計，設下埋伏，大破據守於象州北大烏嶺的一支叛軍。曹利用等從南向北追擊叛兵至象州城下，叛軍在宋軍裡外夾擊下，盧成均走投無路，就挈其家屬持著敕牓來降。陳進及其黨羽則為宋軍所殺。只有黎育等人率族屬千餘人向貴州方面逃脫；但最後亦被知邕州曹克明（？-1010後）率兵擊破。象州城一役，曹利用共生擒賊帥六十餘人，又斬首級及獲器甲戰馬甚多。曹利用隨即入象州，安撫軍民，並派兵追捕叛軍餘黨，又遣內臣于德潤向真宗馳奏捷報。真宗交給他的任務，終於不負所託，圓滿達成。㊲

十月十日，于德潤從象州抵京，向真宗報捷。真宗聞奏大喜，頒詔嘉獎曹利用等有功將校及守城有功的知象州何郯等，並命曹利用立即具奏立功人姓名，以便立即行賞。㊳從十月十三日至十一月初，真宗陸續論功行賞。曹利用以首功，自東上閤門使，越過四方館使一階，超擢為引進使；何郯、張煦以下有功將校以及守土有功的長吏均得到嘉獎、厚賞和擢陞。㊴另一方面，真宗對不稱職及有過的地方

㊲《長編》，卷66，頁1489；卷67，頁1498；《宋史》，卷272，頁9316-9317，〈曹克明傳〉；卷276，頁9406；卷290，頁9706，9709；《全宋文》，冊11，卷475，頁698；《元豐九域志》，卷9，頁422-423，〈象州〉；《宋會要輯稿》，〈兵十之十三、十四〉。據《宋史·張從吉傳》載，宋軍在象州大烏寨之主將是張從吉。按陳進被宋軍的歸遠軍士李昊、劉宗及趙敏三人斬於陣中，李等三人屬宋先鋒將郭志言部。

㊳考真宗曾在是年九月廿六日再遣使頒詔予曹利用及所在路州長吏，內容不詳；按當時真宗尚未收到捷報，當只是撫問曹利用之詔。對於平叛有功的荊南歸遠兵，真宗指示選擇壯勇的部送京師，遷為上軍。參見《長編》，卷66，頁1491；卷67，頁1496。

㊴曹利用的副將中，以張繼能破敵之功最大，故賞最厚，自大使臣的內殿崇班，越過諸司副使超擢為供備庫使。張煦則自供備庫使遷如京使；張從吉則自如京副使遷莊宅副使，惟張從吉未還京已卒於宜州，史稱宜州人為他立廟於州北韓婆嶺；郭志言亦擢供備庫使。按郭志言在乾興元年八月以西京作坊副使出使遼國。另郭全豐亦自御前忠佐馬步軍副都軍頭擢都軍頭領勤州刺史；孫繼鄴亦以三班奉職超授左侍禁。守臣中，知象州何郯以守象州四十日有殊功，亦自大理評事超擢為祠部員外郎並賜緋，他的三子並賜出身。據《會要》所記，何郯守象州亦歷盡艱辛，能固守也有點運氣。首先何郯得到不肯附從陳進之澄海軍校、宜州指揮使陳定及都頭黃晚來投，知道叛軍虛實。陳黃二人向象州軍民曉諭禍福，大大堅固了象州守軍之鬥志。象州城建在高邱

長吏亦予以懲處,其中舒賁以不能察劉永規的暴政,而激成兵變,故被革去廣南西路轉運使之職;另知貴州宋希閔亦以守城不力,一度給叛軍餘黨黎育攻入,為曹利用所劾,而受到貶職處分。⑩

曹利用平叛後,真宗授他以善後大權。至是年十二月,他成功掃蕩了叛軍餘黨黎育及陳化等,並遍巡廣南西路各州軍,招撫及懲處了附敵之兵民。大功告成後,他回朝覆命,並奏上《破賊圖》。真宗大為滿意,即時拿起這張陣圖,對輔臣指指點點。⑪ 真宗的虛榮心得到滿足之餘,曹利用以後官運亨通,就不言而喻了。

上,素來沒有水井。閉城之日,守軍都擔心缺水。幸運的是被圍兩月,卻連續降雨,守軍所汲得的水都澄清可飲。結果象州得以堅守。何郴後官至度支員外郎,歷知澤州、磁州,於大中祥符二年(1009)卒於任上。真宗追念何郴守象州之功,厚恤其子姪。宋人對何郴守孤城甚為稱許,曾鞏即說「何郴守象州,以區區一城抗賊之鋒,不為不義屈。」除何郴外,所有象州、懷遠軍及天河寨之官吏將校,均以守城禦敵之功,各超三資。其中張守榮擢供奉官閤門祇候,張崇貴、任吉並為供奉官,錢吉為右侍禁。而手殺叛軍首領陳進的三名歸遠軍士李昊等三人,亦超授本軍都頭。另象州澄海指揮,以守城之功,賜名忠敢。至於陳定和黃晚則以功擢宜州馬步軍都指揮使及步軍指揮使。而廣南東路、荊湖南路轉運使,以及廣、桂、邕、容、潭、融、全諸州長吏及廣州駐泊都監周文質,均以供軍備之勞而得到真宗嘉獎。其中知潭州楊覃(958-1011)因曹利用之大力稱譽,受到真宗的嘉許,加刑部郎中,楊覃後來獲擢右諫議大夫,調知廣州。他在祥符四年八月卒於廣州任上。考楊覃是曹利用岳父李士衡的同年進士,為此,也許曹利用更加推許他。另外,真宗亦擢陞被執而不肯降賊的廣南攝官秦百祥、黃中理及李幹為知縣;對於陣亡之軍校郝惟和、韓明及許貴等多人,亦加以恩恤。參見《長編》,卷67,頁1498-1499, 1502-1504;卷72,頁1632;卷73,頁1654;卷76,頁1732;卷99,頁2297;卷120,頁2836;《宋史》,卷276,頁9406;卷307,頁10130-10131,〈楊覃傳〉;卷466,頁13622。《宋會要輯稿》,〈兵十之十四〉;曾鞏:《曾鞏集》(陳杏珍、晁繼周校點),(北京:中華書局,1984年11月),卷49,〈本朝政要策〉,頁674,〈賊盜〉。

⑩ 考黎育率餘黨從象州城下逃脫,逃奔貴州。知貴州宋希閔率僚屬出城竄避,結果給叛軍入城,燒略一番,度一宵而去,然後宋希閔才回來。黎育等後來向曹利用投降。按《會要》以黎育等攻入的是距象州百里的桂州;然《長編》則作距象州百四十七里的貴州。按桂州是宋軍平叛的基地,不可能輕易給叛軍千人攻入,而真宗亦曾明詔嘉許桂州守臣;桂州不可能失守。《會要》當是筆誤。另據《宋史·曹克明傳》所載,知邕州曹克明(?-1010後)與兩江防遏使黃罕盈(?-1008後)募溪峒兵四千餘人,奉曹利用命會師象州,行抵貴州,遇叛軍大敗之,斬首四百餘人。參見《長編》,卷67,頁1498,1500;《宋會要輯稿》,〈兵十之十四〉;《元豐九域志》,卷9,頁419-420,〈桂州〉;頁428-429,〈貴州〉。《宋史》,卷272,頁9316-9317。

⑪ 《長編》,卷67,頁1499-1500,1503-1504,1510。

宜州平叛一役，曹利用由始至終，均恪守真宗的指示。真宗將從中御，居然仍能奏功，一方面是曹利用所率之軍隊，相當善戰；另一方面，叛軍實力不強，而又只局處於邊陲貧瘠的宜州和柳州，沒法打開局面；加上桂州、象州、廣州以至邕州的守臣均能固守，結果叛軍作亂前後不過三月，便給曹利用一戰平定。 同是兵變，然比起咸平三年（1000）益州神衛軍校王均（？-1000）擾攘四川近一年之兵亂，[42] 宜州兵變就輕微得多。曹利用適逢其會，奉命平定這場規模不大之兵亂，除了得以建立他必須的軍功，為日後晉陞樞臣創造條件外；他還因有權奏報舉薦有功之守臣將校，而得以擴大其人事關係網，從而增添了不少政治資本。他推薦擢陞的人，既有文臣，亦有武將，他們當中有不少人，日後成為曹利用的支持者。當然，曹利用這次平叛成功，更鞏固了真宗對他的信任。

（四）晉身樞府：東封西祀鬧劇中的曹利用

宜州兵變的平定，雖然在相當程度上滿足了真宗的虛榮心；但在王欽若及丁謂一班佞臣的誘說下，真宗在景德四年底決定以神道設教的方式，偽造天書，以騙取外國以及臣民對他的崇敬。翌年（1008），真宗改元大中祥符，開始他的東封泰山，西祀汾陰，廣祭五嶽，遍置道觀之一連串勞民傷財而自欺欺人之鬧劇。[43] 曹利用是真宗駕前寵臣，東封西祀大典的差使自然少不了他一份。祥符元年三月，真宗首先命他慰勞一大群「識時務」、請真宗封禪泰山的兗州父老。到是年四月，真宗決定東封泰山，便命他與內臣宣政使李神福相度行營道路。稍後又命他與王欽若道出曹、單州，前赴泰山，查探沿路施工之繁簡。繼景德元年在大名府，他再度在王欽若手下辦事。當然曹利用已非吳下阿蒙；不過，識時務的曹利用，對於炙手可

---

[42] 王均兵變亦是肇因於益州守臣符昭壽（？-1000）馭下苛暴，激起兵變。叛兵擁立神衛軍都虞候王均為主 攻佔益州、漢州等州縣，宋廷派雷有終（947-1005）率大軍討伐，苦戰十月才平定亂事。參見《長編》，卷45，頁980；卷46，頁983-984，988-994，998；卷47，頁1010-1011；1014，1017，1021，1024-1029；《宋會要輯稿》，〈兵十之十、十一、十二〉。

[43] 《長編》，卷67，頁1506-1507；卷68，頁1518-1520；關於天書封禪的鬧劇，可參閱張其凡：〈宋真宗天書封祀鬧劇之剖析—真宗朝政治研究之二〉，收入張著：《宋初政治探研》，（廣州：暨南大學出版社，1995年10月），頁198-256。

熱的王欽若,自然是必恭必敬。是年五月,不知是曹利用的提示,還是自己揣知上意,當時擔任河北轉運使的李士衡,上奏請輸本路金帛芻粟四十九萬赴京東,以助祀事。真宗自然歡喜,賜詔嘉獎。權三司使丁謂乘機請留李士衡於澶州,管勾東封事。㊹ 真宗在是年十月赴泰山封禪,回程往兗州祭孔廟,經澶州拜河瀆廟,十一月底返京,十二月,以東封禮成,文武官員都獲加官。曹利用扈從有功,自引進使再陞一級為客省使,而李士衡也擢右諫議大夫。㊺ 曹利用翁婿二人,在東封西祀事上,十分賣力,他們一開始便刻意討好真宗,並附和王欽若及丁謂等。不過,曹利用亦有勢利涼薄的一面。據沈括的說法,當曹利用得志之時,當年和他一同使遼,稱兄道弟的張皓,卻斯人獨憔悴,只擔任東頭供奉官、濮州兵馬都監一職。當真宗路過濮州並記得他,打算召他進京時,卻給曹利用暗中破壞,最後張皓卒於華州都監任上。㊻

祥符三年(1010)七月,真宗繼東封泰山後,決定西祀汾陰。真宗命知樞密院事陳堯叟為汾陰經度制置使,主持西祀之事。這次真宗交給曹利用的任務,是修建行宮和出巡道路。他的岳父李士衡故技重施,又即時獻錢帛三十萬以佐用度,自然受到真宗褒獎,並與鹽鐵副使林特(?-1026)並授為提舉京西陝西轉運司事。㊼ 曹利用辦事賣力,很快便給真宗第一份工作報告,他指出陝州及鄭州衙署,正門低小,街衢窄隘,真宗若在這裡停留,怕不舒服。真宗對他的體貼和細心,欣賞之餘,覺得還是不宜勞民傷財地予以擴建,照舊就算了。真宗跟著命他先去拜祭汾河

㊹《長編》,卷68,頁1528,1531,1537;卷69,頁1542;《宋史》,卷7,〈真宗二〉,頁136。

㊺《長編》,卷70,頁1568-1577,1581;卷71,頁1588;卷72,頁1645;《范文正集》,卷11,葉26下至27下。曹利用擢客省使之確實年月不詳,按曹利用在大中祥符二年(1009)十二月已以客省使任接伴使。而考王欽若在祥符二年正月奏上祇應祀事京朝官、使臣、藝術官功次。真宗即詔第一等優與改轉官,其次遷官。相信曹利用即不在祥符元年十二月陞官,最遲也當在二年正月,以東封泰山之祀事功,獲優遷為客省使。

㊻張皓死後,本路轉運使及本州郡守總算替他不平,向真宗追頌其功,真宗因錄其子張牧為三班借職,稍作補償。參見《長興集》,卷13,葉5上至6下;《夢溪筆談校証》,補卷3,頁1002-1003。

㊼《長編》,卷74,頁1682。

之神。⑱ 籌備了幾個月後，真宗於是年十二月決定前往河中府，親自祀汾陰。真宗命簽書樞密院事馬知節為行宮都部署，而命曹利用等人為行宮使。⑲ 祥符四年（1011）正月，真宗起程往河中府，出發前，因鄜延路部署李允正（960-1011）被病，真宗即命曹利用自計度汾陰道路差遣上，改任權鄜延路部署，以策西疆安全，並提防西夏趁真宗西巡時生事。⑳ 這項臨時的任命，給曹利用增加了擔任一路帥臣的資歷，對他日後陞任樞臣，有很大的幫助。真宗對他確是恩寵有嘉。真宗在二月抵河中府，祭畢汾陰後，經洛陽等地，到四月返抵京師。文武官員再次得以 加官晉爵。曹利用以二月壬戌赦書，從客省使優遷內客省使，官橫班使臣之首；而遙領之官，也由忠州刺史越過團練使一級，超授為嘉州防禦使。 真宗又召他還京，特許他每日就食於樞密院內。他晉身樞臣，已是指日可待的事。㉑

真宗大概考慮到曹利用需要邊帥的資歷，才可以擢陞樞臣，當是年五月底，鄜延路部署李允正以病請徙調內地時，真宗即命曹利用真除鄜延路部署，扼守西疆。㉒ 曹利用發跡前，曾任鄜延路走馬承受，數月前又曾代理部署一職，這番任命，對他來說，是很相宜合適的。

曹利用雖然暫時不能在天書封祀的事上為真宗效命，但他仍盡量在邊防事務上爭取表現。在祥符五年（1012）二月，他上奏請求在延州興建子城，但真宗怕勞民而不許。曹利用也不是無故生事，蓋西夏主李德明（1003-1032在位）在這月既稱延州蕃落侵其地黑林平，到四月又請宋廷割綏州土田人口。雖然西夏尚沒有出兵侵擾，但其野心不能不防。這年八月，曹利用又請將緣邊所居的歸明人戶中曾立功的，署為弓弩手指揮。他的建議，受到真宗的採納。是年十月，曹利用再上奏，以保安軍的蕃部請建子城，他請真宗下旨蕃部首領，在農隙時動工。他的建議亦受採納。祥符六年（1013）七月，他又上奏，稱北境的剋山軍主率眾過大里河南侵，給

---

⑱《長編》，卷74，頁1687。
⑲《長編》，卷74，頁1698；《宋會要輯稿》，〈禮二八之四八〉。
⑳《長編》，卷75，頁1708。
㉑《長編》，卷75，頁1708-1720；卷78，頁1779。按李士衡亦以西祀之勞，再擢為給事中加樞密直學士知益州。參見《范文正集》，卷11，葉27下。
㉒《長編》，卷75，頁1722。

熟戶羅勒族首領都囉擊走。他請以都囉為本族指揮使。真宗同意，並命他約飭族帳，謹守邊疆。(53)

當曹利用在西邊效命時，宋廷的中樞人事，在祥符五年九月已起了很大的變化，是月，參政趙安仁因反對立劉德妃（即章獻劉后，1022-1033攝政）為后，而被王欽若中傷罷職。王旦本來想推薦翰林學士李宗諤繼任，卻給王欽若破壞，王旦且被真宗指為徇私，最後參政一職由王欽若的死黨丁謂取得；而丁謂三司使之缺亦由其黨羽林特接替。而王旦之至交、翰林學士楊億（974-1020）則受到王欽若等之打擊而引退。王欽若一黨勢力膨脹，大大引起王旦的警覺，他不能再與人為善，再與王欽若妥協。王旦在此時下定決心，要制止王欽若一黨坐大。宋廷文臣中所謂君子與小人之爭，這時又再激化。雙方都認識到，誰勝誰負，除真宗的取向和態度外，他們還需爭取得是年十二月獲冊為皇后的劉后的支持。曹利用是幸運的，當王旦與王欽若開始明爭暗鬥時，他卻可置身事外，坐觀勝負。雖然在天書封禪事上，他與王欽若等走得較近，但他並未被視為王欽若之死黨，而不容於王旦等。他不在朝供職，反而使他後來不必背上黨派之包袱，而在後來出任樞臣事上，能為王旦、王欽若雙方所接受。(54) 附帶一談的是，曹利用的岳父李士衡，也一樣採左右逢源的立場，而官運亨通。他因在封祀事上賣力，而得到丁謂等大力推舉，祥符六年三月，因曹利用另一姻家、河北轉運使盧琰（？-1013）卒，河北運使闕人。在同年四月，李士衡自益州召還，即以樞密直學士、給事中之職出任為河北都轉運使。(55)

祥符七年（1014）正月，真宗繼東封西祀後，又去亳州祭太清。(56) 曹利用再度

(53)《長編》，卷 77，頁 1754，1763；卷 78，頁 1779；卷 79，頁 1793；卷 81，頁 1840。

(54)《長編》，卷 78，頁 1786-1788；卷 79，頁 1810；卷 80，頁 1828-1831。關於王旦與王欽若在祥符年間之政爭，可參閱拙著：〈論宋初功臣子弟馬知節（955-1019）〉，頁 286-298。

(55) 史稱盧琰勤於使職，所至有幹集聞。他卒後，真宗以他母老，詔追回其長子太常博士盧士宗（？-1013後）知懷州之任命，又擢其次子秘書丞盧士倫為太常博士，一同守制。按盧士倫是曹利用之婿，但未知盧士倫喪父前是否已成為曹利用婿。參見《長編》，卷 80，頁 1819。曾有人批評李士衡以河北錢五十萬貫助東封，於是做成管內闕乏。丁謂替他辯護，說助東封的錢只有十餘萬，其餘的只是薪芻。因丁謂之薦，真宗亦覺得李能幹，於是命李士衡任河北都轉運使。參見《長編》，卷 80，頁 1823；《范文正集》，卷 11，葉 27 上。

(56)《長編》，卷 82，頁 1861-1865。

沒法從行,大概怕真宗忘記了他,在是年三月他又借故上奏,說鄜州軍馬眾多,請徙本路都監符承翰(?-1014後)往治之。他又言緣邊蕃部指揮使用心捍寇,請取資深者給月俸。另又推薦延州野家族蕃部指揮使伽凌補三班奉職,充七襄平等地巡檢使。真宗統統接納他的請求,另又為了表示對曹利用之寵信無間,在是年五月,又特別下詔旌揚曹利用兄長曹遵一門六世同居。㊗ 真宗其實已有打算,當樞臣出缺,便即擢用曹利用。

這年六月,王欽若為了瀘州平亂賞功的問題,與副使馬知節大起爭執,且在真宗駕前爭鬧起來。真宗大為震怒,在王旦的影響下,真宗將樞府三名執政全數罷免。在王旦的力薦下,真宗任寇準為樞密使,同時驛召知鎮州王嗣宗(942-1019)及曹利用回京,做寇準的副手。是年七月,王曹二人抵京,真宗即以二人並為檢校太保、充樞密副使。這年曹利用四十三歲,從景德元年出使遼國算起,不到十年,他便從一個地位低微的三班小使臣,成為位列執政,進入權力核心的二府大臣,在宋初武臣中,實在是一個異數。㊘

(五) 身不由己:曹利用與真宗晚年之黨爭

曹利用的頂頭上司樞密使寇準,是有名性格剛偏而行事獨斷的人,而與曹同擢為樞副但資格較深的王嗣宗,一樣是性情強橫之輩。寇準是前任宰相,王嗣宗是太祖朝狀元,都是自視甚高的人,雖然曹利用是真宗的心腹愛將,為主子在樞府把關,但曹和他們共事,就只能必恭必敬。真宗大概也知道曹利用處境,在是年十二月,又特別增給他和王嗣宗餐錢月五萬,頗有點補償的味道。㊙

㊗《長編》,卷82,頁1869-1870,1874。

㊘《長編》,卷82,頁1881-1883;卷83,頁1889。關於馬知節與王欽若在瀘州賞功事上之爭執始末,可參閱拙作:〈論宋初功臣子弟馬知節(955-1019)〉,頁293-296。

㊙ 王嗣宗字希元,汾州人,是太祖開寶八年(975)的狀元,他甚有武幹,行事強橫霸道,無所忌憚,他在真宗朝出任御史中丞時,王旦、馮拯以至王曾等都吃過他苦頭。寇準同年邊肅便給他攻倒。真宗西祀時,他自願改官為耀州觀察使出守長安。寇準一向討厭他,真宗這次用他為樞副,很有可能是用他來制衡寇準。參見《宋史》,卷287,頁9647-9652,〈王嗣宗傳〉;《長編》,卷83,頁1905。

曹利用與王嗣宗的合作關係怎樣，史所不詳，似乎沒有和寇準那麼壞。寇準明顯地看不起曹這個下屬，在寇準眼中，這個當年小小的殿直使臣，現在有甚資格和他在樞府平起平坐，經邦論道？但曹利用則以為自己立了許多功勞，早非吳下阿蒙，他完全有資格擔任樞臣，寇準有甚麼道理看不起他。據宋人筆記所載，寇準以曹為武人，對他輕視，議事有不合的，就動輒說他只是一武夫，懂甚麼國家大體。曹的自尊心大受傷害之餘，心中大為憤恨，後來二人還公開發生衝突，弄至關係不可修補。事情的起因，是有一次節日，真宗賜宴寇準府第，群臣都去參加。在宴會上，寇準以主人身份勸酒。寇準一向喜歡強人飲酒，當他勸曹利用飲酒時，曹卻堅持不飲，令寇準下不了台。於是寇大發脾氣，顧不了禮貌和身份，竟當眾怒斥曹利用，說他不過是一武夫，竟敢違抗他之命令。曹利用亦不示弱，厲聲回敬，說真宗擢他為樞密副使，而寇準竟說他是「一夫」，他聲稱第二天要面奏真宗，討還公道。⑥⑩

對曹利用稍為有利的是，寇準和王嗣宗也不協。寇準一向討厭王嗣宗，議事就專和他抬槓。王嗣宗受不了，就一再上表要求解職。⑥⑪ 在寇、王之爭中，曹利用態度如何，史所不載；但以他同受寇之欺壓的情況推測，他多半同情王嗣宗的。考真宗一直不允王嗣宗辭職，相信曾暗中查問過曹利用，知道過錯不在王嗣宗。後來真宗不滿寇準，很有可能受曹利用報告的影響。

寇準出任樞密使，本出於王旦的極力推薦。王旦原意是借助寇準對付王欽若一黨；然寇準卻不服氣位在王旦之下；故此不但不領王旦的情，還一再在真宗前挑王旦的毛病。在真宗看來，寇準太不夠厚道，加上寇準在樞府與王嗣宗和曹利用不睦，越發使真宗對他不滿。祥符八年（1015）四月，寇準因一再攻擊真宗寵信之三

---

⑥⑩ 考寇準素有逼人飲酒的習慣，翰林學士李宗諤便常為此苦，甚至弄到要在門扉下逃走以避酒的笑話。曹利用不肯飲酒，大概是故意不給寇準面子，而寇準當眾怒斥曹利用，也是平日多有結怨的發洩，非一日之寒。參見朱熹（1130-1200）：《五朝名臣言行錄》，《四部叢刊》本，（上海：商務印書館，1936年），卷四之二，〈丞相萊國寇忠愍公〉，頁13-14；張師正（？-1077後）：《倦遊雜錄》（上海：上海古籍出版社，1993年8月），頁21-22；司馬光（1019-1086）：《涑水記聞》（鄧廣銘、張希清校點）（北京：中華書局，1989年8月），卷7，頁132；《長編》，卷76，頁1738；卷95，頁2196。

⑥⑪ 《長編》，卷85，頁1940-1941；卷95，頁2192；《宋史》，卷287，頁9651。

司使林特,激怒了真宗,而被罷樞密使職。值得一提的是,寇準攻擊林特其中一事,是涉及李士衡的。當時林特以河北歲輸絹闕乏,而督逼時任河北都轉運使的李士衡甚急。寇準一向欣賞李士衡,又討厭林特行事姦邪,故極力為李士衡說話,而痛責林特。事涉李士衡,我以為真宗多半就寇、林相爭之事,問過曹利用意見的。不過,看來曹利用沒有替寇準說過好話。⑫

寇準被罷後,真宗重新任王欽若和陳堯叟為樞密使,王嗣宗及曹利用留任副使。是年七月,王嗣宗堅持解職補外任後,副使只剩下曹利用一人。直至祥符九年(1016),真宗才接納王旦的建議,將他藩邸心腹、馬軍副都指揮使張旻(?-1048)擢為宣徽南院使兼樞副,位在曹利用之上。⑬比起曹利用,張旻不但在與真宗及劉后的關係上遠勝,在戰功和邊任的資歷上,也是曹利用所不能望其背的。曹利用幸而在鄜延數年,懂一點邊情,在二府議事時,還不致無話可說。但他要更上一層樓,越過張旻、曹瑋等戰功卓著之武臣,陞任樞密使,就要特別的機遇了。⑭

是年五月,真宗又舉行南郊大典,曹利用翁婿照舊賣力不已。李士衡又主動獻助南郊絹布六十萬疋、錢二十萬貫。並稱其中二十萬是本路羨餘,特加獻納。李士衡如此討好,真宗自然有詔嘉獎。曹利用以樞副的身份,首次擔任五使中的橋道頓遞使。對他來說,這項工作,是駕輕就熟了。⑮

真宗營造的太平美夢,在這年的六月開始,卻給發生於許多地方的蝗災驚醒。但無恥之徒如李士衡等,卻刻意掩飾真相。明明河北蝗災為患,他卻奏稱蝗蟲自行

---

⑫《長編》,卷84,頁1922-1924。

⑬《長編》,卷84,頁1925;卷85,頁1940-1941;卷86,頁1965-1966。《宋史》,卷290,頁9709-9711,〈張耆傳〉。張旻字元弼,後改名耆。開封人,自幼入真宗藩邸,曾受真宗命照料劉后,故後來甚得真宗劉后的信任。他在真宗親信中,曾罕有的上奏表示建玉清昭應宮是勞民傷財。他顯然不附從王欽若一黨。王旦所以薦張旻為樞副,我猜他別有用意。張旻本來就是真宗想擢用的心腹,王旦順水推舟舉薦他,既爭取到張旻的好感,又能在樞府平衡了王欽若之勢力,可謂一舉數得。

⑭好像在祥符九年正月,真宗與二府大臣討論西蕃立遵求賞的事,曹利用即據他在鄜延時所知,指出立遵所為,不法甚多,要多加詰責,以抑他的苛求。見《長編》,卷86,頁1967,1974。

⑮李士衡逢有大禮,他必以所部供軍物為貢,以討真宗的歡心;但當三司檢勘他所言之數目,都不得實。不過,真宗並未怪他虛報數目,只說他疏於管理下屬。當然,有曹利用在樞府朋比,李士衡就不會出甚麼事。參見《長編》,卷87,頁1991,1993。

消滅，說甚麼「妖不勝德」。⑥⑥ 對岳父等人之謊言，曹利用並沒有拆穿；事實上他也從來沒有向主子規諫。他仍然跟著王欽若走，繼續尋找新的瑞異吉祥，去滿足真宗。

是年八月，王欽若的死黨陳堯叟以疾請解職，而到九月，丁謂又與王欽若鬧翻而自請罷參政，真宗因此再度改組二府人事：翰林學士陳彭年、王曾、權御史中丞張知白（？-1028）三人同時拜參政；樞密直學士任中正（？-1026）擢樞密副使。陳彭年是王欽若的死黨，王曾、張知白及任中正卻是王旦所提拔的。真宗盡量要做到兩派勢力平衡。不過，教王欽若不懌的是，陳彭年才做了五個多月參政便死了。⑥⑦

王旦在天禧元年（1017）七月以老疾告退，八月，他的大對頭王欽若終於得償所願拜相。因王旦及王欽若的進退，真宗再次調整二府人事：中書方面，他不許王旦同年、原次相向敏中（948-1019）告退，要他幹下去；而張知白也獲留任。是年九月，當王曾被王欽若攻倒去職時，真宗就擢陞景德二年狀元、翰林學士李迪替補。樞密院方面，在同月，真宗故意召王欽若的對頭馬知節回朝，起用他為知樞密院事，代替王欽若執掌樞府。另擢用樞密直學士周起（970-1028）為同知樞密院事，替補在八月罷職的張旻，至於曹利用及任中正則獲留任。曹利用這次雖未能晉陞樞密使，但獲加宣徽北院使兼群牧制置使；另外，真宗已決定擢用李士衡為三司使。⑥⑧

---

⑥⑥《長編》，卷87，頁1995-2004。當時謊報蝗蟲並未為害的，除李士衡外，還有知陳州馮拯、內臣任守忠、張文昱及多路使臣。據說還有執政拿著死掉的蝗蟲見王旦，請王旦宣示於朝，並率百官向真宗道賀。這名執政不知是王欽若、丁謂，還是曹利用。

⑥⑦ 王曾字孝先，青州益都人，他是咸平五年的狀元，後成為宰相李沆的佳婿。李沆的同年寇準和王旦都賞識和提拔他。他的生平可參見《宋史》，卷310，頁10182-10186，〈王曾傳〉；《長編》，卷87，頁2005-2006；卷88，頁2011-2012；卷89，頁2046-2047。

⑥⑧《長編》，卷89，頁2050，2073-2075，2078-2079；《宋史》，卷210，頁5443-5444，〈宰輔表一〉。張旻在天禧元年八月王欽若拜相同時罷為河陽三城節度使，被罷原因不詳。很有可能是因反對天書，開罪了王欽若，而被讒罷職。王曾一直反對天書，他早在天禧元年三月，就因不肯兼任會靈宮使，而開罪了真宗。王欽若已多次譖告他，是年九月，王欽若借王曾買入賀皇后家舊第之紛爭，再在真宗前攻擊他，結果王曾被罷。馬知節在九月自天雄軍召還，加檢校太尉、宣徽南院使知樞密院事。因馬擔任知院事，故曹利用等均自樞副改同知樞密院事。新擢

正人君子們在天禧元年九月開始,再遭厄運,首先是王旦在是年九月在抱恨內疚中病卒,跟著是知樞密院事馬知節於天禧二年(1018)閏四月以足疾罷職,然後是御史中丞趙安仁在同年五月病卒,再有是翰林學士李維(961-1031)在同月自請解職。王欽若一黨,著實得意了好一陣子,並繼續他們的天書封禪把戲。因馬知節解職,論資排輩,曹利用終於在是年六月獲擢為知樞密院事,仍兼群牧制置使。而他的老丈人李士衡也在七月進拜三司使。他們翁婿二人,一握兵符,一掌財筦,成為朝野觸目的大紅人,既引來舊部張繼能的攀附,也招致了王欽若之忌妒。⑱

真宗在天禧二年八月冊立仁宗為皇太子,而真宗委出的太子宮僚,竟全是寇準和王旦賞識或親近的人:包括參政李迪、樞密直學士王曙(963-1034)、知開封府樂黃目(966-1021)、直昭文館張士遜(964-1049)、直史館崔遵度(954-1020)、左正言晏殊(991-1055)、右正言魯宗道(?-1029)及入內押班周懷政(?-1020)。而王欽若一黨居然無一人入選。⑲ 王欽若雖然再在是年十二月,成功地逼走了真

參政和同知的李迪和周起,都是正人君子,既受真宗之賞識,亦同是寇準和王旦識拔的人。真宗起用馬知節、李迪和周起等,為的是防止王欽若專斷。關於真宗的用人手段,可參閱拙著:〈論宋初功臣子弟馬知節(955-1019)〉,頁297-298。

⑱ 李士衡以樞密直學士、刑部侍郎拜三司使,王欽若不知因為李是寇準所喜的人,還是忌他翁婿二人坐大,就趁真宗論時文之弊時,翻李士衡父被誅之舊賬,破壞李在真宗心中的形像,結果真宗沒有進一步擢陞李士衡。曹利用得志後,他征宜州叛之副將張繼能,想在群牧司謀職,而去攀曹利用,不過,卻被人破壞而不成,是年八月還被責貶外任。參見《長編》,卷90,頁2080-2081;卷91,頁2096-2098,2010;卷92,頁2116-2118,2120,2124;《宋史》,卷210,頁5444;卷466,頁13623。

⑲ 真宗初時想授李迪為太子太傅,但李迪堅持太宗時未嘗立保傅,不肯接受,故真宗改命他為太子賓客。王曙是河南人,雖是王欽若的同年,卻是寇準之婿;他在真宗朝是繼張詠(946-1015)最著的治蜀能臣,是年十月他自益州召還,拜給事中兼太子賓客。張士遜也是王欽若的同年,但他一直與寇準王旦親近,反對天書而疏遠王欽若;不過張士遜後來卻和曹利用交好。他原任仁宗封壽春郡王之友,仁宗晉封昇王,他改授昇王府諮議參軍,因擢右諫議大夫兼太子右庶子;樂黃目是寇準同年樂史(930-1007)之子,真宗授給事中兼太子左庶子;不過,很快便因曹利用舊部張繼能請託不遂之事,被真宗心腹、群牧副使楊崇勳(976-1045)所劾,貶知荊南府。崔遵度亦原任昇王府諮議參軍,真宗加他吏部郎中兼太子左諭德;晏殊亦原任昇王府記室參軍,因授太子舍人。魯宗道是王旦所賞識的人,後來一再奏劾王欽若,真宗授他戶部員外郎兼太子右諭德。周懷政是真宗晚年信任的內臣,他與寇準交好,而厭惡王欽若。他原任仁宗讀書的資善堂都監,真宗授他左騏驥使、入內副都知兼管勾左右春坊事。真宗作出這番安排,筆者以為是

宗賞識的參政張知白，也教來朝的張旻無法重返二府，但真宗已開始對王欽若有意見，他的垮台，已是指日可待。⑪

天禧三年（1019）三月，在長安不甘寂寞的寇準，做了他平生最受批評爭議的事，他向真宗奏稱在長安乾祐山發現天書。寇準素來不信天書，這次一改前衷，以個人名譽清節作賭注，為的是博取真宗歡心，重登相位。促成其事的是炙手可熱的內臣周懷政。乾祐天書在四月迎入大內，當時直臣如魯宗道及孫奭（962-1033）等都上奏，指斥其偽；但真宗對天書之沉迷，已病入膏肓，聽不入諍言。⑫ 寇準這次邀寵成功，是月底，真宗召他入京，復相在望。不過，寇準並不知道，他最大的政敵，已不是王欽若，而是野心勃勃的劉皇后。在寇準尚未返京前，在劉皇后的影響下，真宗任命劉后兩名親信夏守恩（？-1037）和劉美（962-1021）統率殿前、馬軍及步軍三支禁軍，而劉后一系得以牢牢地掌握軍權。⑬

王欽若兩大對頭寇準和丁謂分別於五月底及六月初抵京。是月九日，王欽若以受賕及交結匪人之過失，罷相出判杭州。其中攻倒他的，正是真宗寵信的周懷政。⑭ 四天後，寇準復相，而丁謂亦復任參政。不過，寇準一開始便不能團結可

馬知節與真宗閉門密議的結果。見《長編》，卷91，頁2098；卷92，頁2123-2127；卷94，頁2170-2171；拙著：〈論宋初功臣子弟馬知節〉，頁298-299。

⑪ 張旻於天禧二年十二月自河陽來朝，真宗加他武寧節度使同平章事，不久命他改判陳州。後來又因日者之言，特命徙判襄州以避災，可見真宗對他恩寵有嘉。真宗本來可以任張旻為樞密使，似乎是王欽若之反對才罷。張知白一直和王欽若議事不協，於是稱病請辭，真宗留不住他，只好厚加撫慰，命他出知大名府。參見《長編》，卷92，頁2131；卷93，頁2141。

⑫ 偽造乾祐天書的是御藥使、永興軍巡檢朱能（？-1020），他是周懷政提拔的人，而由他勸誘寇準奏上天書。參見《長編》，卷93，頁2141-2143；《宋史》，卷466，頁13614-13615，〈周懷政傳〉。關於寇準獻天書的問題，可參閱劉靜貞：《北宋前期皇帝和他們的權力》，（台北：稻鄉出版社，1996年4月），頁150-151。

⑬ 夏守恩是真宗藩邸心腹，亦是劉后信任的人；他在天禧三年五月自龍神衛四廂都指揮使擢捧日天武四廂都指揮使，依前領泰州防禦使，同年七月遷殿前都虞候，八月權領殿前及步軍司。劉美原名龔美，本是劉后前夫，後來真宗命他認作后兄，視為心腹。天禧三年五月先自洛苑使、勤州刺史、同勾當皇城司擢為龍神衛四廂都指揮使，七月遷馬軍都虞候，八月權領馬軍司。他們是劉后用來對付周懷政的人。參見《長編》，卷93，頁2144-2145；《宋史》，卷290，頁9714-9715，〈夏守恩傳〉。

⑭ 《長編》，卷93，頁2148-2150；《宋史》，卷283，頁9562，〈王欽若傳〉。

以共事的人,他對當年不次提拔但後來改投王欽若的丁謂,不肯原諒。當丁謂向他獻殷勤時,他不但不領情,還當眾奚落他,教丁謂下不了台,結果逼使丁謂要另找靠山,另結盟友。他的新靠山正是劉后,他的盟友正是與寇準有嫌隙的曹利用。⑦⑤這年十二月,真宗大概曉得丁謂在中書無法與寇準共事,就將他調陞為樞密使。與此同時,曹利用亦自知樞密院事真除樞密使,在仕途上又邁進一步。⑦⑥

　　大概為了制衡丁謂與曹利用,在天禧四年(1020)正月,寇準推薦戰功彪炳的功臣子弟曹瑋陞任簽署樞密院事。⑦⑦ 曹瑋之弟曹琮雖與曹利用同是李士衡之婿,但這點間接的姻親關係,並未使曹瑋後來附從曹利用,相反他後來還成為曹利用的對頭。對於寇準之人事佈置,曹利用及其背後的劉后一黨也不示弱。是年二月,大概在他們的建議下,劉后心腹、馬軍都虞候楊崇勳自并代副都部署召還,改任客省使兼群牧使,同時勾當三班院、皇城司,執掌皇城武衛力量。對寇準更大的打擊,乃是他的同年、可起緩衝作用的首相向敏中在三月底病逝。寇準所能做的是在這年四月,推薦親信楊億復任為翰林學士,接替以老疾請辭的翰林學士承旨晁迥(951-

---

⑦⑤ 史稱丁謂復職參政後,事寇準甚恭謹。有一次寇準與丁謂等會食中書,湯羹弄污了寇準的鬍鬚,丁謂要討好長官,就起來為寇準揩抹。寇準不領情,反而當眾譏笑丁謂身為國之大臣,竟為長官拂鬚。丁謂下不了台,愧恨之餘,就開始籌算對付寇準。寇準為何不容丁謂,筆者以為一方面寇準恨丁謂反覆投機,另一方面也許受他同年摯友張詠的影響。(按:張詠在祥符八年八月臨終時上表,指竭天下之財,修生民之命,全是丁謂教真宗造宮觀所致,請斬丁謂以謝天下。)《長編》,卷85,頁1944;卷93,頁2152;《宋史》,卷281,頁9533,〈寇準傳〉;卷282,頁9539-9540,〈李沆傳〉。

⑦⑥ 《長編》,卷94,頁2173-2174。按同知樞密院事任中正和周起,亦於同時改授樞密副使。

⑦⑦ 曹瑋被擢陞樞臣,一方面是真宗提拔培養功臣子弟任樞臣的政策延續,另一方面,相信是出於寇準的力薦,後來曹瑋被指為寇準一黨而被貶,大概因當年為寇所薦。曹瑋自華州觀察使擢宣徽北院使、鎮國軍留後、簽署樞密院事,在樞府居曹利用、丁謂、任中正和周起之下。參見《長編》,卷95,頁2178。關於真宗任用功臣子弟為樞臣的討論,可參閱拙著:〈論功臣子弟馬知節〉,頁287,300-301。關於曹瑋的戰功,可參閱柳立言,前揭文,頁55-64。按柳氏認為曹瑋與寇準並無甚交情,只是不附丁謂。然柳氏漏看《長編》卷96,「天禧四年九月己未」條所記載寇準與周起一齊往曹瑋家痛飲達旦之事實。寇準若非與曹瑋深交,怎會在曹家飲到爛醉夜漏始歸? 曹瑋性剛直,又好酒,正與寇準氣味相投。相反,曹利用不肯受寇準的勸酒,正見到二人關係平平。筆者以為曹瑋擢簽署樞密院事,當亦出自寇準的推薦。參見《長編》,卷96,頁2216。

1034），緊緊把守著誥命之權。⑦⑧

真宗的身體在是年中惡化，就逼使以寇準及李迪為首的太子黨，與以丁謂、曹利用為首的后黨，在政治權力的角逐上提前攤牌。在鬥爭中，粗心大意而自信十足的寇準等人，竟低估了劉后的力量，不但沒有爭取她的支持，還一再主張要嚴懲后族之違法者，而開罪了劉后。相反，丁謂、曹利用等透過劉后之姻家、翰林學士錢惟演（？-1033），暗中得到劉后的支持。他們往來詭秘，當他們一黨的力量越來越鞏固時，寇準等仍不察知。兩黨展開鬥爭時，本來寇準已說服真宗讓太子監國，並任命方正大臣輔政，而罷去丁謂等。但當他命楊億草好表文時，他卻大意地在酒後洩漏此事。丁謂等知悉，即與錢惟演等不斷在真宗前譖告寇準專恣，不可為相。真宗心神恍惚，忘記了命太子監國之事，是他同意的。在劉后等擺佈下，在是年六月十六日，他胡胡塗塗地下旨罷免寇準相職；不過，又封他為太子太傅萊國公，仍許他在京師朝參。⑦⑨

寇準被罷後，中書無相整整一月，二府人事須重組。雖然劉后的代言人錢惟演，在七月十四日入見真宗時，轉達了劉后的意見，但偶然頭腦清醒的真宗，在權衡考慮各方意見後，他作出了平衡兩方力量的人事決定。他不理錢惟演的反對，將資望尚淺的參政李迪陞為宰相。當李迪尚猶豫時，真宗即讓仁宗出面勸李迪接受。他本來有意委任張知白並相，因錢反對作罷。當錢反建議前參政、兵部尚書馮拯可任相時，他卻改任馮拯為樞密使、同平章事。三天後（十七日），真宗即下旨任李迪及馮拯為相及樞密使。對他們不利的人事安排，曹利用及丁謂並不罷休，四天後

---

⑦⑧ 曹利用與曹琮的連姻關係，並非直接的兒女親家關係，而只是連襟關係，同是李士衡的女婿。對曹瑋來說，曹利用並不是他直接的姻親。姻親關係，對二曹來說，實在不起甚麼作用。二曹所以對立，正因曹瑋是寇準的支持者，而曹利用卻是寇準的對頭；另外，曹利用也忌曹瑋功臣子弟之家世及比自己顯赫的戰功。考柳立言氏似乎未弄清楚曹瑋與曹利用的姻親關係其實很間接，而誤認為曹瑋不會為曹利用所排，又以曹利用坐視親家被貶不救為非。筆者以為曹利用從來沒有視曹瑋為親家。參見《長編》，卷95，頁2183-2184，2186-2188；柳立言，前揭文，頁67-68。
⑦⑨ 錢惟演是吳越國王錢俶（929-984）子，他的妹越國夫人（？-1023）嫁劉后兄劉美為妻，另他女兒亦嫁丁謂子，藉婚姻關係以取得權位。參見《長編》，卷95，頁2196-2198；卷100，頁2315；《宋史》，卷317，頁10340-10342，〈錢惟演傳〉。

（廿一日），他們藉口樞密院從未同時有三正使，而雙雙請罷職。他們以退為進的策略果然成功，真宗在頭昏腦亂的情況下，就聽從錢惟演的意見，將丁謂調往中書，陞任首相。至於樞府，就留用馮拯及曹利用。丁謂陞官，曹利用也得到好處。錢惟演稱曹利用「忠赤，有功國家，亦宜與平章事」，真宗也同樣照准。曹利用當然明白，他平白陞任樞相，並非有甚麼功勳，只因依附劉后而得到酬庸。⑧

對於丁謂和曹利用把持二府權柄，寇準心有不甘。在同月廿三日，他趁入對的機會，向真宗揭發丁謂與曹利用結黨往來之事，又自辯不該被罷相。真宗召見李迪，詢及寇準被罷之因由，寇準胡塗地把支持他的李迪牽扯其中，弄得李迪不知如何申辯。寇準的話將真宗激怒了，當寇準退下後，真宗再召見李迪，並大發脾氣，說要將寇準遠貶，而將李迪、丁謂及曹利用罷職外放。但當李迪草擬除目進呈時，神智不清的真宗又說李迪等沒過失，沒理由罷職。當李迪退下後，真宗又召見丁謂。丁謂等雖拜相，但見真宗對寇準仍恩寵不替，早已密謀如何剷除寇準。他入見真宗，即請求授寇準節度使，把他外放；但真宗不允。丁謂等知道寇準較早前曾劾告他們，為免真宗忽然聽寇的話，就決定採取激烈的手段，逐走寇準。他們打擊寇準的手段，是向寇準的支持者入內副都知周懷政下手，然後牽連寇準。廿四日晚上，劉后的親信、客省使楊崇勳與內殿承制楊懷吉（？-1020後）往丁謂第告變，他們指控周懷政與其弟禮賓副使周懷信（？-1034後）密約他們在廿五日發動政變，打算奉真宗為太上皇，並廢劉后，復相寇準而殺丁謂等。據載丁謂馬上在中夜微服乘婦人車，到曹利用府商議應變之計。第二天（廿五日）早晨，曹利用入奏於崇政殿，向真宗奏報周懷政謀叛。當時周懷政正在殿的東廡，曹即命衛士將周擒拿。真宗召曹瑋與楊崇勳就御藥院審問周懷政。周無法申辯，真宗下令將他押赴城西普安佛寺斬之，並將其父弟決杖配遠州。殺了周懷政，丁謂等乘機再揭發周懷政與朱能偽造

---

⑧ 據宋人筆記所載，真宗原本召見知制誥晏殊，要他草詔罷曹利用為太子太師，罷丁謂為節度使，並令二人離京。但當晏殊表示這是翰林學士的職責時，真宗就改召翰林學士錢惟演草詔。當錢惟演進言後，真宗改變主意，不但沒罷免二人，還拜丁謂為相，加曹利用為使相。參見龔鼎臣（1010-1086）：《東原錄》，文淵閣《四庫全書》本，頁27；《長編》，卷96，頁2205-2207。關於馮拯左右逢源的政治立場，以及他被擢陞為樞使的原委，可參閱拙著：《宋初朋黨與太平興國三年進士》，（北京：中華書局，1994年10月），第七章，頁64-73。

乾祐天書之事。真宗即下詔，遣派使臣往長安追捕朱能一黨。三天後（廿八日），丁謂等以周懷政、朱能謀叛之故，將寇準自太子太傅貶為太常卿知相州，另將寇準婿王曙及所親善的翰林學士盛度（968-1041）落職貶知汝州和光州。朝士與寇準親厚的，除楊億倖免外，都受到丁謂貶斥。內臣涉及周懷政的，都受到嚴譴。丁謂等還想用周懷政謀叛之事牽連太子，幸而李迪加以保護及向真宗進言，才使真宗沒做出處分太子的傻事。至於首告周懷政，打垮寇準有大功的楊崇勳，就擢為內客省使領貴州觀察使兼群牧使。⑧

周懷政謀叛一事，真實性教人懷疑，極有可能是劉后主使，由丁謂、曹利用佈下之圈套。論理周懷政怎樣大膽，也不敢發動政變，而且京城內外兵權都在劉后親信掌中。楊崇勳是劉后心腹，曹利用之副手，周懷政怎會愚蠢到找他一齊發動政變？周死後十三年，劉后病故，仁宗親政，即恢復周的官位，替他平反。可見仁宗心中明白，當年所謂周懷政謀叛，其實是是劉后一黨為了剷除寇準等政敵而導演的一場冤獄。而第二年（即景祐元年）（1034）八月，周懷政弟周懷信便上言為其兄呼冤，稱其兄實被楊崇勳及楊懷吉誣告而被誅。結果周訟告得直，楊崇勳被貶。⑧

丁謂、曹利用趕走了寇準，下一目標就是李迪。丁謂在七月底，以首相的權力，再將寇準遠貶安州。他在處置寇準的事上，故意不諮詢李迪。李迪是老實人，

---

⑧《長編》，卷96，頁2208-2211，2213-2214；《宋史》，卷466，頁13614-13616。寇準親近的朝士中，只有丁謂愛才的楊億得免被黜。王曙是丁的同年，盛度是丁的同鄉，但丁謂都不放過。另寇準的親吏張文質及賈德潤也受到嚴譴。周懷政父周紹忠、弟周懷信，以及他手下一大批內臣，包括入內供奉官譚元吉等六人都被重責。而京城西門巡檢楊懷玉，亦被指稱有份被周懷政召議政變，但他到楊崇勳告變第二天才到樞密院自陳，故不但無功，還被貶職出為杭州都監。丁謂等賞功，楊崇勳先自英州防禦使陞授鄧州觀察使，而楊懷吉則超授如京使，各賜金帶及金銀，並降詔褒獎。後來楊崇勳累辭鄧州之命，於是改任內客省使兼群牧使，供職於京師。

⑧ 周懷政謀叛案竟由原告人楊崇勳充法官，周懷政就必死無疑，考曹瑋受命審理此案，看來是劉后等一石二鳥之計，他要避免牽涉其中，就只能聽楊崇勳，定周懷政的罪。按柳立言氏以為周懷政真的謀叛，似乎沒有考慮此案可能是冤獄。考楊崇勳在景祐元年八月被貶降之制文，宋廷即明確地指責楊崇勳「頃以急變，聞於先朝，故懷政被蒙惡之誅，懷信嬰誣告之辱。雖已行於昭雪，固難逭於典憲。」參見柳立言：前揭文，頁67-68；《長編》，卷113，頁2643-2644；卷115，頁2692-2693；《宋大詔令集》，卷205，頁764，〈責楊崇勳制·景祐元年八月辛酉〉。

容易動怒,不難對付;然而,昔丁、曹當年的靠山、後來與二人反目成仇的王欽若,卻蠢蠢欲動。他在是年八月,在杭州上表,以備位東宮而請入朝,卻居然獲真宗答允。王欽若東山再起,倒是教丁曹二人不可不防的。為了鞏固實力,兼酬庸逐走寇準之功,丁謂奏准真宗,擢陞錢惟演為樞密副使,另擢遷與他交好的任中正為參政;大概是真宗的主意,王曾亦得復任參政。[83]

因朱能拒捕並殺死使者,曹利用再派他征宜州之部將于德潤等乘驛發兵收捕之,朱以勢窮而自殺。丁謂、曹利用於是藉朱能拒捕殺使之事,又加罪寇準,將寇準再貶為道州司馬。另再將與寇準親善的衛尉卿慎從吉(?-1023後)、侍御史知雜事杜堯臣(?-1028後)及知開封府王隨貶逐出朝。並黜降與寇準親善的知永興軍府朱巽、陝西轉運使梅詢(?-1023後)等多人。對在樞府的異己周起和曹瑋,丁曹亦不放過,在是年九月將二人罷職,周起罷知青州,而曹瑋罷為宣徽南院使,出為環慶路都部署。[84]

丁謂與曹利用好不容易清除了寇準一派,王欽若卻已捲土重來。王欽若在九月底自杭州返京,十月他被任為資政殿大學士,每日赴資善堂,侍皇太子講讀,十一月獲賜御製《會靈觀銘》一本,看來真宗對他恢復信任。[85] 為免左右受敵,丁謂等決定首先除去李迪。丁謂故意在二府大臣兼東宮職位的事上壓抑李迪,另又稱要推薦他的黨羽林特陞任樞密副使,而把李迪激怒。李迪不知是圈套,盛怒之下,竟失去理性,當眾要打丁謂。當他與眾人入對長春殿時,他向真宗表示不能接受丁謂

---

[83]《長編》,卷96,頁2211。

[84] 真宗初遣殿中侍御史王博文與內臣岑守素往長安按劾朱能反叛之獄,人以為株連必廣,但王博文卻只治首惡。因朱能叛變而被責之守臣,還有轉運使劉楚、勸農使皇甫載、勸農副使程紹忠、知鳳翔府藏奎、永興軍部署李福(?-1031後)、永興軍都監康文德(?-1024後)、閤門祇候穆介等人。後來李福和康文德在天聖二年,都因丁謂垮台,援引赦書而得復職。據《長編》所載,周起和曹瑋都是寇準酒中知己,常一齊痛飲達旦。故丁謂和曹利用視他們為寇黨,非除之不可。又《長編》引徐度《國紀》所載,在曹利用在場下,曹瑋曾被真宗質問為何與朱能交通?當曹瑋自辯後,真宗怒氣稍減,當曹瑋退出後,真宗就對曹利用表示決定罷去曹瑋樞職,並將他外放。從這條記載去看,曹瑋被黜,與曹利用不無關係,後來曹瑋有份打倒曹利用,可能是報當日一箭之仇。參見《長編》,卷96,頁2211-2217;卷102,頁2350。

[85]《長編》,卷96,頁2218-2221。

所草擬的東宮官制書,並斥責丁謂姦邪弄權,請與丁同下御史台對質。李迪越説越激烈,指林特之子濫殺無辜,卻為丁謂所庇。又為寇準訟冤,説他無罪被罷,另指朱能之事不該株連太多,而東宮官不當增置。他説得火了,更指錢惟演是丁謂姻家,而馮拯和曹利用都是丁謂一黨。他請真宗將自己連同丁、錢罷免。面對李迪的指控,曹利用馬上還擊,他譏刺李迪説:「以片文隻字遭逢聖世,臣不如迪。奮空拳,捐軀命,入不測之敵,迪不如臣也。」李迪擴大打擊面的愚蠢做法,使自己陷於孤立。當真宗問任中正和王曾,丁謂在中書有否做錯事時,連王曾也沒法幫忙指証丁謂。當真宗留下樞密使副商議對二人處分時,馮拯和曹利用又扮做好人,勸真宗饒恕二人,不過,卻指過錯不在丁謂。真宗最後決定將李、丁二人同時罷免。李迪老實地離開中書出知鄆州;但丁謂在錢惟演的幫忙下,很快又復相,而有份對李迪下石的馮拯,就獲擢為次相。馮拯拜相,曹利用於是又成為樞府惟一的樞密使,他鬥倒李迪的報酬是再加官為少保,並因太子親政行慶,獲賜銀五千兩。⑧⑥

打垮了李迪,丁謂一黨在是年十二月,趁真宗病昏了,將本來任王欽若為相之口諭,改為授使相判河南府,實行趕鬼出門。丁謂連續打垮了寇準、李迪及王欽若三個政敵,自然得意忘形。他卻不提防參政王曾,假作對他順從之餘,已因提出劉后與太子相安則兩利之大道理,而深得劉后的欣賞。王曾心中明白,要打倒丁謂一黨,絕不能重蹈寇準及李迪之覆轍,一定要爭取劉后的支持。丁謂和曹利用在勝利之餘,並不察覺,他們更厲害的對手,正是貌似怕事的王狀元王曾。⑧⑦

天禧五年（1021）是丁謂與曹利用順風順水的一年,朝中已無反對聲音。他們地位鞏固後,就開始籠絡人心。天禧五年（1021）正月,太子詹事張士遜獲擢為樞密副使。張雖是丁謂的同年,但一向與王旦、寇準親近。不過他為人圓滑,並未開罪丁謂等,與馮拯一樣,屬於左右逢源的巧宦。他獲晉陞,除了丁謂籠絡他外,也

---

⑧⑥ 李迪被罷,亦因他反對劉后所致。參見《長編》,卷96,頁2223-2226,2238。
⑧⑦ 在是年閏十二月,王曾對錢惟演分析皇后與太子和好的利害,他説:「太子幼,非中宮不立,中宮非倚皇儲之重,則人心亦不附。后厚於太子,則太子安,太子安,乃所以安劉氏也。」王曾這番大道理説服了錢惟演,錢將這話稟告劉后,劉后是聰明人,馬上心領神會,即對太子表示親善。王曾對劉后説這話,等於向她效忠,自然深得劉后歡心。參見《長編》,卷96,頁2230,2233。

可能得到曹利用的支持。他後來與曹利用交好，可能緣於這次的擢陞。當然，不是所有人都受丁謂收買，性梗直的翰林學士劉筠（971-1031）便因痛恨丁謂弄權，而表求外任。丁謂恨他不附己，就故意壓低他的官秩。他的遺缺，真宗特命李迪的同年李諮（982-1036）接任。[88]

曹利用在這年恩寵頻加，是年二月，真宗除了賜隙地讓他擴大宅園外，又擢用他的妻舅李丕諒（？-1043）為館閣校勘。三月，因天章閣成，輔臣均進秩；本來曹利用只加階邑，丁謂要買好他，就請真宗給他一同遷秩，結果曹利用以武臣的身份晉拜右僕射。而李士衡亦以營建天章閣之勞，加正奉大夫。大概是曹利用的請求，是年七月，真宗允李士衡原先之請，命曹之妻弟李丕旦（1004-1052）同管勾國子監。八月，真宗又擢曹利用子曹淵為內殿承制，一門皆榮。另外，曹利用女婿盧士倫本來授福建轉運使，但他怕路遠不行，曹為他說話後，便得以改授京東轉運使。雖然右正言陳執中（990-1059）上奏彈劾，但真宗仍優容盧士倫。[89]

對於不附從他們的人，丁謂、曹利用就繼續加以擯斥，好像性情梗直的戶部副使薛奎（967-1034）因不肯附從李士衡，且與李在政事上相爭，是年七月就被罷知延州。另在八月，為曹利用所不容的曹瑋再被徙為鎮定都部署。值得一提是，在這年十一月，王欽若請求返京治病。丁謂當然知道這是王的借口，王無非想入見真宗及劉后，圖謀復起。丁謂將計就計，派人騙王說，真宗也想念他，建議王一面上表，一面入朝，給真宗一個驚喜。一向以狡計害人的王欽若，大概夢想復相得頭昏了，居然中了丁謂的圈套，在未得真宗准許前便入京。他甫入京，便被丁謂拘押，責以擅離職守，無人臣禮之罪，最後貶為司農卿分司南京。丁謂對曾提拔過他的王欽若，毫不留情，除再將王欽若子貶官外，又將王之罪過頒諭天下，並將他河南府屬下官員及轉運使坐罪。丁謂本來以為當年給王欽若逼走的知應天府張知白，會向落難的王報復，卻想不到忠厚的張知白反而以德報怨。丁謂遷怒張知白，就將張徙知亳州。[90]

---

[88]《長編》，卷97，頁2240-2241；《宋史》，卷311，頁10216-10218，〈張士遜傳〉。

[89]《長編》，卷97，頁2241-2242，2244-2245，2247，2251；卷106，頁2479；王珪（1019-1085）：《華陽集》，卷50，葉2下至5下〈李丕旦墓誌銘〉。

[90]《長編》，卷97，頁2249-2251，2257-2259。據歐陽修為其岳父薛奎所撰的墓誌銘所記，當薛

真宗於翌年改元乾興,年初時真宗病情似有好轉。二月初一真宗御正陽門,大赦天下,宰執亦以恩典加官。是月五日丁謂封晉國公,馮拯封魏國公,曹利用封韓國公。然到十五日,真宗病情又惡化,至十九日真宗駕崩。仁宗繼位,以年幼由劉太后攝政。丁謂一心要大權獨攬,除了竭力順從劉太后之意,並勾結劉太后寵信的內臣雷允恭(?-1022)。他又故意在兩宮聽政的安排上做手腳,做成只有他一個人可以入對。為了安撫同僚,丁又給他們加官晉爵:除了自己加司徒外,馮拯加司空,曹利用加左僕射,三人且並兼侍中。其餘任中正、王曾、錢惟演都加尚書,張士遜加侍郎。他這樣率以己意行事,王曾雖多番勸諫,但他聽不入耳。他得勢不饒人,對寇準等再加逼害。他將寇準再貶為雷州司戶參軍,李迪貶為衡州團練副使。他更用卑鄙手段,想在路上將寇、李二人置諸死地。他首先命傳達貶書的內臣,扮成帶著賜死詔書的模樣,騙寇、李二人自殺。若二人不上當,就在路上加以謀害。不過,寇準見慣風浪,沒有給丁謂嚇倒,且他僮僕隨從亦多,而沿途州縣長吏及民眾都同情保護他,故丁謂派去的人想在途中加害,都沒法下手。李迪則幾乎上了丁謂的當而自殺,幸而為其子所救,又得門客鄧餘全程保護,而得免於押差的毒手。丁謂用這種手段對付政敵,卻得意洋洋。有人問他若李迪死了,他是否不怕公論。他大概勝利沖昏了頭腦,居然無恥地說:「異日好事書生弄筆墨,記事輕重,不過曰:天下惜之而已。」⑨¹ 關於派人在路上謀害寇、李二人的行徑,究竟是丁謂一人所為,還是曹利用也有份,暫不易考定。有南宋人所撰之筆記則稱父老相傳,曹利用有份在途中加害寇準。⑨² 倘曹利用有份設此毒計,則他後來被貶時在路上被

奎與李士衡「爭事省中」時,李就「扳時權貴人為助」。結果薛奎被出知延州。這個權貴自然是曹利用無疑。按後來薛奎回任御史中丞,力折遼使,卻給人中傷漏禁中語而被貶,很又可能又是曹利用中傷他的。參見《歐陽文忠公集》,卷26,葉7上至12下,〈資政殿學士尚書戶部侍郎簡肅薛公墓誌銘〉。

⑨¹《長編》,卷98,頁2268-2275。

⑨² 據曾敏行(1120-1175)所說,故老相傳,湘湖官道,窮日之力,只能盡兩驛。寇準貶道州,丁謂與曹利用以寇準年高,不堪長途跋涉,就暗中命人在衡湘之間,每十里就去一堠,作為五里,從而加長道路,減少歇息之地,打算勞累死寇準。不過,寇準挺得過去,到了道州,又識破丁曹二人騙他自殺的偽局,而安然到達雷州。參見曾敏行:《獨醒雜志》,(上海:上海古籍出版社,1986年),卷2,頁16。

押使所害,就可說是天道昭昭,報應不爽了。

除了加害寇準和李迪外,丁謂、曹利用又將曹瑋自宣徽南院使、鎮國軍留後貶為左衛大將軍、容州觀察使知萊州。丁、曹二人又施一石二鳥之計,命王旦之婿韓億(972-1044)以河北轉運使身份往鎮州收曹瑋兵權。韓億因曾逆丁謂之意,故丁謂派他去收曹瑋之兵,倘曹瑋抗命,就可加罪於他。幸而曹瑋識破丁、曹之奸謀,他得詔後即日上道,且只帶弱卒十人,而不帶弓矢兵器隨身,不讓曹利用等有誣陷他的機會。自然,曹瑋與曹利用的仇是解不開了。除曹瑋外,丁謂又將周起責授為太常少卿知光州,將王隨貶秘書少監知通州,又將王曙及盛度分別重貶為郢州及和州團練副使。另外,杜堯臣、段惟幾、張子皋(990-1040)、朱巽及梅詢亦再被貶降。丁謂且將貶責寇準、李迪、曹瑋等之詔諭頒告天下,實行醜詆眾人。[93]

丁謂把寇準等政敵打倒,卻不留一點餘地,他的手段教人寒心之餘,也引起朝野的公憤。他聰明一世,卻不曉得他其實只是劉太后利用來剷除異己的工具,並不是信任有加的元臣。兔死之日,就是狗烹之時。當丁謂負上坑陷忠良的惡名,為群臣所不齒時,劉太后就乘機找個罪名,把他除掉,而將所有過惡,都歸在他的頭上。劉后自己就輕易贏得賢名,並取得反對丁謂的人的支持,得以鞏固其權力。深謀遠慮的王曾,看穿劉太后的心術,也察覺到丁謂在一些事上失歡於劉太后,於是在同年六月,果斷地向權勢薰天的丁謂施行突襲。在策略上,王曾實行孤立丁謂,而爭取馮拯以至曹利用等之支持,或起碼保持中立,而不像李迪那樣,擴大打擊面而招對手聯合反擊。在行動上,王曾首先騙得丁謂讓他獨自留下奏事,然後在劉太后面前,揭發丁謂包庇負責營建真宗山陵而施工嚴重失誤的內臣雷允恭,王曾更危言指控丁謂之行徑,是「包藏禍心」,有危害趙氏皇室之企圖。劉太后早想除掉既不孚眾望而不合她意的丁謂,有王曾發難,自然求之不得。她立即下令召輔臣

---

[93] 韓億是王旦的長婿,他曾受詔為他岳父的同年好友、故相向敏中的家族分家產。丁謂看中了向家在長安華嚴川的田,他派人向韓億示意。但韓億不理丁謂,反而戒約向氏子弟,要他們不可賣田地。因而大大觸怒了丁謂。按杜堯臣再自衛尉少卿知安州責虞部員外郎監鄂州蒲圻縣酒稅務;段惟幾再自兵部員外郎知齊州責授太常博士監蘄州酒稅務;張子皋是寇準婿,自秘書丞降授大理丞;朱巽再自護國軍節度副使降寧國軍節度副使;梅詢自懷州團練副使降池州團練副使。參見《長編》,卷98,頁2276;《宋大詔令集》,卷192,頁704,〈責曹瑋等諭中外敕·乾興元年二月戊辰〉。

入對，共議丁謂之罪。一直盛氣凌人的丁謂現在只好哀求錢惟演為他求情。本來與丁謂朋比，後來又頗受過丁謂氣的馮拯，知道丁謂必敗，就轉風駛舵，阻止錢惟演為丁謂說話。在劉太后面前，馮拯力數丁謂的不法，主張嚴懲他。不過，當劉太后作態要殺丁謂時，馮拯又扮好人，請太后念在新君登位，饒他一命。馮拯外，王曾自然力斥丁謂不忠，得罪宗廟，主張嚴議。果真是世態炎涼，當日與丁謂朋比為奸的曹利用與錢惟演，這回都不肯為丁謂說話。錢惟演甚至反過頭來排擠丁謂，以求自保。至於張士遜，大概惟曹利用等馬首是瞻，犯不著說話。還是任中正夠朋友，替丁謂說了幾句公道話，可惜他不但救不了丁謂，還被牽連罷參政。最後丁謂被罷相，責為太子太保，分司西京。馮拯等以其人之道還治其人之身，將丁謂之罪狀榜示於朝堂，並布諭天下。⑭

是年七月，劉太后重組二府人事：馮拯加司徒，陞任首相，王曾加中書侍郎同平章事，陞任次相。曹利用和張士遜這次置身事外，獲得留任；劉后還加曹利用武寧節度使，以示安撫。錢惟演是劉后的心腹，他這次順從劉后之意，不為他姻家丁謂說話，劉后給他的酬報是擢陞他為樞密使。而王旦大為賞識的呂夷簡（978-1043）和魯宗道，均擢為參知政事。⑮ 與此同時，丁謂之親黨包括林特等均遭貶黜，他本人更以交結女道士劉德妙之過，再遠貶為崖州司戶參軍，他的家產則被悉數充公。⑯

---

⑭ 丁謂被罷，雷允恭則被誅。參見《長編》，卷98，頁2283-2287；卷99，頁2299-2300。
⑮ 呂夷簡是呂蒙正（946-1011）姪，寇準同年馬亮（959-1031）之婿。他深受王旦賞識，雷允恭一案，他即以權知開封府主審。魯宗道既受王旦所識，亦是真宗生前向劉后建議重用的。參見《長編》，卷99，頁2291-2293。
⑯ 丁謂的親屬中，長子丁珙自太常丞、直集賢院落職降為太子中允監鄆州稅；其餘三子丁珝、丁玘、丁珷均降一官，停職並隨丁謂貶謫；後丁玘以與劉德妙通姦，除名配隸復州。丁謂婿潘汝士則自工部員外郎、直集賢院權判鹽鐵勾院降知虔州。另丁謂諸弟太常博士丁誦、大理寺丞丁說、閤門祇候丁諫皆被降黜，出外監當稅務。至於丁謂之黨羽，林特自刑部尚書落翰林侍讀學士歸班；祖士衡罷知制誥落職知吉州；章頻自侍御史知宣州降職為比部員外郎監饒州酒稅；蘇維甫自淮南江浙荊湖制置使降知宣州；黃宗旦罷權戶部判官知袁州；孫元方罷鹽鐵判官知宿州；周嘉正罷權鹽鐵判官知金州；上官佖罷戶部判官知晉州；李直方罷權磨勘司知淄州；殿中丞、集賢校理知開封縣錢堯卿落職監池州酒稅。另外，在是年十月，左諫議大夫知泉州陳靖亦坐與丁謂親善而被勒令致仕。祖士衡在天聖元年三月，以前責尚輕，再被劾罷知吉州，責授監江州稅。到了天聖元年七月，與丁謂親善的給事中知益州寇瑊（？-1031）亦被黜知鄧州。見《長編》，卷99，頁2291-2294，2298；卷100，頁2316，2319，2326。

丁謂以遠貶收場,可以說是真宗晚年文臣黨爭的終結。寇準與丁謂之爭,到頭來是兩敗俱傷,真正的勝利者卻是劉后。在這場慘烈的黨爭中,曹利用也可說是勝利者,在屢次政爭中,他即使不站在勝方,也從未落在敗部,儼然是政爭中的不倒翁。每次鬥爭後,他都得以加官晉爵,在數年之間,從資歷最次的樞密副使,竟擢至樞相之尊,並加官封公。比起其他武臣,曹利用其實並無特別顯赫之戰功,澶淵締盟,即使不是城下之盟,要說功勞,也未輪到他得首功;至於平定宜州兵變,也算不上甚麼大戰功。他能擢為首樞,不因有何大功,只為在文臣黨爭中能左右逢源所致。曹利用以武臣的身份,本來不必介入文臣的黨爭,但他與文臣的密切關係,特別是與寇準、王欽若與丁謂的恩怨愛憎,就教他在文臣黨爭中身不由己,從被動的牽入到主動的參預。禍福相倚伏,曹利用在真宗朝的成功,卻種下他日後身敗慘死之因由,這是他始料所不及的。

(六) 不學謙讓:曹利用之敗死

丁謂垮台後,以王曾為首的正直朝臣,主宰了朝政。乾興元年八月,王曾勸服馮拯,接受由劉后與仁宗御承明殿垂簾決事的體制,既爭取得劉后的信任,又避免有個別輔臣好像丁謂一樣藉勾結傳旨的內臣來弄權。九月,王曾與呂夷簡又勸服劉后,將所有天書從葬真宗陵,並間接向外宣告,天書的鬧劇到此結束。[97] 在丁謂當權時被貶之朝臣陸續回朝,劉筠先復任翰林學士,然後拜御史中丞;李維亦復任翰林學士承旨之職。不過,更教曹利用不安的是,在馮拯的力主下,以錢惟演為劉后姻親不可預政為由,在是年十一月,將錢罷樞使為保大節度使知河陽。錢惟演本是丁謂黨羽,有份逼害寇準,但看到丁謂地位不保,就反過頭來排擠丁謂,以求自保。馮拯恨他反覆投機,更怕他在劉后前興風作浪,故借公議把他逐離京師,以除後患。兔死狐悲,與錢惟演一樣先排寇再擠丁的曹利用,自然不能安枕。李士衡大概看出大局形勢不利,雖然劉后一再安撫,說要重用他,但他仍以足疾,堅持解三

---

[97]《長編》,卷 99,頁 2296-2297。

司使之職。在錢惟演罷樞後三天,即罷為同州觀察使知陳州,離開京師。⑱李士衡果然有眼光,除了張知白在是月底復為樞密副使,在樞府制衡曹利用外,就在是年十二月底,曹利用幾個對頭均復起:王欽若自太常卿知濠州回陞為刑部尚書知江寧府,李迪自衡州團練副使回陞為秘書監知舒州,曹瑋自容州觀察使知萊州改華州觀察使知青州。⑲他們雖然仍未對曹利用立時構成威脅,但曹利用在新的政局中,若不處理好他與劉后以及與當政文臣的關係,他隨時會像他的黨羽丁謂及錢惟演一樣,在權力鬥爭中失敗的。

　　劉太后攝政的翌年,改元天聖,她以權勢未完全鞏固,一方面接受王曾等輔政,另一方面要弄權術,安插親信,作為平衡。對劉太后不利的是,后兄劉美早於天禧五年八月病逝,而劉氏宗人又未有甚麼出色的子弟,⑳她可以信任的姻家錢惟演既給群臣逐走於前,又給眾人力拒入相於後,㉑而夏守恩、楊崇勳之輩尚又資望不足以大用,故她只好繼續留用與王曾等不恰的曹利用;另外,她趁馮拯病重,在是年八月,在輔臣完全不知的情況下,暗中驛召王欽若自江寧府來京。九

---

⑱ 錢惟演最受清議批評的事,是他撰寫樞密直學士題名記時,竟削去曾任密學的寇準之名,說「逆準削而不書」。這就招致眾多寇準門生故吏的不平。其中侍御史知雜事蔡齊(986-1037)最為憤慨,他上言稱「寇準忠義聞天下,社稷之臣也,豈可為姦黨所誣」。當錢抵河陽時,又請特賜鎮兵特支錢,劉后本來已答應,但蔡齊即以錢為太后姻家,卻以偏賞來市恩,即嚴劾之。劉后礙於公議,只好回成命。參見《長編》,卷99,頁2299-2300;《宋史》,卷286,頁9636-9637,〈蔡齊傳〉。

⑲ 除了李迪和曹瑋回陞外,兩月後,周起亦自太常少卿知光州陞為祕書監知揚州;王曙自郢州團練副使陞光祿卿知襄州。至於曹瑋亦在天聖二年改知天雄軍,並復為彰化軍留後。參見《長編》,卷99,頁2304、2306;卷100,頁2316;卷102,頁2370;卷104,頁2400。

⑳ 《長編》,卷97,頁2252;《宋史》,卷463,頁13549-13551,〈劉美傳〉。劉美有兩子,長子劉從德(1008-1031)在父卒時年僅十四,以特恩自殿直擢供備庫副使。次子劉從廣(1021-1045後)在天禧五年始生,以父蔭自供奉官擢內殿崇班。劉氏旁親多人雖獲補官,但並無顯者。

㉑ 錢惟演在天聖元年六月自河陽徙知亳州,他乘機來朝,圖謀入相。監察御史鞠詠(?-1031)上奏嚴劾錢惟演,說他性奸險,靠與丁謂聯姻而獲大用(鞠詠當然不說他與劉后聯姻),但後來見丁謂失敗,怕受牽連,反出力攻倒丁謂,鞠詠認為若拜他為相,必失天下人之望。劉后見眾怒難犯,就派內臣拿鞠詠之奏給錢惟演看,希望他知難而退。錢惟演仍不想走,鞠詠於是公開說,若真的拜錢為相,他就當眾將拜相之白麻撕掉,錢聞言後才肯離京。參見《長編》,卷100,頁2324;卷101,頁2331-2332;《宋史》,卷297,頁9886-9888,〈鞠詠傳〉。

月，馮拯罷相，即以王欽若代為首相。對曹利用來說，王欽若復相，可說是利弊參半，他當年緊跟王欽若攪天書封祀，但他得志後，就惹來王之忌妒。他後來跟丁謂走在一起，對丁謂修理王欽若之事袖手旁觀。王欽若現在重登相位，他是不會有好日子過的。不過，王欽若復相，他就不用成為王曾等人的攻擊目標。事實上，當王欽若復相後，在議政時，即受到王曾等人的駁議，令他很不堪。他曾發脾氣說王旦當政時，王曾等不是這樣事事駁議。但馬上給參政魯宗道不客氣地回敬，說王欽若怎能與王旦相比？魯說王欽若倘處事公允，別人如何不服？⑩²王欽若心懷忌恨，一時不能奈何魯宗道等，就向地位較低而對他不附的朝臣開刀，是年十月，曾痛劾錢惟演的鞠詠，即被王欽若找到把柄，責授太常博士、通判信州。當然，最教王欽若以及曹利用鬆一口氣的是，他們的大對頭，深得民望的寇準，還來不及接受內徙的恩命，就在是年九月卒於雷州。⑩³

天聖二年（1024）十一月，因仁宗立郭皇后（？-1034），輔臣加官，王欽若以首相封冀國公，曹利用以首樞改封魯國公，這一年王、曹等與王曾等尚相安無事。是年底，遼軍大閱，聲言放獵幽州。遼人之企圖一時未明，二府大臣包括曹利用都請備糧練兵，以防不虞。張知白則認為遼人志在試探宋廷新君初立之反應，主張不要輕動，可以用防河為名，調遣兵馬防備。曹利用對張知白之建議，亦能從善如流。⑩⁴

曹利用在天聖三年正月，成功地解決了一件外交糾紛。當時，遼派宣徽南院使蕭從順來賀長寧節（劉太后生日），抵京後，遼使諸多要求，又態度桀慢，到禮成後，又稱有疾留在使館，不肯依時離去。熟知遼情的曹利用，即當機立斷，他奏請罷去給遼使的供給，蕭從順知道賴不下去，就只好回遼。曹利用這次爽快利落的了結這宗糾紛，頗得到朝臣的讚許，可惜他的女婿河北轉運使盧士倫，在這年二月，卻又恃仗他的權勢，聽獄不公，而受到朝臣的非議。不過，曹利用顯然包庇他的愛婿，盧不但沒有貶官，還先在三月以工部員外郎判度支勾院，然後陞工部郎中授陝

---

⑩²《長編》，卷101，頁2332-2333。

⑩³寇準本來已授衡州司馬，但他不及知而卒，其妻宋氏請歸葬洛陽獲准，沿途吏民都設祭於路，可見寇準甚得民心。馮拯在寇準卒後一日亦病逝。參見《長編》，卷101，頁2336，2340。

⑩⁴《長編》，卷102，頁2369-2370。

西轉運使,十月,又改戶部副使。曹利用好不容易贏得的名聲,又給親屬的劣行抵銷了。[105]

王欽若與王曾等之衝突終於在這年的七月爆發,因王欽若之故吏、知邵武軍吳植託王親信余諤納黃金二十兩予王,要求王給他外徙;卻陰差陽錯,在王欽若府前露出關節。王知道事情敗露,為了自保,就將有關人等捕送開封府,並請交付御史台審理,另請選中使監劾。侍御史知雜事韓億奉命主審此案,他審得實情後,即上奏劉太后,並列出王欽若繆舉之罪,但劉太后要維護王欽若,就詔釋不問。王欽若明明受賕而無罪,惹得朝臣很大的憤慨,第二天上朝前,輔臣集於待漏院,魯宗道對王欽若怒目相視而不語。等到天明,眾人正待上馬,忽然有鼠跑出來,魯宗道指桑罵槐的譏刺王欽若,說「汝猶敢出頭?」王欽若當眾受辱,愧恨之餘就氣病了。此後,劉太后對他之寵信也不再如前,而其他輔臣也對他不客氣了。他捱到是年十一月便病死了,總算劉太后念舊,對他家厚恤一番。比起他的對頭寇準和丁謂的下場,王欽若已算幸運了。[106]

王欽若病死,劉太后乘機改組二府人事,除了晏殊在王死前一月擢樞密副使外,王曾依次自次相陞首相,劉太后又擢陞樞密副使張知白為次相,教曹利用不安的是,劉太后召她的親信張旻自河陽還朝,晉拜樞密使同平章事,在樞府與曹平起平坐。劉太后大概為了安撫曹利用,亦加曹官為司空。[107]

曹利用面對不利於他的二府改組,不但不學謙讓,還在王曾陞任首相第一天,在班次的問題上與王曾爭競。本來宋制宰相禮絕百僚,不管本官高低,拜相的臣子班次都在諸臣上,包括樞相及使相。在乾興初,因有司之失,讓領景靈宮使的曹利用班在次相王曾之上,當時,議者已覺得不妥。當王曾陞任首相兼玉清昭應宮使時,曹利用仍然要和王曾爭班次,認為他的本官司空在王曾本官戶部尚書上,理應班次在王曾上,弄到閤門使不知如何是好。王曾這次不肯讓步,當劉太后派內臣查

---

[105]《長編》,卷103,頁2374-2376,2386。
[106]《長編》,卷103,頁2384,2393。
[107]《長編》,卷103,頁2390,2394-2395;卷105,頁2435。考劉太后召用張旻為樞密使,晏殊曾提出反對,指張旻無勳勞,若只以恩倖而進,會有徇私之議。劉后不悅,仍堅持用張旻。按張旻不久改名張耆。

問時，他就抗聲帶頭謝恩，確定了由他領班。曹利用仍鬱鬱不平，最後仁宗命張士遜慰撫他，並許曹利用班次在次相張知白之上。曹利用這次在名位上與王曾等相爭，實在是愚不可及。論智計識見，王曾遠在曹利用之上，曹利用不能與王曾好好合作，卻要爭班次這種小事，他是既驕且愚了。⑱

天聖四年（1026）對曹利用來說，尚是無風無浪的。當然，王曾在中書，張耆（即張旻）在樞府，他再也不能專斷。好像在是年正月，陝西轉運使王博文以涇州環州屬羌作亂，推薦曹瑋徙知永興軍，以節制西邊，他就無從反對。另外，他也只能看著王曙在是年三月再陞為給事中知潞州。⑲

劉太后的統治到天聖五年（1027）前後已鞏固，對於違逆她意旨的輔臣，她就開始不客氣。天聖五年正月，她首先向當年反對她用張耆的晏殊開刀，借小故將他罷職，改任翰林學士夏竦（985-1051）為樞密副使。⑩ 但曹利用似乎未察覺劉太后已越來越想大權獨攬。劉后專政，她要利用身邊一批貪權好貨的內臣與外戚，做她的奴才打手，替她監視臣下。要他們賣命，自然得厚賞及封官。曹利用是樞密使，內臣及貴戚陞遷受賞，在職權範圍及制度上都須得到他的同意。曹利用在這方面，倒做到盡忠職守，不肯順從劉太后的意旨，給她寵信的內臣及恩倖隨便陞官。劉太后表面上很尊重他，不直稱其名，而只以侍中稱之。然而，在劉后的奴才不斷挑撥中傷下，劉太后已對曹利用心生芥蒂，只是隱而不發。⑪

---

⑱ 考王曾在與曹利用相爭不久，又對殿帥楊崇勳入中書稟事而失禮之事，做到既保全中書的尊嚴，又不令楊懷恨，更不開罪劉太后的高明處理。他先劾奏楊崇勳之失儀，送宣徽院問狀，然後在第二次入對時，請劉太后釋其罪。當劉太后問其故時，他就說出一番大道理來，說：「崇勳武夫，不知朝廷之儀。舉劾者，柄臣所以振紀綱；寬釋者，人君所以示恩德。如此，則仁愛歸於上，而威令肅於下矣。」王曾這番話，即使曹利用在背地裡挑撥甚麼，也難動搖劉太后對王曾的信任。參見《長編》，卷103，頁2394-2395。

⑲《長編》，卷104，頁2400-2401，2405；卷105，頁2445。按後來曹瑋以疾不行，復知天雄軍。到天聖五年八月，曹瑋再以疾故，徙知河陽，是時曹瑋已復為昭化節度使。

⑩《長編》，卷105，頁2435。

⑪ 與丁謂很不同，曹利用對於劉后寵信的內臣貴戚，並不假以辭色。對於劉太后許他們之恩賞，曹利用亦多力持不予，結果劉太后左右多怨恨他，而常找機會中傷他。據載曹利用有一次奏事簾前，不知何故，激動起來，用手指失禮地擊向帶鞓，恨曹利用的人就乘機説真宗在世時，曹怎敢如此？他們更進一步挑撥，說曹利用欺負劉太后是寡婦孤兒。這番惡毒的中傷果然一擊即

曹利用開罪劉太后一黨而不自知，另一方面，他繼續與王曾、魯宗道等不和，常常在政務及用人問題上相爭。⑫他又不知避忌，恃仗地位權勢，任用親屬故舊，以求自樹一幟，鞏固勢力。當然他這樣做，就易授人以柄，容易給政敵攻擊為拉幫結黨，而且更教劉太后寵信之內臣貴戚不服氣，認為他厚此薄彼。值得我們注意的是，曹利用雖是武臣，但在多年來介入文臣黨爭的影響下，加上他家族與文臣之淵源，他所交結拉攏的朝臣四十餘人，並不限於武臣，還包括許多文臣。給他拉攏地位最高的文臣，是樞密副使張士遜。張士遜在樞府對他恭順，惟他命是從。其他與曹親善並受他提拔的文臣，還有戶部副使王鬷（？-1041）、群牧判官韓琚（？-1040）、開封府推官李昭述（？-1027後）及群牧判官司馬池（979-1041）等人。至於武臣受他推薦拉攏就更多，除了他兩個姻家曹琮和建州觀察使康繼英（？-1030後）外，還有六宅使劉承顏（？-1029後）、禮賓使魏正（？-1029後）、河陰兵馬都監康德輿（？-1055後）及隨曹利用征宜州之部將崇儀副使孫繼鄴等人。曹利用大概為了博取好名聲，他所拉攏薦舉的不乏有才有德的人。⑬曹利用不知

中，劉太后從此心存疥蒂。參見《長編》，卷107，頁2491。

⑫ 魯宗道對曹利用恃權驕橫，屢屢在仁宗前和他相爭；據沈括的記載，曹利用因此恨惡魯宗道，曾在天聖二年（1024）借議茶法的事，極力排擠魯宗道，想迫他去位；魯宗道幸得仁宗明察，止罰俸了事。至於王曾亦屢屢批評曹利用橫肆。參見《長編》，卷107，頁2492，2494；《夢溪筆談校証》，卷12，頁443；〈續筆談十一篇〉，頁1061。

⑬ 史稱張士遜在曹利用當權時，在二府未嘗有是非之言，時人目之為「和鼓」。王鬷是趙州人，是曹利用同鄉，他也是寇準同年、真宗朝樞密副使宋湜（950-1000）之婿。韓琚是相州人，韓琦（1008-1075）之三兄，因通判趙州時很有民望，就為曹利用薦為群牧判官。李昭述是李宗諤子，曹利用亦薦之為群牧判官，他處理民家侵佔鄆州牧地一案，做得頗成功。司馬池是司馬光之父，李迪的同年。曹利用兼任群牧使時，採納公論辟他為群牧判官。起初司馬池不肯做，但曹利用強授之。曹利用委任他括大臣所負馬價，他稱曹本身所欠尚多，不先交納，如何可令他人交納？曹利用總算從善如流，帶頭交納。雖然曹利用對司馬池賞識，但司馬池小心地和他保持距離，非公事就不上曹府，也沒有對曹利用作出甚麼規勸。康繼英是真宗朝名將馬軍副都指揮使康保裔（？-1000後）子，歷任馬軍都虞候，後罷軍職為建州觀察使，在曹利用的護庇下，他屢獲恩賞，在天聖六年正月，他請求以南郊所加恩回贈其祖康再遇一官獲准，相信是曹利用之幫忙。在眾將中，惟有孫繼鄴不肯受曹利用的推薦，寧可稱疾求退。參見《長編》，卷105，頁2446；卷106，頁2463；卷107，頁2493，2497；卷120，頁2836；《全宋文》，冊9（1990年5月），卷366，〈龐籍二〉，頁388，〈天章閣待制司馬府君碑銘〉；冊11（1990年10月），卷475，

謙退，惹妒招忌的做法，他的親故當中早有人看出不妥，好像他的從兄曹憲，在天聖五年出為真定府真定縣令，向曹利用辭行時，便勸乃弟要知足安份，但曹利用聽不入耳。另外，曹利用的愛將孫繼鄴，當堅決不受曹利用推薦陞官後，就曾私下對所親的人說「曹公都貴仕，怙寵利而不知進退去就之分，禍至無日矣。吾安能錮名徼祿，受權臣所累乎？」⑭

天聖六年二月，次相張知白卒。三月，劉太后考慮繼任人選，王曾推薦呂夷簡，而曹利用則力薦張士遜。最後劉太后以張士遜位在呂夷簡上，加上呂夷簡表示願退讓，就以張為次相。不過，劉太后又擢王曾所薦的右諫議大夫、知永興軍姜遵（963-1030）及右諫議大夫、權三司使范雍（979-1046）並為樞密副使，用以制衡曹利用。為了收買人心，劉太后又給眾輔臣加官，這回曹利用又加保平節度使，進封鄆國公。曹利用沒想到，這是他最後一次的加官。⑮

劉太后給王曾、曹利用等加官，旨在讓他們順從其意，給她所寵的內臣及貴戚陞官。王曾守正不阿，不肯賣賬，劉太后尚忌憚他，不好意思硬來。這年的六月，她要超擢她的姻家馬季良自太常丞為侍從，還要等到王曾告病時才敢下詔。張士遜等不敢開罪劉后，就只好同意。據歐陽修（1007-1072）所記，曹利用在樞府，本來也和王曾一樣，不肯賣劉太后的賬；但他不能堅持到底，通常反對三次便又同意。那些奴才看出曹利用的弱點，就編造故事，誣指曹利用其實暗派家媼及親信收受賄賂，肯納賄就授官，不納的就不理。劉太后本來就對曹心存疥蒂，這番讒言一入，她對曹利用的嫌隙就加深。⑯這時劉太后身邊最得寵的內臣是羅崇勳（？-1033

頁699，〈孫公神道碑〉；韓琦：《安陽集》，（文淵閣《四庫全書》本），卷46，葉14下至18下，〈三兄司封行狀〉；《宋史》，卷265，頁9143，〈李昭述傳〉；卷326，頁10536，〈康德輿傳〉。

⑭《全宋文》，冊11，卷475，頁699；《彭城集》，卷36，頁486。

⑮《長編》，卷106，頁2465，2468-2469；《宋史》，卷288，頁9677，〈姜遵傳〉；頁9678-9679，〈范雍傳〉；宋庠（996-1066）：《元憲集》，《叢書集成初編》，卷33，頁348-349〈天水姜公行狀〉。姜遵字從式，淄州長山人，咸平三年進士，他長於吏事，歷任御史、三司及外職，是王曾賞識推薦的人。范雍是太原人，寇準愛其才，曾辟他任河南通判，他因力主停修玉清昭應宮，為王曾所器。在樞府，姜、范二人肯定不會與曹利用走在一起。

⑯《長編》，卷106，頁2475；卷107，頁2491-2492；歐陽修：《歸田錄》（李偉國點校）（與《澠水燕談錄》合本），（北京：中華書局，1981年3月），卷1，頁12-13。

後),羅恃寵不法,驕橫自大,不順他心意的大臣,好像素有時望的翰林學士蔡齊都給他讒言攻倒,偏偏曹利用和這個奴才過不去。有一次羅犯過,劉太后命曹召他戒敕一番。曹利用一向看不起這些奴才,就下令去掉羅的冠幘,對他臭罵良久。曹利用沒想到他從此與羅崇勳結下深仇。[117]李迪的至交、知廣濟軍范諷,這時看出劉太后及眾多內臣都對曹利用不滿,就乘機交結內臣張懷德(?-1033後),而因張的推薦得以召還。當他入見劉太后時,即以危言打動劉太后,說「今權臣驕悍,將不可制」,直指曹利用為權臣。[118]另外,在言事者的力薦下,曹利用的對頭曹瑋,被起用為真定路馬步軍都部署知定州。曹利用這時想不到,曹瑋出掌真定路,竟是他一家敗沒的關鍵。[119]他不但不知大禍不遠,繼續專權任事,肆意排擠曾開罪過他的人;[120]還行事粗心太意,在一些禮儀上犯了僭越之過而不自知。當時館閣校勘彭乘(985-1049)看在眼中,即私下對人說:「曹公權位如此,不以逼近自嫌,而安於僭禮,其能久乎!」[121]

天聖七年(1029)正月十三日,趙州民趙德崇來京詣登聞院告發曹利用兄子、左侍禁趙州兵馬監押曹汭(?-1027)不法事。起初,他的狀告被曹利用扣住,但當真定府路都部署曹瑋所指使的定鎮走馬承受任守信(?-1041後)再入奏後,劉

---

[117]《長編》,卷106,頁2477;卷107,頁2492;《歸田錄》,卷1,頁13。
[118]左司諫孔道輔(986-1039)早在天聖五年十二月,已對劉太后進言,稱曹利用竊弄威權,宜早日斥去,以清朝廷。據說劉太后當時已認可其言。參見《宋史》,卷304,頁10061-10063,〈范諷傳〉;《長編》,卷108,頁2514,2529;王安石(1021-1086):《臨川先生文集》,(香港:中華書局,1971年8月),卷91,〈墓誌〉,頁943-945,〈給事中贈尚書工部侍郎孔公墓誌銘〉。
[119]據《長編》及〈曹瑋行狀〉,曹瑋在天聖五年八月以疾求知孟州,劉太后從其請,才數月,以曹瑋疾愈,議事者以曹瑋宿將有威名,不當置之閒處,於是起用他為真定路馬步軍都部署兼知定州。曹瑋知定州之年月不詳,相信在天聖六年初。參見《長編》,卷105,頁2445;《元憲集》,卷33,頁343-346,〈贈侍中曹公行狀〉;《臨川先生文集》,卷90,〈行狀墓表〉,頁928-930,〈彰武軍節度使侍中曹穆公行狀〉。
[120]好像右正言陳執中便因在天禧中彈劾過曹利用婿盧士倫,而受到曹利用排擠。考陳在天聖六年八月復官為右正言才五日,就給曹利用奏他資淺,宜試治民,而被外放出知漢陽軍。參見《長編》,卷106,頁2479。
[121]《長編》,卷107,頁2492-2493;《涑水記聞》,卷3,頁54-55。

太后即命龍圖閣待制王博文、監察御史崔暨與自請前往的羅崇勳前往逮捕諸人,至真定府審問,另差河北轉運副使王沿(?-1044)會審。同日,曹利用被罷樞密使,以保平節度使、守司空、檢校太師兼侍中出判鄧州。罷免他的制辭還以他多次上表請出外為由,說甚麼「間露言於累牘,祈出守於近符」,以保全他的顏面。曹利用忽然被罷,心有不甘,仍要求入對,但劉太后不答應。⑫ 王博文、王沿等至真定後,按照劉太后之意,以嚴刑逼問曹汭等。⑬ 審問結果,曹汭承認曾被酒穿黃衣,令軍民王旻、王元亨等八人呼萬歲。為了牽連曹利用,羅崇勳改動曹汭的供狀,說曹汭所為,都是曹利用所教。是月廿六日奏至,劉太后即召王曾、張士遜、呂夷簡、夏竦等商議曹利用叛逆之罪。(按:當時二府大臣中,參政魯宗道以病重不預,⑭ 而新任的樞副范雍以母喪守制,姜遵大概以避嫌亦不被召)。張士遜為曹利用說話,說曹汭所為,當與曹利用無關。夏竦要討好劉太后,即斥責張士遜因曹

⑫ 據《長編》引王陶之《談淵》所記,曹汭所犯的事,本來是一件桃色糾紛。曹汭為趙州兵馬都監時,寵幸一婢,然卻導致室家不和,其妻將婢女逐出,將之改嫁於趙州民趙崇德。但曹汭舊情不斷,碰上趙家在護戎公署北,且壞垣不修,輕易出入,而給曹汭機會常與婢女在民家幽會。趙崇德忍無可忍,與該婢爭吵,但曹汭還恃勢入其家維護該婢。趙崇德大概在趙州鬥不過曹汭,就來京告御狀,指控曹汭當時被酒,穿著黃襖,詞斥乘輿,並令軍民王旻、王昱、李惟慶、蔡釗、康証、宋達、孫政及王元亨等八人呼萬歲。但趙之狀告,給曹利用扣壓多天,然後加以刪削始入奏。等到曹瑋所指使的鎮定走馬承受任守信入奏,劉太后才知曉此事。第二天,劉太后便罷曹利用樞密使。然據王銍《默記》的說法,對曹汭山呼萬歲的,其實是婢夫趙崇德本人,目的在誣陷曹汭,當時曹汭事出倉卒,避無可避。參見《長編》,卷107,頁2493-2494;《宋會要輯稿》,〈職官六四之二八〉,〈職官七八之十四〉;王銍(?-1144後):《默記》(朱杰人點校)(與《燕翼詒謀錄》合本),(北京:中華書局,1981年9月),卷上,頁14;《歸田錄》,卷1,頁13;《宋史》,卷300,頁9957-9958,〈王沿傳〉;《全宋文》,冊22(1992年6月),卷948,〈宋仁宗九〉,頁529,〈曹利用罷樞密使制‧天聖七年正月癸卯〉)。

⑬ 王博文後來在寶元元年(1038)二月拜同知樞密院事,但任樞密才三十六日,在是年四月便死。宋人都稱許他為政務平恕,然都認為他一生的污點,就是在治曹汭獄時,迎合劉太后之旨意,縱容羅崇勳製造這宗冤獄。王沿後因審問曹汭一獄,陞殿中侍御史。他嘗論以《春秋》法斷事,但宋人都批評他在曹汭一獄,有份構成冤獄。參見《長編》,卷122,頁2871;《宋史》,卷300,頁9960。

⑭ 據沈括的記載,當劉太后召見二府大臣議曹利用之罪時,魯宗道正臥病,有人密報他二府大臣被召,並稱「今日有佳事」。魯宗道對他的婿張溫之說「此必曹利用去也」。魯宗道馬上派人打探,回報說曹利用果然被貶隨州。參見《夢溪筆談校証》,〈續筆談十一篇〉,頁1061。

利用舉薦而為相，故包庇他。劉太后大怒，要同時罷免張士遜，嚇得張士遜不敢再說話。還是王曾肯持公道，指出曹利用恃恩素驕則有之，要說他有謀反大惡，則他不能苟同。劉太后也知道單憑一紙供狀，不能坐實曹利用謀逆之罪，於是只貶曹利用為左千牛衛上將軍知隨州，令供奉官陳崇吉、御史台驅使官趙崇諒乘驛伴送。據沈括的說法，劉太后等這次不依成規，不但不許曹利用上殿謝恩，以免他當廷抗辯，還馬上令差官將他押出都門。不過，在制辭中，尚手下留情，只斥責曹利用「履三事之榮，賦萬鍾之祿；靡畏亢盈之禍，寢淪驕恣之風。」而指他所提拔的姪子曹汭「適官鄉邑，將構凶謀，竊侔南面之儀，以服中央之色，仍令醜類，輒效山呼」，從而責備曹利用「何乃骨肉之間，全失義方之訓」。對曹利用的處分，則仍表示寬大，稱「屬者解於樞近，出撫藩垣；雖示寬恩，未符公議；興言勳舊，忍寘嚴刑，降居環衛之資，往奉方州之寄，所宜自省，無曰非幸。」劉太后對曹利用，暫時以貶官處分；但對其姪曹汭，則下詔杖殺，而曹汭母鄭氏則杖十五，與其妻鄭氏並坐叛逆罪徒三年。其二女以年未滿十歲而許以錢贖罪。至於從犯王旻則杖責配沙門島，遇赦不還；王元亨以喪明編管旁州，其餘李惟慶等六人悉配廣南及荊湖牢城。另外，知趙州及通判趙州並謫降監當稅務，本路轉運使及提點刑獄就特釋監察不力之罪。而本案的原告人趙德崇，就令隨州從籍沒曹汭之田產中，賞給田五頃，錢二百千。對於宋廷這番處置，據說魯宗道在臨終時還為曹利用說過一番公道話。[125]

劉太后並未放過曹利用，在是年二月五日，先將曹利用岳父李士衡自同州觀察使、知陳州貶為左龍武大將軍。另曹利用之姻家建州觀察使、知衛州康繼英亦貶為

---

[125] 據《默記》所載，當朝廷定了曹汭死罪後，羅崇勳等將曹汭放入油鑊烹殺，故後來曹汭冤魂不散，在趙州兵馬都監廨舍內作祟。參見《長編》，卷107，頁2492-94，2503；《宋大詔令集》，卷204，頁763，〈曹利用責左千牛衛上將軍知隨州制・天聖七年正月丙辰〉；《宋會要輯稿》，〈職官六四之二八、二九〉；《默記》，卷上，頁14。按范雍喪母，要到是年三月才起復，大概是這原因，他不被召。據沈括所說，當臥病不起的魯宗道聽到曹利用被貶，且即日押出都門時，他就不念舊惡，為曹說過一番公道話，說曹利用罪不至此，就是要罷免他，也不應如此粗暴地對待他，他批評王曾等失計。他又說曹利用在樞密院，盡忠於朝廷，但素不學問，倔強不識好惡耳，此外並無大過。據說魯宗道為曹之貶嗟惋良久，後來還因此觸動氣門，未幾而病卒。按魯宗道卒於同年二月初一，即曹利用被貶隨州後四天。參見《夢溪筆談校証》，頁1061；《宋史》，卷9，頁186。

右羽林大將軍，二人都責分司西京。兩天後，劉后又將當日營救曹的張士遜罷相出知江寧府，念在張是仁宗東宮舊臣，平日也算安份，就沒有重責他。⑫

　劉太后進一步收拾曹利用前，首先再重整二府人事。在罷免張士遜的同日，因王曾之力薦，而擢呂夷簡自參政拜次相，代替張士遜。翌日，曾力斥曹利用及張士遜的夏竦，也自樞副陞任參政，替補呂夷簡之缺。因魯宗道在二月初一病卒，劉太后就擢曾為真宗賞識的龍圖閣學士薛奎（967-1034），自權三司使陞任參政。另擢陞翰林學士、權知開封府陳堯佐（963-1044）為樞副，補夏竦之缺。⑫

　劉太后及曹利用的對頭，在二月底再找到曹利用其他罪狀，再將他貶降。曹利用被指控在領景靈宮使任上，令樞密主事蘇藏用、樞密令史趙兼素、中書堂後官孟昱主理宮中公使錢，而曹利用自己就假公濟私，令教練使杜昇向蘇等貸錢，蘇等不敢不借，然後造偽帳目以作掩蓋。曹利用同時還被控數罪，而以貸官錢一罪最重。二月十四日，曹利用再貶為崇信軍節度副使、房州安置。這次貶責曹之制辭，語氣就嚴厲得多。制辭責曹利用「被遇先帝，擢在右府，不思盡忠，以答寵榮，每恣睢以怙權，久包藏而伺隙。向緣從子，密構凶謀，止降官資，尚居藩翰，罔知內省，自謂非辜。復贓狀以繼彰，致獄成而來上。合行削籍，以警當官。」當年曹利用與丁謂誣陷寇準與李迪，將貶責二人之制辭寫得非常惡毒，大概王曾等乘機為寇準等報復，讓曹利用也一嚐身敗名裂的滋味。⑫

　劉太后對曹利用下一步的處分，是籍沒其極大之家財田產，並收回其賜第。⑫另外，再貶降曹的其他親屬故吏。親屬方面，曹利用的四子自崇儀副使曹淵以下各奪兩官，其弟左侍禁閤門祇候曹利涉，以在趙州兵馬都監的任上，強買邸店，及役使軍士治第，及盜竊官物各罪，判處決杖二十，除名編管。其舅太子中舍致仕韓君素，以在棣州恃勢不法，既向民以高息放債，又違禁在家釀私酒，被除名編管沂州衙前。其從兄曹憲亦受累，責監黃州團風鎮稅。另曹利用婿程勘，自祕書丞、通判許州貶通判蘄州；妻兄李丕諒自太子中允、集賢校理落職通判和州；姻親西上閤門

---

⑫《長編》，卷107，頁2494-2495；《范文正集》，卷11，葉29下。
⑫《長編》，卷107，頁2494-2496。
⑫曹利用受重譴外，蘇藏用、趙兼素及孟昱以從犯被革職並罰銅，杜昇被杖八十，革職覊管。劉太后命內臣楊懷敏（？-1049）負責押送曹利用至房州，房州之知州、通判、兵馬監押及巡檢

使曹琮出為河陽兵馬都監。故吏方面,戶部副使、度支員外郎王騩貶為司封員外郎出知湖州,群牧判官、太常丞韓琚降為濠州通判,開封府推官、屯田員外郎李昭述貶知常州,六宅使、康州刺史、淮南江浙荊湖制置發運使劉承顏貶知處州,禮賓使知瀛州魏正責為杭州兵馬都監。曹的管家殿直田務成以受賕,革職並編管;另崇儀副使田承說以曾致書田務成,妄稱錢惟演有章營救曹利用之過,罰贖銅七斤及徙任監當官。又四門助教鄒利見,以替曹利用治莊占命,而受薦試秩。亦被罰贖銅七斤。⑩

劉太后及一班恨惡曹利用的內臣,並不肯放過曹利用,一定要置他於死地。⑪他們就像當年丁謂及曹利用對付寇準與李迪一樣,要在路上用卑鄙的手段,謀殺曹利用。是年閏二月初二,楊懷敏負責押送曹利用,行至襄陽驛,不肯再行,逼曹利用自殺。曹利用雖有兒子僕從隨行,仍救不了他。曹利用是被逼自經而死,還是給楊懷敏等謀殺的? 已難考查。曹死後,楊懷敏上奏宋廷,說他暴卒。曹的家人不敢上告,只好將他遺骸歸葬趙州高邑縣老家。⑫宋廷從劉太后至王曾等,都不

就另選官攝任。參見《長編》,卷107,頁2496;《宋大詔令集》,卷204,頁763-764,〈曹利用責崇信軍節度副使房州安置制·天聖七年二月癸酉〉;《宋會要輯稿》,〈職官六四之廿九〉。

⑫ 據載有司籍沒曹利用家財時,搜出極貴重的水晶盃盤十副。負責估值的賈人稱那是人間罕有之珍物,實不能估計其價值。有一個老賈人聽到這事,就說此物早有官價,何須再估? 負責之官吏向這老賈人詰問,他說這些水晶盤原本是丁謂所有。丁謂被抄家時,他曾負責估此物之價值。據說該吏回去翻查舊牘,這老賈人所言果然不虛。曹利用與丁謂在貪財聚斂,與及身敗家毀的下場方面,可說是難兄難弟。至於丁謂珍藏之寶貨,為何會在他被抄家後落入曹利用手中,則有待考。參見《長編》,卷107,頁2497。

⑬ 按王騩、韓琚及李丕諒等在二月十五日被貶,韓君素則在閏二月九日被黜;李昭述則到四月才被罷。另外,曹利用家僕范仁遇,亦以放債受賕,被杖責丁黥面配柳州牢城。參見《長編》,卷107,頁2496-2497,2506《彭城集》,卷36,頁486;《宋會要輯稿》,〈職官六四之廿九、卅〉;《宋史》,卷291,頁9750;卷292,頁9755。

⑭ 依《長編》所說,宦者多惡曹利用,必欲置之於死。然據王銍所載,歐陽修(1007-1072)第三子歐陽棐(1047-1113)對他說,他曾於青州王家看到劉太后給王曾一紙親筆信,說:「曹利用與其姪兒謀叛,事理分明也,須早殺卻。若落他手,便悔不及也。」可見殺曹利用實是劉太后主使。參見《長編》,卷107,頁2498;《默記》,卷上,頁14。

⑮ 據歐陽修所記,楊懷敏押送曹利用到襄陽渡北津,便指著江水說:「侍中,好一江水。」旨

追究曹的死因。另外,也不再窮究與曹利用有往來之文武臣僚。並且接受殿中侍御史鞠詠的意見,對曹利用所薦任的守邊臣僚,不予查究,繼續留任,以安定人心。⑬ 另一方面,有份打倒曹利用的文武臣僚,都獲得陞賞。⑭

曹利用之死,可說是劉太后及其寵幸之內臣貴戚集團另一場勝利,當年劉太后借丁謂和曹利用之手,打倒威脅她獨攬大權的寇準和李迪,然為了收買人心,她可以毫不猶豫的把對她恭順但不孚眾望的丁謂棄掉。丁謂垮後,假如曹利用能安份,完全聽命於她,她也許還會予以優容。偏偏曹利用以勳舊自居,以為自己真的立有大功,而不學謙讓,不識進退,不知趙孟能貴之,趙孟亦能賤之;一旦開罪了狡黠權詐而反面不認人的劉后,他就注定重蹈丁謂的覆轍。當時有傳言劉太后的親信錢惟演曾上章營救他。此事是否曹利用一廂情願已難考;不過,縱使當年不肯救丁謂的錢惟演,這次居然肯為曹利用說話;曹利用也難逃被貶的厄運。據說曹利用被貶後,才想起其兄曹憲之忠言,但已悔之不及。曹利用敗死,最大的贏家仍是劉

在要曹利用自行投水。楊再三言之,曹利用不理,於是到了襄陽驛,楊就逼他自縊。關於曹利用在襄陽驛被害的經過,江休復(1005-1060)有詳細的記載,稱楊懷敏押送曹到襄陽驛,首先將曹之僕從左右逐離曹身旁,令他們準備上馬起程,然後坐在無人的驛廳中,並命他的隨從數人立驛廳屏後。有引路的人來看甚麼事,楊懷敏就揮手令他離開。曹利用一路上,已知楊懷敏不懷好意,想向他下毒手,現見到楊這番處置,更心懷憂懼,疑楊懷敏要不顧一切,要在驛中殺他。這時楊又不慌不忙地向曹說:「侍中且宜歇息」。曹利用自知不免,就走進驛中,閉門自縊而死。參見《長編》,卷107,頁2494,2498-2499;《歸田錄》,卷1,頁13;江休復(1005-1060):《嘉祐雜志》,(文淵閣《四庫全書》本),葉28下至29上;田況(1003-1061):《儒林公議》,《叢書集成初編》本,(上海:商務印書館,1937年),卷下,頁40。

⑬據宋人筆記稱,有司本來要盡劾與曹利用交結的臣僚,當時有人乘機提出文武臣僚四十餘人的名字,要加以窮究。幸而當時年方二十的仁宗,急出手詔,下令不許節外根問與曹利用有交或受其推薦的人,又令其中容有涉曹汭的事,亦不許深究。另外,據《長編》載,是年二月底,當大理寺上言比部員外郎夏侯彧等十一人,曾承曹利用之命,保薦其弟曹利涉差遣。仁宗也只各薄責罰銅三十斤了事。參見文瑩(?-1078後):《湘山野錄》(鄭世剛點校)(與《玉壺清話》合本),(北京:中華書局,1984年7月),卷上,頁16;《長編》,卷107,頁2497,2501。

⑭考曹瑋在曹利用敗死後改彰武軍節度使,續任真定府路都部署;王博文進龍圖閣直學士、權知開封府;王沿遷殿中侍御史;范諷拜右司諫、度支判官。參見《元憲集》,卷33,頁346;《宋史》,卷291,頁9745,〈王博文傳〉;卷300,頁9959;卷304,頁10062;《長編》,卷108,頁2514。

太后,她再剷除了另一個阻止她專權的大臣。⑬

曹利用之死,亦可以視為北宋文臣與武將的一場曉有代表性的權力鬥爭。北宋開國以來,文臣操掌國柄,號令約制武將,而武將須聽命於文臣,已成為不易之家法。曹利用當年高調地逼害寇準、李迪等被視為正人的文臣,本已為文臣集團所忌恨。丁謂垮台後,他卻不懂得與王曾等文臣修好,反而與他們爭權,就更為文臣們所難容。⑯ 他本是武臣,卻犯上武臣之忌,繼續憑藉權勢,援引親故,甚至排斥異己。終於自取其咎,授人以柄,被指為拉幫結黨。當曹汭事發,王曾等自然袖手旁觀,樂見他被劉太后擯棄除掉,而間接替寇準、李迪等報仇。至於與曹利用同屬武臣的曹瑋,當年無辜被貶,險些遭遇不測,有這難得機會,自然要借劉太后及眾文臣之手,攀倒曹利用,為當年周懷政及朱能兩案無辜被貶死之武臣出一口氣。

(七) 天下冤之:曹利用之冤的平反

以王曾為首的文臣雖然都樂見曹利用垮台,但他們並無置曹於死地的打算。今番看到曹利用竟死於非命,說他們良心不安也好,說兔死狐悲也好,他們均覺得曹利用死非其罪,覺得劉后一伙的手段太毒辣,而對曹利用多了一點同情。當然他們明白,殺曹利用的,是出於劉太后的主意,要為曹利用鳴冤,尚不是時候。王曾等就盡量對曹家恩恤,作為對曹之冤死的一點補償。就在曹死後不久,即下詔歸還其弟曹利涉並非強買的田產。⑭

---

⑬ 按曹利用的故吏田承說被貶的罪名,就是向曹利用管家田務成妄說當時在許州的錢惟演有表章營救曹利用。按錢惟演為人投機,他當年看出劉太后要除掉他的姻家丁謂,為求自保,他不但不救丁謂,還落井下石。當曹利用被貶時,他失勢在外,看到張士遜為營救曹而被罷相,很難想像他會違逆劉太后之意,自找麻煩去上章救曹。也許曹利用走投無路,確曾出重金,使田承說厚賄錢惟演,為他說話;但當錢惟演探查到劉太后的心意後,他就堅決否認曾受託為曹說話。參見《長編》,卷107,頁2497。又據載曹利用被貶後,每思曹憲當日之忠言,就泣下不止。參見《彭城集》,卷36,頁486。

⑯ 曹利用與王曾爭班次的事,後來一直為宋文臣所非議,文彥博(1006-1097)在熙寧二年(1069)便嚴厲批評曹利用所為是紊亂朝政,卒取敗禍。參見《宋史》,卷313,頁10261,〈文彥博傳〉;《涑水記聞》,附錄二,〈溫公日記〉,頁349。

首先敢為曹利用鳴冤的臣僚，是其兄曹憲和其故吏司馬池。人情冷暖，許多曹利用之黨羽，因怕受牽連，都反過來攻擊曹利用，惟有曹憲及司馬池敢上奏，力辨曹利用之冤枉。雖然宋廷不納，但亦沒有加罪二人。⑱

　　諷刺的是，王曾於天聖七年六月，即曹利用死後四月，因一再違逆劉太后的意旨而遭罷相，而由呂夷簡繼任首相。⑲ 面對劉太后越來越專橫的做法，文臣們對當日敢力抗劉太后，敢裁抑內臣貴戚用事的曹利用，就更多惋惜與同情。大概為了收人心，平衡眾人對曹之同情，劉太后除了在是年八月，起用當年與曹為敵的王曙為參政外，又在九月，好言安撫曹另一死敵、徙知河南府而來朝的李迪，以爭取他們的支持。⑳

　　曹利用的黨羽及對頭在天聖八年（1030）有不同的命運。曹瑋在是年正月卒，二曹之間的恩怨亦隨之告終。㉑ 二曹不能好好合作，反而互相排擠，那是教人惋惜不已的。是年四月，錢惟演以療疾為名來朝。他大概看到劉太后對其姻親一一加恩任用，就尋求復用。不過，他只獲徙近京畿的陳州。至於當日惟一肯營救曹利用的張士遜，則在同時自江寧府徙知許州。他們借順道朝京之機會，賴在京師不走，圖謀復相。但他們與曹利用等關係太密切，天章閣待制鞠詠即以曹利用擅作威福，

---

⑬《長編》，卷107，頁2499。

⑱《宋史》，卷298，頁9904；《彭城集》，卷36，頁486；《全宋文》，冊9，卷366，頁388。考司馬池在曹利用被貶後，因平日沒依附曹，故不受牽連。人們稱許他有先見，但他坦言當日推辭曹之舉薦，是誤以為曹要他做不願幹的御史，他說若早知要他做群牧判官，他就不會推辭。他不但不說曹利用任何壞話，還上言為曹訴不平。

⑲劉太后一心想在禮儀上，蓋過仁宗。但王曾極力反對，既堅持劉太后不可在御天安殿受尊號冊，又在她生辰上壽時，只允在別殿供帳；這就令劉太后不悅；加上王曾一再裁抑太后左右姻家之請謁，就使劉太后非要罷除王曾不可。是年六月，玉清昭應宮失火焚毀，王曾因領宮使，上表請罪，劉太后乘機將王罷相，出判青州。王曾罷相後，至八月，始由呂夷簡陞任首相，因夏竦與呂不睦，就由陳堯佐改參政；夏竦復為樞副；另寇準婿王曙自御史中丞拜參政，其餘張耆、范雍、姜遵均加官留任。見《長編》，卷108，頁2517-2518，2520-2521。

⑳《長編》，卷108，頁2521，2523。李迪來朝時，劉太后對他說：「卿昔者不欲吾預國事，殆過矣。今日吾保養天子至此，卿以為如何？」李迪是老實人，就回答說：「臣受先帝厚恩，今日見天子聖明，誠不知太后聖德乃至此。」據說劉太后聞言甚喜，大概李迪這番話在朝臣當中傳揚出去，大大修補了她殺曹利用、罷王曾的形像。

㉑《長編》，卷109，頁2533-2534。

張士遜正是他一黨,就堅決反對張復相。另天章閣待制范諷也極力反對錢惟演入相。二人見復相無望,拖到天聖九年(1031)正月,只好乖乖地去陳州和許州上任。⑭² 比較幸運是丁謂,他在遠貶崖州十年後,終於在八年底獲赦返內地,不過,由於朝臣以他姦邪弄國,只同意他徙為道州司戶參軍。⑭³

宋廷在天聖九年五月再給曹家恩恤,將沒官的邸店錢還給其家。曹妻李氏於是年十月上言,以夫死後,家族無庇,請求牽復她兒子官職,然不為宋廷所納。⑭⁴ 人們都明白,曹利用之冤死,要獲進一步的平反,仍要待劉太后身後才能實現。劉太后大概在明道元年(1032)初,已有歲月不饒人之感,除了在是年二月,復任張士遜為次相外,她在是年八月始,就作出她當權的最後一次的輔臣調動。除了復任晏殊為參政,替代以疾罷職的王曙外,她特別擢陞其心腹楊崇勳,自殿前副都指揮使為樞副,然後再陞為樞密使,與張耆同握樞府兵符。⑭⁵

明道二年(1033)三月十三日,劉太后病重,為了祈福,就大赦天下,連帶她恨惡的人包括寇準、曹利用、周懷政、雷允恭等都獲追復官職,而丁謂就特許以秘書監致仕。當然這時只是對曹加恩復官,而非給他平反。三月十七日,劉太后崩,仁宗親政。仁宗甫掌權,即將劉太后所任用的二府大臣全數罷免,只留用他的東宮舊僚張士遜及楊崇勳,另復任李迪為次相,王隨為參政,權三司使李諮(982-1036)為樞密副使,步軍副都指揮使王德用(980-1058)為簽署樞密院事。對於劉太后所

---

⑭² 劉太后在天聖八年四月,既包庇她姻家馬崇正貪贓之罪,又在六月,聽從其姪劉從德之薦,擢用諂佞之人無數,另又對其姻家馬季良加官。后兄劉美之家婢,更出入禁中,大招權利,樞密直學士趙稹(？-1038)因厚結該婢,在是年九月,就得以擢樞密副使,替補病卒的姜遵。參見《長編》,卷109,頁2539-2541,2543-2544;卷110,頁2552-2553。

⑭³ 《長編》,卷109,頁2548。

⑭⁴ 考曹利用在開封城南的故宅在天聖八年十一月前仍被用作香藥外庫,似乎在是年(九年)並未歸還曹家。宋廷在是年十一月,亦詔蘇州歸還丁謂家當日籍沒之莊田,另又以丁謂子丁玘為供奉官。參見《長編》,卷110,頁2559;卷111,頁2595;《宋會要輯稿》,〈選舉三二之十三〉,〈食貨五二之六〉。

⑭⁵ 《長編》,卷110,頁2571;卷111,頁2567,2584-2586,2559-2560。考劉太后姪劉從德在天聖九年十一月病卒,劉太后傷悼甚,劉太后之健康似乎大受影響。又楊崇勳在八月拜樞副,十二月即晉樞密使。

寵信的內臣，包括羅崇勳、張懷德等盡行貶逐，而錢惟演也被罷去平章事，令赴本鎮，不許來京。到是年十月，再以張士遜不稱職，將他和楊崇勳雙雙罷去，而復用呂夷簡為相，另任王曙為樞密使，並擢端明殿學士宋綬（991-1040）為參政，權三司使蔡齊為樞副。⑯仁宗親政後，任用寇準之親故為輔臣，全面平反劉太后當政時所造成之冤案。首先對寇準被貶死一案予以平反。在是年十一月，即復寇準為萊國公，並贈周懷政為安國節度使，另復任其弟周懷吉為禮賓副使。另在景祐元年（1034）三月，再為在朱能案中被貶死的內臣鄭志誠平反。同年四月，再追贈楊億為禮部尚書，賜諡曰文，肯定楊億當年支持寇準等以仁宗監國之功勞。同年八月，因周懷政弟懷信上書為乃兄鳴冤，仁宗即再為周懷政完全平反，而將楊崇勳父子及楊懷吉子弟降黜。⑰考寇準、周懷政及朱能之獄，曹利用均有份鑄成。在他的對頭李迪及王曙掌政下，曹利用之冤案要完全平反，就要再等待一些日子了。

楊崇勳被貶同月，王曙病卒，由王曾代任樞相。景祐二年（1035）二月，李迪與呂夷簡爭權被罷，他所親善的龍圖閣學士范諷亦被重貶。⑱王曙、李迪一死一罷後，曹利用冤獄才有機會稍得平反。在王曾、呂夷簡主政下，是年四月，曹利用諸子先從降黜的，都許返京師。同年十月，再詔將所沒舊地四之一還給曹家。⑲

---

⑯《長編》，卷112，頁2609-2614，2622；卷113，頁2635，2640-2643。按追復曹利用舊官的制稱他「早蓄壯圖，遂階膴仕。使殊鄰而交聘，克著勤庸；侍近幄以謀謨，歷居顯位。」對於恢復他的官爵，就只說「爰從吏議，再削官封，言念謫居，久淪幽壤。屢申恩而寬宥，宜追遠以軫懷。」既不提他的罪名，也不說他無辜。參見《宋大詔令集》，卷220，頁845，〈曹利用追復開府儀同三司守司空檢校太師兼侍中保平軍節度使上柱國鄆國公制〉。

⑰《長編》，卷113，頁2643-2644；卷114，頁2670，2672-2673；卷115，頁2692-2693。內侍押班周懷信上書仁宗，稱其兄周懷政是仁宗東宮最親信的人，見姦臣謀害主人，心懷忠憤，議除奸黨，卻被楊崇勳及其弟楊崇吉誣告而被誅。他以懷吉雖死，但崇勳尚居將相之位，請仁宗主持公道，以慰幽魂。結果仁宗以楊崇勳誣告周之罪，落楊崇勳平章事，徙知壽州，其子閤門祗候楊宗說貶監濟州稅。另楊懷吉弟供備庫使楊懷志、子閤門祗候楊永乎、入內高班楊永德、入內黃門楊永誠、永遷都坐罪降黜。

⑱《長編》，卷115，頁2693-2694；卷116，頁2721-2722。按李迪被罷後，王曾代為首相，呂夷簡任次相；王隨自參政陞知樞密院事，李諮亦自樞副陞知樞密院事，王德用改同知院事，宋綬加官留任參政；蔡齊自樞副改參政，盛度陞任參政，韓億擢同知院事。

⑲《長編》，卷116，頁2728。

曹利用冤獄獲平反的過程很緩慢，當寇準早在景祐二年七月獲賜諡「忠愍」，他要到五年後，在康定元年（1040）九月才獲賜諡「襄悼」，得到宋廷正式平反。在這五年間，宋廷中樞人事已多變，而與他當年的榮辱關係密切的幾個人如錢惟演、丁謂、王博文及王曾均先後謝世。他得到平反，可能與張士遜在寶元元年（1038）三月重登相位，與及其故吏王鬷在寶元二年（1039）十一月陞任知樞密院事有關，亦可能與宋軍於是年正月覆師於三川口，宋廷聞鼙鼓而思良將所致。⑮⓪

這次賜諡的制文總算為曹利用之冤死完全平反，並肯定了他的功績。制文稱他「頃事先朝，密宣忠力，當講和戎之利，寖階秉軸之榮。位不期驕，禍生所忽，終緣族子之累，遂謫房陵之行。齎恨奄殂，撫情加悼。」又說宋廷「嚮從昭洗，並復寵名；而於節惠之文，不及有司之議。宜推褒典，有飾前庸。」至於「襄悼」之義，是「因事有功曰襄，恐懼徙處曰悼。」⑮①

曹利用賜諡後，又要在十一年後，即皇祐三年（1051）才獲立碑旌功，那已是他死後廿二年之事。人間恩怨，早隨當事人的逝去而淡化。當年與曹利用生死榮辱有密切關係的幾個文武大臣，包括楊崇勳、李迪、張耆、張士遜等人，均陸續在慶曆五年（1045）至皇祐元年（1049）謝世，而親手逼死曹利用的內臣楊懷敏也在皇祐元年十二月，在朝臣的攻擊下病卒。⑮② 仁宗是年命翰林學士趙概（？-1053後）

---

⑮⓪《長編》，卷115，頁2690，2702-2703；卷117，頁2745；卷120，頁2827，2830；卷121，頁2864-2867；卷122，頁2871，2886；卷125，頁2941；卷126，頁2987；卷127，頁3010。考錢惟演卒於景祐元年七月，初禮官議諡「文墨」，譏其貪而敗官。 其家訴於朝，才改諡「思」，取追悔前過之意。丁謂卒於景祐四年四月；王博文卒於寶元元年（1038）四月，王曾則卒於寶元元年十一月。考王鬷於景祐四年四月自樞密直學士、左司郎中擢右諫議大夫、同知樞密院事，寶元元年三月改參政；寶元二年十一月擢知樞密院事。雖然王鬷於康定元年三月罷知樞密院事，張士遜於五月亦罷相；但曹利用得以平反賜諡，相信是二人當政時已決定的。

⑮①《宋大詔令集》，卷220，頁846，〈曹利用諡襄悼詔·康定元年九月辛未〉。

⑮②楊崇勳於慶曆五年閏五月卒，李迪於慶曆七年（1047）十月卒，張耆於慶曆八年六月卒，張士遜則於皇祐元年卒；楊懷敏於慶曆八年閏正月，因衛士在宮中作亂，他身為入內副都知管勾皇城司，坐有失職守而被言官嚴劾，被貶出外；至皇祐元年十一月復入為副都知為三陵副使。論者說他必死，因三陵乃祖宗神靈所在，他為大姦豈能逃。 他不久便卒，時人皆快之。參見《長編》，卷156，頁3779；卷161，頁3888；卷162，頁3908-3911；卷164，頁3953；卷166，頁3982；卷167，頁4022-4023。

撰曹利用神道碑，並親筆為篆其額曰「旌功之碑」，而在頒佈天下的立碑旌功詔書中，比十一年前的制書，更襃揚其功，更申明其冤。詔書稱曹利用「忠謀亮節，蘊在冊書；不幸遷罪，由于疑冤。」而以他「廢死不以典禮，雖從昭滌，彌切悼思，訪宰樹之惟喬，顧豐碑之未勒。」故為「俾圖不朽，用賁英魂，特宜立碑，以旌功為額。」⑬到了皇祐五年（1053）六月，仁宗再加恩，將所籍沒的樂遊坊第，歸還曹家。⑭曹利用之冤，至此可說得到完全昭雪。不過，曹家子孫後來仍上書要求取還被籍沒的其他田宅。到嘉祐六年（1061）六月，仁宗用裌享赦書之恩，下詔歸還所沒的曹家田宅。然曹家仍不滿足，仍不斷上書。曹利用孫內殿崇班曹宗奭（？-1078後）到了神宗朝（1067-1085在位），仍上表稱「仁宗察知利用無罪，嘗還其已沒財產，尚有在京屋租、河陰、滎澤等縣田，為西太一宮、洪福、奉先、慈孝等寺常住，及入左藏庫金銀雜物，乞盡歸還。」神宗對曹利用此一貪得無厭的孫子的請求，只肯詔以開封府界戶絕田二十頃賜曹家，且下令曹家以後不得再陳乞。⑮曹家既沒有令子賢孫，程勘以外，也再沒有甚麼佳婿，曹利用的事功與冤枉，就只留待宋廷文臣史官去評議了。⑯

---

⑬ 按曹利用之神道碑所書之古隸字，出於王洙（997-1057）手筆，碑文已佚。至於其立碑旌功之詔書頒佈之年份，《宋宰輔編年錄》作皇祐二年，其月日則不詳。又據宋敏求（1019-1079）所記，皇祐中，王曾弟王子融守河中還，獻上唐玄宗所題裴耀卿碑額，於是仁宗效之，先為王曾之碑篆曰「旌賢」，然後陸續為呂夷簡、李繼隆、寇準、王旦、張士遜、張耆以至曹利用等廿人之碑篆額。參見《宋大詔令集》，卷220，頁846，〈曹利用立碑以旌功為額詔·皇祐三年〉；《宋史》，卷290，頁9708；王欽臣（？-1101）後：《王氏談錄》，文淵閣《四庫全書》本，頁9，〈碑額〉。

⑭ 《長編》，卷174，頁4212；宋敏求：《春明退朝錄》（誠剛點校）（與《東齋記事》合本），（北京：中華書局，1980年9月），卷上，頁3。

⑮ 《長編》，卷193，頁4673；卷289，頁7076-7077。

⑯ 程勘在至和元年（1054）七月拜參政，至嘉祐元年（1056）閏三月改樞副，五年（1060）四月罷為翰林侍讀學士，後來出守延州及永興軍，他久在邊，饒有政績，為時所稱，可說是曹利用之佳婿。參見《宋史》，卷211，頁5476-5479；卷291，頁9755-9757。

(八) 餘 論

　　從田況（1003-1061）、曾鞏、王稱、李燾到《宋史》的編者，當為曹利用作傳或評論其功過時，雖下筆輕重不一，但對曹利用總的評價是褒貶參半的：既肯定他使遼訂約之功，推許他不屈於劉后之權勢，力抑權倖之正；然亦嚴責他逼害寇準與李迪之過，且非議他驕橫自大，援引親黨之失。另也批評他積聚家財，縱容子弟為非之惡。對於他死於非命，則咸表同情，為他呼冤。⑮

　　平心而論，上述的觀點，很明顯地帶有濃重的文臣或儒臣的偏見。在宋廷文臣眼中，曹利用雖與文臣大有淵源，但他始終是一介武夫，應對文臣尊禮，應學習儒家謙讓不居，而不當恃功怙寵，更不應與文臣爭競。對於曹利用，文臣們可說是

---

⑮ 早在英宗治平二年（1065）十二月，御史中丞王陶（1020-1080）因彈劾宰相韓琦，便曾籠統地提到曹利用之功過，說他與丁謂有輔幼君母后之功，但有驕恣之過。考在北宋文臣中，田況是第一個對曹利用功過作出全面評論的人，他那則不足百五十字的評述，對曹既褒且貶；既斥其惡又憐其冤，最足以代表宋人對曹利用的評論。考第一篇官修的曹利用碑傳，是仁宗命趙概所寫的曹利用神道碑銘，但已佚不存。曾鞏在神宗時所撰的〈侍中曹公利用〉一文，是現存最早的曹利用碑傳。在這篇碑傳中，曾鞏隱惡揚善，著重表揚曹利用使遼訂約之功，而不提他伙同丁謂，逼害寇準及李迪之惡。對於曹的冤死，曾鞏將責任放在曹自己身上，說他恃奉使之勞，驟居大任，而驕盈自伐，終因裁抑貴戚宦官，及對劉后不禮，而不免於禍。對他死非其罪，曾鞏則稱人以為冤。王稱為曹利用作傳，基本上沿襲曾鞏的觀點，對曹褒多貶少。對於曹之敗死，則強調是他權震人主所致，認定「曹利用奉使虜廷有勞，國家驟膺柄用，權震人主，而不能以謙自牧，卒罹不測之禍。」李燾在《長編》雖不隱諱曹利用之劣行，然嘉許他「在朝廷忠盡有守，始終不為屈柔」，認為他死非其罪，而稱天下冤之。至於《宋史》的編者，則仍沿襲曾鞏、王稱的觀點，多溢美曹的功勞，而少提他的過惡，而將其敗死，歸咎於他恃功驕縱，說他「投身不測之淵，以口舌啖契丹，使河北七十年無鋒鏑之虞，勳業固偉矣。嶺南之戰，亦豈可少哉！恃功怙寵，禍萌而弗悟，可悲而已。」不過，不少宋代文臣，在他們的著作中，好像司馬光的《涑水記聞》、魏泰的《東軒筆錄》、蘇轍（1039-1112）的《龍川別志》及曾敏行的《獨醒雜志》，卻一再記錄曹利用伙同丁謂，陷害寇準李迪的不光彩事。參見田況：《儒林公議》，《叢書集成初編》本，卷下，頁40。《隆平集》，卷10，頁412-416。《涑水記聞》，卷3，頁54-55；卷7，頁132；《東軒筆錄》卷3，頁26；蘇轍：《龍川別志》，（北京：中華書局，1980年），卷上，頁75；《獨醒雜志》，卷3，頁16。《東都事略》，卷50，頁745-748，753；《長編》，卷107，頁2498；卷206，頁5013；《宋史》，卷290，頁9705-9708，9718。

愛恨交織：既佩服他出使遼營之勇，復欽敬他敢力抑劉后之濫恩；但又惱恨他挑戰文臣一向主政之體制，並怨怒他敢公然與文臣針鋒相對。對於他之冤死，文臣們一方面是投鼠忌器，一方面是有口難言：他們不敢非議帝后之狗烹辣手，只好歸咎於曹利用自己不知權大震主。

　　談到宋代武將之冤死，我們都會想到南宋抗金名將岳飛（1104-1142）之冤死。其實曹利用之冤枉，不下於岳飛。倘作一比較，二人相同的地方是他們之死，都出於帝王主謀。在帝王的授意下，由主政的文臣及敵對派系的武將出手，羅織其罪名，然後以非法的手段將之謀殺。等到事過境遷，又假惺惺地為其申冤平反。不同的地方，是曹利用既沒有岳飛抗金的大功，卻有逼害大賢如寇準的過惡。他後來雖含冤而死，但他得到的同情就不免打了折扣，並給人有自取其咎之印象。曹利用取禍之道，是他竟無視文臣集團的龐大勢力，不知道文臣集團正是宋室藉以制衡武臣的力量，而竟妄圖自樹一幟，與文臣集團分庭抗禮，結果就不容於文臣們。

　　曹利用是北宋武臣中任職最久，權位最大的樞臣，然在他掌樞期間，卻看不到他有甚麼強兵固邊的重大建樹。我們要指出的，是他並未做好樞臣的本份工作，卻熱中權位，以武臣之身而積極介入文臣的權爭，最後為險惡的政治波濤所淹沒，說來倒是咎由自取的。

後 記：

　本文初稿曾於一九九九年五月，在阿里桑拿大學主辦、於台北舉行的「明清文化國際學術研討會」宣讀。蒙業師陶晉生教授擔任評論人，從本文的題目以至論點，均逐一賜予寶貴意見。又蒙耶魯大學孫康宜教授贊同本文之命題及撰寫取向。另本文不具名之審稿人亦提供不少寶貴意見，本文即據陶師及諸前輩之意見，並補充少量資料，修改而成。

二零零零年六月廿日第三稿

景印香港新亞研究所《新亞學報》（第一至三十卷）

陳振孫生卒年新考

何廣棪

陳振孫,字伯玉,號直齋,南宋著名目錄學家。有關振孫之生卒年,自宋迄清似無人考及之者。宋人劉克莊《後村大全集》卷七十五《外制》有《故通奉大夫寶章閣待制致仕陳振孫贈光祿大夫》一文,曰:

> 「疏傅賢哉,方遂揮金之樂;魏公逝矣,可勝亡鑑之悲。於以飾終,為之攬涕。具官某,其文秋濤瑞錦,其姿古柏寒松。早號醇儒,得淵源於伊、洛;晚稱名從,欲輩行於乾、淳。若鳳儀麟獲而來,以鱣舞狐嘷而去。生芻一束,莫挽於遐心;寶帶萬釘,少旌於耆德。尚期難老,胡不憖遺?噫!德比陳太丘,素負海內之望;官如顏光祿,用為宰上之題。可。」

此文之作年在宋理宗景定三年壬戌(一二六二)三月,是則振孫之卒歲亦必在此年,拙著《陳振孫之生平及其著述研究》曾詳考之,① 茲不贅。

---

① 拙著《陳振孫之生平及其著述研究》第三章《陳振孫之仕履與行誼》第十一節《致仕與去世》載:「後村景定元年九月兼權中書舍人,十一月除兵部侍郎兼中書舍人;二年八月再兼中書;三年三月,除權工部尚書,陞兼侍讀。是其撰作《外制》諸文字,最早不應超過景定元年九月,而最遲不應後於景定三年三月。又考《宋史》卷四十五《本紀》第四十五《理宗》五載:『(景定二年)十二月……甲午,以……何夢然參知政事兼太子賓客。』是則《外制》之第一篇《中大夫參知政事兼太子賓客何夢然贈三代》必作於景定二年十二月。同書同卷《理宗》五又載:『(景定)三年春正月……庚午,賜買似道宅於集芳園,給緡錢百萬,就建家廟。』則《太傅右丞相兼樞密使兼太子少師魯國公賈似道贈高祖祖母》之制必作於景定三年正月。同書同卷《理宗》五又載:『(景定三年)三月乙丑,以孫附鳳為端明殿學士,簽書樞密院事兼太子賓客。』則《端明殿學士朝奉郎簽書樞密院事兼太子賓客孫附鳳贈三代》之制,必作於景定三年三月。《故通奉大夫寶章閣待制致仕陳振孫贈光祿大夫》一篇既置於《外制》之末,即排在前述諸制之後,則其作年最早亦在景定三年壬戌(一二六二)三月之時。其後後村則除權工部尚書,陞兼侍讀,是則振孫之卒歲亦必在此年此月左右,固無疑矣。」

1

民國以還，撰文考訂或述及振孫生卒年者有多家，其中最早者厥為陳樂素先生。陳氏於民國三十五年十一月二十日發表《〈直齋書錄解題〉作者陳振孫》，刊載上海《大公報・文史周刊》第六期上。

該文「年歷」條下載：

「劉克莊《後村大全集》卷七五所載《故通奉大夫寶章閣待制致仕陳振孫贈光祿大夫制》，居《外制》之末，《參知政事何夢然封贈三代》之後。據《宋史・宰輔表》，何夢然以景定二年（一二六一）十二月除參政；又據《後村集》附林希逸所撰《行狀》，則後村以景定二年辛酉八月再兼中書，三年壬戌三月除權工部尚書，陞兼侍讀；直齋蓋卒於景定二年或三年春，而必不在三年三月以後也。以嘉定中始任，至景定之卒，其間四十餘年，縱使未壯已仕，直齋壽亦當七十以上矣。」

是陳氏以振孫卒於景定二年或三年春，其壽當七十以上。

民國七十二年八月，陳氏另撰《略論陳振孫〈直齋書錄解題〉》一文，發表於《中國史研究》一九八四年第二期，其中論及振孫卒年則有異說。陳氏曰：

「陳振孫的生卒年不詳。但劉克莊《後村大全集》卷七五，有《故通奉大夫寶章閣待制致仕陳振孫贈光祿大夫制》，列在《參知政事何夢然封贈三代制》之後；何夢然是理宗景定二年（公元一二六一年）十二月除參政的（《宋史・宰輔表》）；而劉克莊則在景定二年八月再兼中書舍人，三年三月除工部侍郎升兼侍讀（《後村集》附林希逸撰《行狀》）。由此推知，陳振孫是卒於景定二、三年之間。他初仕大概在寧宗嘉定元年（公元一二〇八年），當溧水縣縣學教授，寫過一篇《華勝寺碑記》（見光緒《溧水縣志》）。假定初仕時是三十歲左右的人，那麼，到景定二年（公元一二六一年），他已經是八十歲以上的人了。」

是陳氏又改謂振孫壽在八十歲以上。

法人 Yves Hervouet 編《宋代書錄》(Bibliographie des Sung)，該書《書目類》「《直齋書錄解題》」條亦考及振孫生卒年，其後潘銘燊撰《宋代私家藏書考》即

據之。②《宋代書錄》云：

「Chih-chai shu-lu chieh-t'i 直齋書錄解題，22ch. ('Catalogue of books with explanatory notices of the Chih Studio') by Ch'en Chen-sun 陳振孫 (T. Po-yü 伯于, H. Chih-chai 直齋)，ca. 1190-after 1249」

是《宋代書錄》以約西元一一九〇年，即約光宗紹熙元年庚戌為振孫生年，而以西元一二四九年後，即理宗淳祐九年己酉後為其卒歲。惟此說不惟乏據，即其譯振孫之別字為「伯于」，則更屬錯誤，是故其可信度應甚可疑。

台灣國立政治大學喬衍琯教授於民國六十九年六月出版《陳振孫學記》一書，③其書第一章《傳略》云：

「振孫生年不詳。《宋代書錄・書目類》「《直齋書錄解題》」條云，約一一九〇年（光宗紹熙元年）生，則初仕溧水教授，年方二十一。疑生年當在前此數年，卒年則云在一二四九年（理宗淳祐九年）之後。雖未肯定，要俱相去不甚遠。而潘銘燊在《宋代私家藏書考》，乃削去疑辭，又不言其所據，則未可從。使振孫未強而仕，享壽逾七十年矣。」

據是，則喬氏考證振孫生卒年，大抵參照《宋代書錄》而略作推移；至其謂「使振孫未強而仕，享壽逾七十」，則其所持論乃依倚陳樂素《〈直齋書錄解題〉作者陳振孫》一文，喬氏雖未言所據，然陳、喬二氏所考皆誤也。

拙著《陳振孫之生平及其著述研究》，其第三章《陳振孫之仕履與行誼》第十一節《致仕與去世》中亦考及振孫生卒年，所得結論為：

「綜上所考，振孫致仕在理宗淳祐十年庚戌（一二五〇），時年七十，其卒歲在景定三年壬戌（一二六二）三月左右，春秋八十又二。由是而上溯，則振孫之生年，當為宋孝宗淳熙八年辛丑（一一八一）也。」

---

② 潘文載見香港中文大學崇基學院所編之《華國》第六期。其文文末有《參考及徵引書目》，其「陳振孫」條云：「陳振孫（1190-1249）《直齋書錄解題》清光緒九年（一八八三）重刊本。」是潘氏言振孫之生卒年，乃據《宋代書錄》也。

③《陳振孫學記》，民國六十九年六月初版，台北文史哲出版社印行。

然此一結論亦未盡允當。

考張先字子野,北宋仁宗時著名詞家,人稱「張三影」者。張先有《十詠圖》,描繪其父張維於吳興南園所作十首詩之種種內容。圖後有陳振孫長跋一篇。《十詠圖》,今人徐邦達曾見之。徐氏撰《北宋張先十詠圖卷》一文,中有云:

> 「此《十詠圖》卷,到清乾隆年間收入內府,著錄在所編《石渠寶笈‧續編》重華宮;同時阮元《石渠隨筆》亦記述此圖所畫的內容。一九九五年秋,原件我在北京見到了它。蓋此亦溥儀自故宮中攜出之物,後輾轉從偽滿長春偽宮流散出來的。」

張先之圖為設色絹本,圖卷後之陳振孫長跋則另紙所寫。振孫跋文,周密《齊東野語》卷十五「《張先十詠圖》」條曾詳載之,惟闕載文末署年,其署年於考證振孫生卒年至關重要。振孫《跋》文所記之署年為:

> 「庚戌七月五日直齋老叟書,時年七十有二。後六年,從明叔借摹,併錄余所跋於卷尾而歸之。丙辰中秋後三日也。」

《跋》署年左下方鈐「陳氏山房之印」六字,乃篆書陽文方印。考庚戌(一二五〇)乃淳祐十年,據《跋》語知是年振孫七十二歲。後六年,即寶祐四年丙辰(一二五六),是年振孫七十八歲。據此上推,則振孫生於淳熙六年己亥(一一七九),其卒歲在景定三年壬戌(一二六二),則春秋八十有四。

余前撰有《陳振孫仕履年表》,④ 及今觀之,其所繫年或錯誤不足據。茲據新考所得生卒年,另撰新表如下:

---

④ 見《陳振孫之生平及其著述研究》第三章《陳振孫之仕履與行誼》,頁一八六—一八七。

中　　曆	西　　元	所　任　官　職	年　齡
孝宗 淳熙六年 己　亥	一一七九	振孫此年生。	一
寧宗 嘉定元年 戊　辰	一二〇八	是年任溧水縣教授，嘉定四年辛未（一二一一）去官歸。	三〇
嘉定六年 癸　酉	一二一三	是年補紹興府教授。	三五
嘉定十一年 戊　寅	一二一八	任鄞學教官。	四〇
嘉定十四年 辛　巳	一二二一	為南城縣宰。	四三
理宗 寶慶三年 丁　亥	一二二七	充興化軍通判。	四九
紹定元年 戊　子	一二二八	除軍器監簿。	五〇
端平元年 甲　午	一二三四	除諸王宮大小學教授。	五六
端平三年 丙　申	一二三六	是年二月初六以朝散大夫知台州，兼權浙東提舉，常平茶鹽事；八月正除，十月二十八日到任。	五八

5

中　　曆	西　　元	所　任　官　職	年齡
嘉熙元年 丁　酉	一二三七	是年五月改知嘉興府。	五九
嘉熙三年 己　亥	一二三九	是年四月十三日前後升浙西提舉。	六一
嘉熙四年 庚　子	一二四〇	返湖州，向湖守王侑借《易林》校勘。	六二
淳祐元年 辛　丑	一二四一	是年二月任職郎省。	六三
淳祐四年 甲　辰	一二四四	是年秋、冬間改除國子司業。	六六
淳祐十年 庚　辰	一二五〇	以某部侍郎、通奉大夫除寶章閣待制致仕，家居霅川，修《吳興人物志》、《吳興氏族志》。	七二
景定三年 壬　戌	一二六二	是年三月間卒，贈光祿大夫。	八四

綜上所述，有關陳振孫之生卒年，陳、喬諸氏及余前此所考得者均錯誤不足據。茲據振孫《跋》語署年推判，確知振孫生年在淳熙六年，又據其歿時在景定三年，則其卒年為八十四歲。余新考得此一結論，殆可成定讞矣。

民國八十九年元宵節，撰於華梵大學東方人文思想研究所。

（南宋）陳直齋跋，釋文見前文著錄

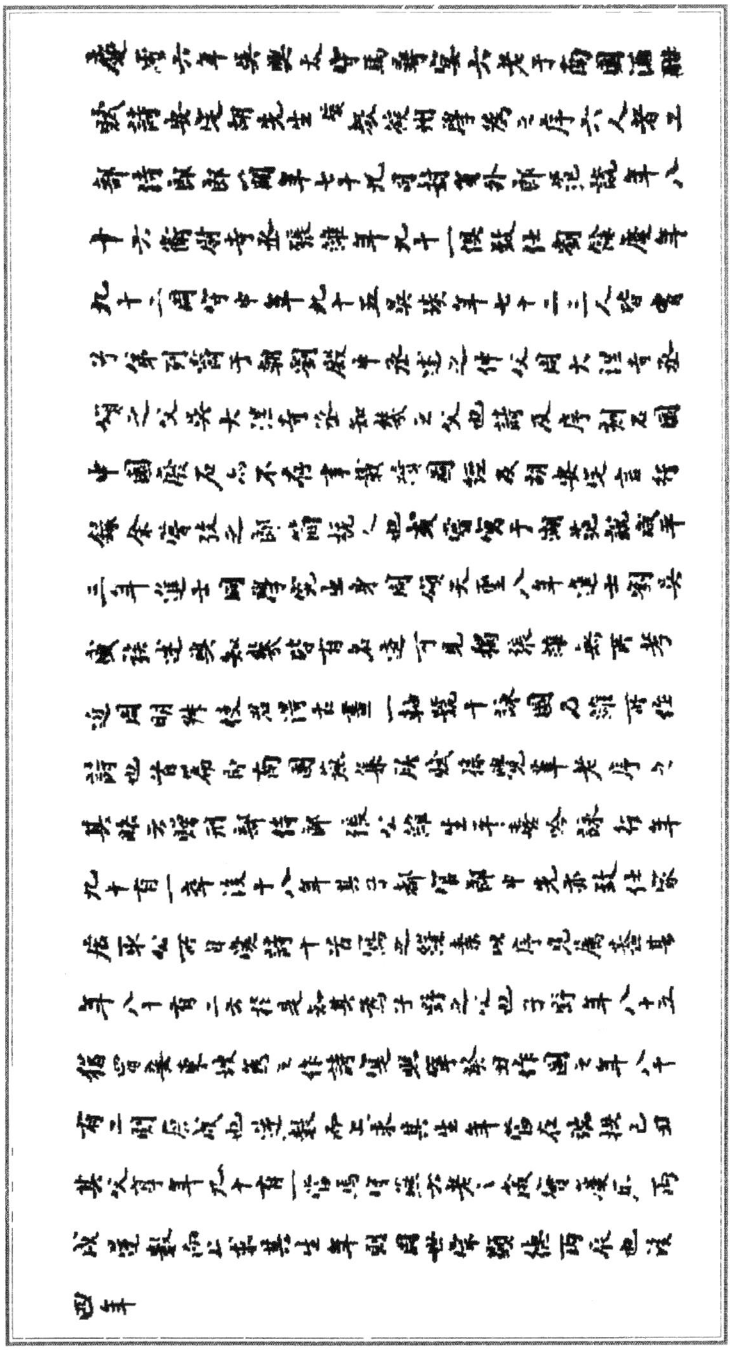

明清傳奇中的魂旦

劉楚華

一.古典戲曲中的魂旦

人生為一氣之化，國人自古相信：靈之附形為魄，氣之附神為魂；① 人既已死，其形朽腐歸塵土，其陰神不化則為遊魂。戲劇中人物，若死而為鬼，必是經歷不可逆轉的悲劇困境，人物化為鬼魂，不過是面對現實無奈之餘，一種極端的矛盾「解決」方法。人死，既是無可挽回的缺陷，鬼魂之所作所為，也不過象徵現實缺陷的補償，是人間願望的折射罷了。

鬼魂素材之入於戲曲，早在宋元古劇已十分普遍。〈錄鬼簿〉存錄元雜劇中有為數可觀的鬼魂戲，關漢卿有〈驚天動地竇娥冤〉、〈鬼團圓〉，高文秀〈借屍還魂〉，趙公輔與鄭光祖均出〈倩女離魂〉，公案戲如武漢臣〈提頭鬼〉，其他劇本雖或亡佚，由題目可知其事涉鬼神者如〈生死夫妻〉、〈森羅殿〉、〈盆兒鬼〉。② 至於宋元戲文，民間有來源自佛經故事的〈目連戲〉，又徐渭在〈南詞敘錄〉敘文首列〈趙貞女〉〈王魁〉兩本，其中〈王魁〉即述王魁不認桂英，被桂英亡魂索命之事。

從宋元戲目作粗略詰計，涉及鬼神情節的劇目中，女性鬼魂比男性鬼魂為多；後來由元劇成熟到明清傳奇勃興，戲劇整體發展過程間，顯示男女鬼魂比例之反差越來越大。③ 戲曲中男性鬼魂，除了個別人物如鍾馗比較例外，不論從文學形象或從表演內容上說，「魂生」不足成為一種類型，而「魂旦」早在元雜劇中已自成

---

① 《左傳》昭公七年孔穎達正義：「…魂魄神靈之名，本從形氣而有，形氣既殊，魂魄亦異，附形之靈為魄，附氣之神為魂也」。見清阮元校《十三經注疏》(北京：中華書局影印，1980) 下冊，2050頁。
② (元) 鍾嗣成賈仲明著，浦漢明校：《新校錄鬼簿正續編》(成都：巴蜀書社，1996)。
③ 莊一拂：《古典曲存目彙考》(上海：上海古籍，1982)。關於元雜劇中的鬼神，可參考曾永義：《雜劇中鬼神世界的意識形態》，載《說戲曲》(台北：聯經出版社，1983)。

旦角中獨立的類型，這可算是我國戲劇饒有趣味的民族特色；戲曲中的女性靈魂，與現實中女性悲劇性處境的關係尤其密切，她刻記了中國女性對生活願望，反映她們與命運抗爭的勇氣，她不單是戲劇中具有明顯性別意義的符號，還負載着與其他民族不一般的社會文化涵義。

元劇作家創造了兩個充滿人性光彩的魂旦。一是關漢卿筆下的竇娥。作者刻劃了一個善良而堅強的女性，因為被誣判斬，上法場至死不屈，死後為公義抗爭，直至冤案平反而後靈魂才得安息。竇娥對人間律法不公的控訴，是戲劇史第一個報仇雪恨的烈女英魂。另一位是鄭光祖筆下的倩女，作者把倩女形神二分，一是禮教束縛下不由自己的身軀，一是抽離軀體的自由意志，倩女的神魂為了追求理想愛情，孤獨地尋找，一路趕上王生，終得償所願，過其幸福美滿的生活。倩女私奔的非常勇氣，全由情所鼓動，她的神魂實際上就是愛情的化身。竇娥報冤，為申張社會公義，倩女離魂，為爭取婚姻自主；此二縷幽魂，分別象徵社會人生兩大缺陷的補償，也成為戲曲中最早的魂旦典範。

儘管傳統戲曲從來不曾把魂旦視為獨立的行當，我們可以斷定她之在元雜劇表演上已形成獨特的程式，包括身段舞步，說白，服飾和其他舞台效果的配合。例如〈倩女離魂〉第二折，主角就以「正旦別扮魂旦」上場；魂旦做科當與一般旦角不同，如〈竇娥冤〉第四折：「魂旦虛上」、「魂旦虛下」…。無論從劇本創作和舞台表演來看，魂旦早在元代已具有獨特的魅力、有非其他人物行當可替代的功能。④

作為中國戲劇的重要特徵，腳色制度直接影響戲劇文學與表演上的內容。古典戲曲中的腳色，是戲劇人物類型的概念，腳色代表劇中人所屬的類型和所備的性質。明清傳奇繼雜劇與南戲的腳色分類—生、旦、丑、末、淨之外，再細分為十二人⑤，分工越細說明表演藝術的進步，腳色對人物性格的象徵標誌越清晰具體。曲家透過腳色的標示去佈置全劇人物行當，演員透過一個腳色的造型去表演劇中人物，故腳色是象徵一共同類別的符號，透過腳色所扮演的才是有具體個性的人物。

明傳奇中沒有鬼魂腳色的名目，鬼魂，作為依附人物的影子、精神活動，仍依

---

④ 翁敏華，《論元代雜劇兩魂旦兼及其他》，《上海師範大學學報》哲社版，1988-1.33-36。
⑤ 明王驥德《曲律》三卷論部色第二十七：「今之南戲則有正生、貼生、正旦、貼旦、老旦、小旦、外、末、淨、丑、小丑，共十二人或十一人，與古小異。」

從一般歸類,如作「淨扮冥判」、「生扮魂生」、「小旦女扮魂旦」、「貼旦扮魂旦」等,「魂」可説本是跨腳色的類型概念。明傳奇作品一方面繼承古劇鬼魂戲的特質,又在大量創作實踐中,特別向深度開發魂旦類型,使她更進一步成為腳色制度中一個穩定的符號,因此而也直接影響作品的結構和內容。

我國戲劇至明中葉,以文人傳奇為創作主流,此時傳奇體制已完全成熟,經崑山曲派改良,至萬曆間,以婉轉南曲演唱、專擅表現才子佳人主題的傳奇戲,更發展至頂峯,名家輩出,不論作品、舞台、評論都全面繁榮,創作方面湯顯祖的四夢、尤其是《牡丹亭》風靡全國,一時家傳戶誦,幾令《西廂》減價。⑥ 理論方面,出現湯沈之爭,沈璟曲律論影響固然深遠,而湯顯祖浪漫色彩濃厚、以「情至」為標誌的創作理論,更佔壓倒性的優勢。自萬曆至明清交替,臨川派作家以情至為創作指導,極力效仿四夢的作品亦大量湧現,崇尚虛構、以生死、夢幻、鬼神寄託人生的構思手段成為風尚。不僅臨川追隨者如是,吳江派及其他作家亦受影響,同舉「以情作使」的口號,紛紛摹仿《牡丹亭》,大量婚姻愛情主題的作品中乃湧現類同杜麗娘的人物。

自明萬曆至清康熙,傳奇創作最旺盛的九十年,作品大分三類主題:一,婚姻愛情,二,社會批判,三,反省歷史。其中第一類作品佔最重要篇幅。期間,傳奇作品在《牡丹亭》(1589)影響下,描寫生死離合、人鬼愛情的場面繁富,酷似杜麗娘鬼魂、象徵愛情的女性精靈一一登場,至《長生殿》(1679)的楊氏鬼魂,形成一列女魂的串鏈,幾與傳奇全盛時期平行出現,可知大量女魂登場並不是孤立的現象,此中除了受明清文學中情感主義潮流之影響,又與晚明社會的進步思潮及士人對女性命運的關注等都有密切關係,唯此等問題非本文篇幅所能全面顧及,下文試專從魂旦腳色類型及功能作為窺探點,檢閱一列以杜麗娘為首的魂旦群像,試圖勾勒出她們的形象在戲曲中的傳承共相及在傳奇作品中所示現的時代特性。

二．杜麗娘典型的樹立

《牡丹亭》,情也。湯顯祖借天下有情女子杜麗娘對愛情的熱烈追求,表現以

---

⑥ 語見沈德符《詞曲》,《萬曆野獲編》卷二十五,引自毛效同編《湯顯祖研究資料彙編》(上海古籍,1986),851頁。

情勝理的主題，情乃人性之天然，至情之力量可以令死者生，令生者死。劇中人杜麗娘一生就經歷生死大變的過程：由深閨淑女、因情成夢、一夢而亡、死後魂遊三年、在溟溟中尋得夢中人、得到情人救活回生、最後還經歷現實的曲折鬥爭，終得團圓。全劇55齣，在20齣以前是麗娘前半生，35齣回生之後是麗娘後半生，中間23齣冥判、27齣魂遊、29齣幽媾、30齣懽撓、32齣冥誓，共五齣鬼魂戲，正是主人翁由死而生之轉折，作者也藉此塑造了戲劇史上最動人的情鬼，將杜麗娘提煉成為情愛的精靈。

比起雜劇《倩女離魂》中的神魂，《牡丹亭》用了更寬裕的篇幅寫麗娘鬼魂的影象，更深度地窺測她的心理活動。事實上，五齣戲中所寫的麗娘鬼魂是涵義複雜的符號，整部作品的主題──生死情欲都交織其中，試略析如下。

1）靈魂的主體性

麗娘為痴情慕色而亡，雖然得冥司判魂游三載，她幽魂從陰溝走出來，本質只是脫離軀體的一絲游氣，所謂有靈活現，也不過麗娘「身後的影子」(《魂游》)，所以「魂旦形象」本身就是無中生有的幻影、一個超現實的符號。在這五齣戲中，魂旦都以美艷可人，貌勝天仙的形象出現。作為情色的化身，美艷是情鬼必具的特點。她既是脫離了身體的神魂，只能以虛擬的幻影出現。對於此疑幻疑真的魂影，讀者可從文本中明分兩種視角，一是客觀角度，一是主觀角度。

所謂客觀是指魂旦以外的觀者角度，包括在劇中其他男性的眼中，魂旦是可欲的客體、情欲的對象、理想的神仙伴侶。作者似乎相當着意地描寫她的詭異的媚態，女鬼的魅力固與〈驚夢〉中「如花美眷，似水流年」懷春少女的青春美不同。看〈冥判〉，連判官也驚嘆她的姿色，說是：「蕩地驚天女俊才」，瞧她「潤風風粉腮…笑微微美懷…這顏不象似在泉臺」。柳生拾得麗娘春容後朝暮癡想，待得芳魂到臨，不辨對方身份，竟把這魂影當作別一位天仙美人，再來一番驚艷，說：「何處一嬌娃，艷非常使人驚詫」。梅柳幽期三再，自〈幽媾〉、〈懽撓〉至〈冥誓〉，說了許多情話，最終要透過麗娘的解釋，才知眼前女鬼正是畫中人，最後柳生仍半信半疑地問：「明明有精有血，怎會說是鬼」？這客觀的視角，其實是戲曲之中常見的書生著女鬼場景，在書生眼中／男性作者筆下，像麗娘一般具渴求憐

惜、青春夭折的病態美、鬼性仙性難分的超現實美，加上一點詩才，幾可謂是明清文人理想中的「佳人」形像。柳生不問底裏，把死鬼的影子當作是活人或者神仙的身體，又為欲望對象所顛倒，耽於情色的快感，痴憨、多情，加一點輕狂的男性話語，這也是向為小說戲曲中讀者／觀者所認同的「才子」形像。

所謂主觀，是指魂旦的主體感受。正如杜麗娘說：「奴家和柳郎幽期，除是人不知，鬼都知道」，她不單自覺失去了軀體、靈魂才是她主體，而且完全意識到她追求的目標—「前日為柳郎而死，今日為柳郎而生」，既因缺乏愛而失了軀體，唯得到柳生的「情」才是重生的希望。換言之，女鬼的肉身必要依附於男體精血才有再生之機，而且是靈魂與肉身結合的復活，這是所有中國鬼魂起死回生故事的共同模式。蔡九迪有頗敏銳的觀察，她認為在中國人陰陽互補的宇宙化規律下，男陽女陰，所謂女鬼—陰中之極陰，是重複語（Tautology）；然而女鬼的絕境卻最能象徵女性命運。[7] 實際上這現象也是中國社會倫理結構的寫照，女性的社會身份，必要依附於男性才得到合法的確認，否則就如杜麗娘的幽魂一般，只是缺乏歸宿的野鬼游魂。

杜麗娘靈魂的「自覺」，與其說是現代西方女性理論中所謂性別意識的自覺，不如說是她對自我身份或者社會生存狀況的自覺。當柳生問她是人是鬼？她只能答「還未是人」、「小鬼頭人半截」，她一直不忘自己生前本來千金未聘之軀，也深知陽祿將回、陰數已盡，故迫切地要「趁此良宵、完其前夢」，唯恐錯過幽期就誤回生之大事。由對自我存在狀態的自覺，而認識到生存必須依附的條件，當然，此種自覺意識中也自然地包涵了她對情欲的堅執和追求。麗娘在〈魂游〉中的追尋，其實在整個劇本是同一個夢中情的追尋，她的鬼魂也即是〈驚夢〉、〈尋夢〉、〈鬧殤〉中同一個「夢魂」主體的延續、再現。然而過去杜麗娘對情的渴望是不由自主的、被動的，鬼魂今日的追求卻是有意識的、主動的。昨日迷，今日悟，作為甦醒的靈魂，由〈魂游〉至〈冥誓〉，杜麗娘都表現了既高度的自我觀照，又有洞察他人的能力，她和柳生的應對，就表現得剔透、佼黠、機敏，由〈幽媾〉到〈冥誓〉，一步步有策略地取得柳生的愛情和信任，終因柳生之有情而得再生，並轉變了悲劇

---

[7] 蔡九迪 Judith T. Zeitlin, "Embodying the Disembodied: Representations of Ghosts and the Feminine." Writing Women in Late Imperial China. Ed. By Ellen Widmer, Kang-I Sun Chang. (Stanford: Stanford University Press, 1997.) p.242-263.

的處境。有此轉變,才展開杜麗娘回到現實後社會身份確認的長遠鬪爭。

2) 鬼境和女性語境:

　　湯顯祖在這幾齣鬼魂戲中,透過生旦精警的對白,深度地窺探了杜麗娘的複雜心理:她對過去的苦痛感到悲涼、對未來幸福熱切期盼;然而,死生不由她個人意願,還要取決於柳郎愛的行動。杜麗娘,一縷自薦枕席的幽魂,如何向他表白自己鬼魅的身份?〈冥誓〉中杜麗娘先是「欲說又止」深恐書生驚怕,問門庭姓氏則用拖緩法,直迫至柳生表真情立盟誓,才把真相說出,等柳生答應了開棺掘墳,則反覆叮嚀,最後魂旦下場後竟又折返,跪求柳生實踐諾言。這種欲語還休、「夜傳人鬼三分話」、「話到尖頭又咽」、「待要說、如何說」、「丁丁列列」的話語風格,與其說是鬼的語境,不如說是女性的語境,這正反映一個私奔女有幽情難說、患得患失、缺乏客觀保証的處境。

　　蔡九迪認為鬼話最能表現女性抑壓的語境。然而就杜麗娘在這五齣魂旦戲看,鬼話並不盡是壓抑的,應當說是亦痴亦慧。在遇見柳生之前表現得傷感抑鬱,在〈魂游〉是「孤魂獨趁」、失落身份而堅持追尋愛情的「斷腸鬼」,只是帶着一種比在〈尋夢〉、〈鬧殤〉中更濃重的悲傷調子,她的獨白和曲詞,都是囈語,痴情、幽冷、隱約而詩化。至〈幽媾〉〈冥誓〉,尋得愛情對象後的表現就變得大膽開放,正如柳生所說:「走花陰不害些兒怕,點蒼苔不溜些兒滑,背萱親不受些兒嚇,認書生不著些兒差」。她以無體之質超然地跨進人間禮教的禁地,直言對柳生的愛慕,坦率表明對婚姻、情欲的願望,幽期三度之後,指點柳生與道姑合力開棺行事,鬼魂杜麗娘比起現實中的淑女杜麗娘更生機活潑而老練。她與柳生的對白亦機智警覺,有見地的理語隨出。然而,想到萬一「掘草尋根」事敗,不得復生,就要含恨九泉了,如何把握?也無保證。忽痴忽慧、如夢如幻、若有若無,恍惚而不失真摯,如此種種真假難辨的鬼話,正是與夢話、情話相對應的語境。

　　湯顯祖在以情為創作的指導原則之下,成功樹立了一個性格鮮明而統一的杜麗娘,她的生命歷程,不論是人是鬼,自始至終咬緊情根,有忠於自我的完整人格,作者不在賣弄鬼神玄虛,而是借鬼話說人情,杜麗娘之靈魂,所以具震撼的感人力量,在於影幻而情真,湯顯祖透過挖掘她的靈魂,讓讀者更深刻了解她的心理狀

態,把她的性格塑造得更豐滿而富人性,所謂「是人非人心不別,是幻是真如何說?雖則似空裏拈花,卻不是水中撈月。」〈幽媾〉

3) 以死生為肯綮

依湯顯祖為情而死、因情而生的構思,這五齣鬼魂關目,可謂決定杜麗娘起死回生的關鍵,也是全劇情節結構的轉折樞紐,男女主角的三生離合,都靠這虛構的場面去推動。所以洪昇評論《牡丹亭》:

> 「肯綮在死生之際,記中〈驚夢〉〈尋夢〉〈診祟〉〈寫真〉〈悼殤〉五折,自生而之死;〈魂游〉〈幽媾〉〈懽撓〉〈冥誓〉〈回生〉五折,自死而之生,其中搜抉靈根,掀翻情窟,能使赫蹄為大塊,踰糜為造化,不律為真宰,撰精魂而通變之。」⑧

總之,牡丹亭的五齣鬼魂戲,至少發揮幾種作用,一表現生死至情的主題,二深度挖掘魂旦人物的心理性格,三推展全劇情節。

三. 明清傳奇的魂旦群像

牡丹亭之後近八十年間的愛情傳奇,很多作品視杜麗娘為典範,極力仿效生死離合的轉折,難免女魂出沒。雖然曲論對這些作品的評價參差,有以為摹作都難出牡丹亭窠臼,或謂其中實不乏創意的佳作。不論如何,在牡丹亭及情至論的影響下催生的大量魂旦人物,乃明清戲劇文學潮流的副產物。下文我們將來一次檢閱。

1. 改本的杜麗娘

牡丹亭(1589題詞)發表後,由於演出風行,馬上出現大量舞台刪改本,如臧晉叔的《還魂記》改本,沈璟的《同夢記》改本,呂胤昌改本,都為就曲律而犧牲文詞,引起湯顯祖強烈不滿。⑨其後馮夢龍的《風流夢》,刪節篇幅更大,削55

---

⑧ 吳吳山《三婦合評牡丹亭還魂記》載洪之則跋;引自毛效同編《湯顯祖研究資料彙編》907頁。
⑨ 玉茗堂尺牘之六《與宜伶羅章二》:「牡丹亭記要依我原本,其呂家改的,切不可從。雖是增減一二字,以便俗唱,卻與我原做的意趣大不同了。」見徐朔方箋校《湯顯祖詩文集》卷46,頁1426,(上海古籍,1982)。又王驥德《曲律》:「吳江曾為臨川改易還魂字句之不協者,

齣為37折，調換場次，從舞台演出效果出發，使情節緊湊，改本曲詞全274曲，依原本者僅74曲。馮氏頗以改善音律又方便當場而自得。⑩然檢視改動後人物的曲白意趣，往往乖離原作的構想。以馮本所保留的五齣鬼魂戲觀之，第二十一折〈梅庵幽媾〉，書生問旦何以降臨書齋，魂旦乃作態，託詞荒園散步，表示錯敲書生之門（【兩燈紅】）。湯原本〈幽媾〉之杜麗娘大膽真率，直言：

「【宜春令】…瞥見你風神俊雅。無他，待和你翦竹臨風，西窗閒話」

改本關於杜麗娘行為，雖然只是細微改動，在演出方面無疑是較合理（亦合禮）的安排，可是若從魂旦形象去考慮則顯得人化、現實化了，恰恰削弱了魂旦飄逸的神韵，與原作之唐突詭異、超現實的形象，實有相當的距離。

2. 吳興娘

在戲曲創作理論上與湯顯祖持對立意見的沈璟（-1610），嚴守曲律，主「命意皆主風世」，然而在湯所鼓吹的「情至」論成為曲壇新風尚之後，即作《墜釵記》，取傳奇小說中何興娘與崔嗣宗事。何興娘因情而死，魂附胞妹慶娘之身，強行與崔私合，過了一載人鬼夫妻的日子，終以妹代姐續緣，姐則昇仙結局。⑪劇中冥勘、幽媾情節顯受《牡丹亭》影響。看〈冥勘〉【煞尾】：

「愁只愁夫妻未會生折離，喜只喜同胞小妹為繼室，想人間妯娌，那管親同氣，不妬如伊更誰比」⑫

可見沈璟雖強作情語，仍命意關風化，宣揚封建理性，不過隨順潮流寫愛情

呂吏部至繩以致臨川，臨川不懌，復書吏部曰：彼惡知曲意哉，我意所至，不妨拗折天下人嗓子」引自毛效同編《湯顯祖研究資料彙編》（上海古籍，1986），846頁。

⑩ 馮夢龍《風流夢小引》、《風流夢總評》；見馮夢龍修訂《墨憨齋風流夢》，載《全明傳奇》中國戲劇研究資料，第一輯（台北：天一，1990）156冊。

⑪《墜釵記》又名《一種情》，同事見《剪燈新話》、《情史》吳興娘條，凌濛初白話小說《初刻拍案驚奇》卷23「大姐魂遊完宿願，小妹病起續前緣」。按今存《一種情傳奇》兩卷鈔本，恐非原貌，姚華《一種情題》云：「此曲文多改竄，非詞隱原本也」，見《全明傳奇》，（中國戲劇研究資料第一輯，台北：天一1990）56冊。

⑫（清）葉堂《納書楹曲譜》，存《一種情》之〈冥勘〉〈拾釵〉二折。見載《善本戲曲叢刊》，第六輯（台北：台灣學生，1987），85冊，1524頁。

劇、翻製鬼魂情節。何興娘雖亦因情而死，而魂旦乃始因情而越禮，終又歸乎禮的女性。作者更透過冥司之口，讚許她不妨之德，似乎立旨不定，無法分解情理之間的矛盾。即使有離奇的鬼魂關目，劇中一段人鬼情顯得勉強，其感染力自難與《牡丹亭》的幽媾並論。

3. 謝蒨桃

沈璟之後吳江派戲曲家范文若（-1637），據久已流傳於元雜劇及南戲中的《碧桃花》故事，作《夢花酣》，寫謝蒨桃借屍還魂故事，書生蕭斗南與女謝蒨桃夢中相會，繪女圖形，後女死，魂假他女之名與生私合，又借另一女屍還魂與生私奔，最後團圓，二女同嫁一夫。劇中15齣魂交，28齣榜婿，極力摹仿《牡丹亭》之幽媾、硬拷而作。作者自序云：「微類牡丹亭而幽奇冷艷，轉摺姿變，自謂過之」。吳梅謂：「皆承詞穩之法」。⑬ 沈自晉則謂：「以巧筆出新裁，縱橫百態」。范文若，守吳江法重音律，而創作上亦受湯顯祖影響，力求詞雅。

今看十五齣〈魂交〉文詞頗美，而賓白刻意設計，科介尤其多，魂旦上場後：擲桃花介、附魂桃花上、吟詩，生擲花介、旦接花坐地介、旦閃下、閃上、旦隱介、生尋介…。生旦互逐的舞台動作，近乎賣弄，失諸自然，難怪馮夢龍評之為「雕鏤」太過。⑭ 作者着意謝氏鬼魂乍現乍隱的舞台動作，忽略營造情鬼的悽愴情緒，與牡丹亭幽媾中以悲劇氣氛感人的效果截然兩樣。

《墜釵記》與《夢花酣》均是舊素材翻新，兩女主人都未嫁而夭，故靈魂不息，主動求愛；興娘在一償夙願之後靈魂昇天，蒨桃則借屍還魂以遂姻緣，前者以宗教解決，後者權借替身再活，雖各有歸宿，而魂魄分離；比較之下，杜麗娘才是真正幸福的人─由書生親自救活，叫她魂魄主客合一，然後二人共同爭取，終得美滿姻緣。構思不同，足以透露湯顯祖婚姻觀的進步性和統一性。民間流傳很多借屍還魂的故事，也許出自人們為天下未嫁而夭的女子作補償的心理，同類素材落在明代曲

---

⑬ 吳梅：中國戲曲概論，卷中，「明人傳奇」（香港：太平書局，1964），頁25。
⑭ 馮夢龍語，見沈自晉〈重定南詞新譜凡例續記〉：「人言香令詞佳，我不耐看，傳奇曲，只明白條暢，說卻事情出便夠，何必雕鏤如是!」。《南詞新譜》，善本戲曲叢刊，（台灣：學生，1984，）頁39。

家之手,更出奇翻新,但多半難出牡丹亭窠臼。曲家題跋每詞多溢美,就以鄭元勳的〈夢花酣題詞〉(1632)的見解來看,表面理論上似受臨川情至論影響,強調情為無上法力,可以驅使鬼神,變化生死:

> 「夢花酣與牡丹亭情景略同詭異過之。余嘗恨柳夢梅氣酸性木,大非麗娘敵手…如蕭斗南者,從無名無象中結幻緣,布下情種…能使無端而生者死、死者生,又無端而彼代此死,此代彼生…所謂思之思之,鬼神通之,未有如斯之如意者也。文人之情,如釋氏法羽流術,苦行既成,自能驅使人鬼,此道力,非魔力也。情不至者不入於道,道不至者不解於情。當其獨解於情,覺世人貪嗔歡美,俱無意味。惟此耿耿有物,常舒卷於先後天地之間。」⑮

依鄭元勳的看法,夢花酣中詭異變化,緣於男主人蕭斗南既是情種的播布者,也是生死變化的主導者,能推動鬼魂的客體,使彼此替代,生死無端。在此思想下,自然發展出二女共嫁一夫的結局。可見同是大唱情至的潮流下,傳奇作者對情之理解亦不同,則作品所示的愛情觀亦大異。此劇與牡丹亭之分別,在湯顯祖以杜麗娘為情之化身,從情的主體着想,死生變化盡在麗娘一身,以此表現梅柳二人生死不渝的愛情。《夢花酣》中的鬼魂場面,在情節變化上的興趣,多於服務主題意義;換言之,「情」對某些曲家而言是戲法手段,未必是作品的思想主題。

4. 賈雲華

明傳奇中借屍魂的女鬼尚有《灑雪堂》的賈雲華,事本《剪燈新話》,原梅孝已撰(佚)馮夢龍改編。⑯ 賈雲華與魏提舉原有一段情,姻緣未遂而死,女鬼情極悲愴,對冥司曰:「嶽深不似情無底,便冰山萬堆鐵城,四圍重門,不鎖相思鬼」。冥官愍其志誠,判她待期回生(32折〈冥府憐情〉)。雲華靈柩寄開元寺,魏生往祭,夢魂與雲華鬼魂重逢,互道別情,曲詞婉轉,頗真切感人。此時賈云華肉身已壞,只好改形重生,後借附宋月娥之屍還陽與魏生團圓。「一生一死,世情

---

⑮《夢花酣》,載《全明傳奇》,中國戲劇研究資料,第一輯(台北:天一,1990)143冊,頁1-2。
⑯《墨憨齋新定灑雪堂傳奇》,見載《全明傳奇》,中國戲劇研究資料,第一輯(台北:天一,1990)162冊。

如紙，一死一生；乃見交情」，「何妨改形重來總為情」(〈西廊哭殯〉)，賈雲華之借屍還魂與謝蒨桃又稍有不同，雖然失去了原來的身體而精神不變，男女主人翁亦志誠不二，作者掌握了情鬼的本質，也強調了情的力量，透露了靈魂為主、形軀為附、主客分明的觀念，感情主義的色彩鮮明。

5. 鄭瓊枝

李漁謂：「還魂而外，則有粲花五種，皆文人最妙之筆也。粲花五種之長，不僅在此，才鋒筆藻可繼還魂，其稍遜一籌者，則在氣與力之間耳」⑰ 吳炳可謂是臨川後繼人中成就最高者，其五種之《畫中人》、《西園記》均有魂旦戲，力效臨川詞意。作為情論的鼓吹者，吳炳不忘在作品中宣示情的真諦，《畫中人》最後一齣〈証畫〉下場詩云：

「世間何物似情靈，畫粉依稀也喚醒，河上三生留古寺，從今重說牡丹亭」

第五齣〈示幻〉，透過華陽真人之口說：

「天下人只有一個情字，情若果真，離者可以復合，死者可以再生」。

此劇8齣〈離魂〉、9齣〈畫現〉、21齣〈魂遊〉、28齣〈魂遇〉，均學牡丹亭，總持「以情作使」為創作原則，作者成功地吸收了倩女與杜麗娘的形象特質，塑造瓊枝靈魂中少女傷春的抑鬱、私奔女的堅執和驚怯、游魂的飄逸神韵；〈魂遇〉寫庾生面對鬼魂表示不怕見鬼，哭云：「情之所在，豈異生死，恨不同穴，何有千懼」，感情真摯動人，氣氛幽冷淒涼。可見吳炳不止在關目賣弄，更在能關注人物與情節之間合理統一及人物性格與環境之渲染，即掌握湯顯祖所謂「意趣神色」，故感染力強。劇中男女主人，始終精誠不二，經歷死生而結合，緊扣情字主題；瓊枝性格雖不及杜麗娘之挺拔，但有情鬼的靈氣，有少女的真情，比興娘、蒨桃的個性要鮮明，難怪曲家一般對《畫中人》藝術評價亦比《墜釵記》、《夢花酬》為高。

6. 趙玉英

《西園記》寫張繼華與趙玉英、王玉真的情緣，故事無所本，全劇由一死一生

---

⑰ 李漁《閑情偶寄》卷二，詞曲部下，忌俗惡。見《李漁全集》(浙江古籍，1987) 第三卷57頁。

之二女分線進行，趙女因姻緣失偶抱恨而亡，因感張生之情，冒女友玉真之名與之幽媾，後又勸張與王成婚，自己則超渡昇天。故事夾雜誤會巧合、陰差陽錯，結局與墜釵記略同，而人物生動，曲白排場構思巧妙。作者借鬼說人，劇中三折鬼魂戲，反復強調「鬼亦有情」，26齣〈幽媾〉【懶畫眉】（小旦魂）：

> 「靈衣曳珮舊娉婷，莫道粉褪脂消骨不馨，那鬼情還解似人情，自死時帶得懨懨病，只愛向斷月零風冷處行…【前腔】不是我裝神弄鬼假惺惺，只恐怕怯膽書生未壓驚，妹子你休嫌醜質冒芳名，那等得他生始結前生證，且趁而今未轉生…」⑱

玉英自忖「人鬼相纏，終非了局」，自知只許當「流雲浪雨」、不能做真正夫妻的現實，乃勸張王成親（29齣勸婚）。後來玉英魂在冥間遇生前曾經許字的王伯寧鬼魂，嚴拒他的追求（30齣〈冥拒〉）。作者透過鬼魂，大膽表現一種進步開放的愛情觀：一，有情人鬼可以互感，無情同類亦徒然；二，婚姻必須自決，沒有情的基礎，即使有婚姻契約也枉然，此原則在人在鬼，無有分別；三，有情，縱不能成終生伴侶，不妨建立婚姻機制以外的短暫愛情，正如趙玉英自白：若不能「同衾共枕過今生」，就只許「共穴相期待死盟」。趙玉英終不能像杜麗娘般得美滿姻緣，但她的靈魂是清醒的，堅持姻緣自主，對自我身份及愛欲的追求都有高度自覺。吳炳對情的掌握，可謂得臨川的意趣，故其作品思想水平亦較高。

7. 敫桂英

在吳江、臨川派之外，與湯顯祖同期的明傳奇作家，還創造了一列長期經得起舞台考驗的女魂。元雜劇、宋元戲文早流行《王魁負桂英》戲，以王魁負盟，許桂英自縊，死後索王魁魂報仇，均以悲劇終局。明王玉峰編《焚香記》傳奇40出，故事改為一場誤會，桂英死後向海神訴冤，海神拘王魁對質，証明王魁實未負約，冥判二人回生共慶團圓。《焚香記總評》：

> 「作者精神命脉，全在桂英冥訴幾折，摹寫得九死一生光景，宛轉激烈。其填詞皆尚真色，所以入人最深，遂令後世之聽者淚，讀者顰，無情者心動，有情者腸裂。」⑲

---

⑱ 吳梅校正暖紅室彙傳奇《粲花齋五種》之一，37頁。江蘇：廣陵古籍刻本影印，1990。

民間的桂英，本是婚變倫理悲劇的人物，性格貞烈，殉情而死，本質是冤魂，她控訴不公，索命報仇。到了明文人之筆，為桂英平添感情色彩，改為男女為各自守節的有情人，不止為王魁平反，又設計增加冥判、回生等鬼神關目（玉茗堂評本：26齣陳情，27齣明冤，28齣折辨証，30齣回生）將一件反映社會現實的婚變公案，轉為歌頌愛情主題的故事。如作者自述：（40齣【尾】）。

「重歡慶，真堪美，這會合今古難見，莫把海誓山盟作等閒」

又袁于令《劍嘯閣主人序》云：

「蓋劇場即一世界，世界只一情人，以劇場假而情真，不知當場者有情人也，顧曲者尤屬有情人也…倘演者不真，則觀者之精神不動，然作者不真，則演者之精神亦不靈。茲傳之總評，惟一真字足以盡之耳…」[20]

民間桂英冤魂的情烈、情仇，到了萬曆，在曲壇情感主義的風潮下，文人把她變得情至、情真，不論劇作家、曲評家、場上演者、場下觀者都為故事抹染時代色彩。

8. 李慧娘

萬曆間，周朝俊的《紅梅記》32齣，用元小說綠衣人事（見《剪燈新話》卷四），合賈似道傳說增飾而成。賈似道妓妾李慧娘遊西湖遇裴生，說了一句：美哉少年，被賈怒殺，死後鬼魂與裴生幽會半載，又導生脫險，賈疑為眾妓所為，拷審群妓，慧娘鬼魂出為申辯（17齣鬼辯）。全劇上卷情節全由鬼魂推動。慧娘之死本是無辜，有含冤性質，作者把她寫為多情鬼，她恨賈而不曾有復仇行動，仗義為眾妓解圍，又無條件營救書生，她愛慕裴生亦出自一片純情，不強求婚盟誓約。如13折〈幽會〉靈魂的自白：「敢天天憐我無辜，故遣書生到此了我夙願也」，一段短暫的愛情，算是她冤死的補償了，好一個柔腸俠骨的純情鬼。

9. 閻婆惜

許自晉（1577-?）的《水滸記》32齣，事本《水滸傳》宋江殺閻婆與救晁蓋二事，劇中閻婆惜鬼魂，小說所無，在3齣〈邂逅〉（又名〈借茶〉），張三郎曾向

---

[19] 見《玉茗堂批評焚香記》，總評一（《全明傳奇》，中國戲劇研究資料第一輯，112冊，台北：天一，1990）。
[20] 同上註，序一。

婆息借茶,至31齣〈冥感〉(舞台本名〈活捉〉)婆息死後念念不忘張三郎,鬼魂出現勾三郎魂到陰間。作者在歌頌英雄的義俠故事中平空造一慕色情鬼,增加戲劇性。祈彪佳《遠山堂曲品》:「曲雖稚弱句,而賓白卻甚當行,其場上之善曲乎」,借茶活捉折子戲,長期在舞台搬演,至今不絕。閻婆息雖出身卑微,青春而有姿色,故死不瞑目,她回答張三郎為何要索魂時說:「【錦中拍】你只道那重泉猶賸,把幽魂沉淪,那里曉得鴛鴦性打煞未瞑⋯因此背魚燈,涉巫嶺」。閻婆息沒有杜麗娘般強烈的真情,其志力不足回生,唯人鬼同情,即不能與張三郎生效于飛,也要雙雙入冥去做鬼夫妻。

10. 楊玉環

《長生殿》,一部「熱鬧的牡丹亭」。洪昇追循臨川以情為創作的指導思想,作者自述:「情在寫真」(例言),「借太真外傳譜新詞,情而已」(傳概)。全劇前半多寫史實,反映安史之亂前夕的社會矛盾,後半雖亦有寫實,而以虛構神話為主,〈埋玉〉後李痛悼楊妃,楊則在陰間懺悔前非,終得神仙庇護,尸解昇天,二人終在忉利天上相會。〈重圓〉尾聲:「死生仙鬼都經過,直作天宮並蒂蓮,才証卻長生殿裏盟言」。為李楊重圓結局鋪排情節,歌頌死生不渝的愛情,在塑造人物方面,為唐玄宗補過,又淨化楊氏的形象,作者有必要設構死生仙鬼情節。

長生殿中三齣以寫楊氏靈魂為主的神鬼戲(冥追、情悔、尸解),深刻解剖楊氏的心理。楊氏鬼魂揉合了冤魂與情鬼的特點,她「為國捐軀,無可表白」(哭像),既負禍國之冤,又癡情含恨。但總來說,既忘不了前緣,其性質仍傾向情鬼的一邊。她的靈魂是清醒的,深為禍國而痛悔,甘受責罪,只是無法割捨情根,在〈冥追〉【北收江南】她說:「(怕)形消骨化,(懺不了)舊情魔」。除了吸收牡丹亭〈魂遊〉的手法,洪昇更集中刻劃楊氏鬼魂沉重的罪孽感、悲愴感,同時也有固執所愛、盼望重逢的複雜情緒。楊氏本籍仙班,經歷塵緣、埋屍馬嵬、冥途煉歷、終於尸解昇天,是由自我失落到真我復原的漫長過程,其間關目曲折詭異不下牡丹亭;楊氏的性格也比杜麗娘複雜,她的靈魂除了愛情又負載着沉重的歷史興亡記印,唯有藉宗教的秩序模式,超現實的神仙力量,楊氏靈魂才得到解脫。作者也透過劇本後半篇的超現實發展,重塑一個善良美好的楊妃形象,既補償了歷史現實的缺陷,又把長生殿一劇人物、情節都緊扣「情」的主題,達到三者高度統一的效果。

儘管某些曲評對長生殿後半篇略有微詞，[21] 若能把捉作者「情真」的創作理念，再檢視他個人肯定「生死夫妻」的愛情觀，則後半篇三折鬼魂戲的安排、楊氏靈魂的表白，均切合全劇之情理，是不可忽略的關目。[22]

四．結　語

傳奇作家在作品中安排鬼魂場面，大多為達到曲折離奇、以生死變化推動情節的效果。神怪關目，如果能做到合乎情理地表現人物個性、合乎劇情的邏輯結構、新奇而不偏離主題，這是「無傳不奇，無奇不傳」的傳奇體制所容許的做法。晚明曲家在「奇幻」的時代美學趣味之下，加上「情至」觀念、要求個性解放的潮流下，遠承元雜劇魂旦的形象、近借鑒牡丹亭以幻寫真的浪漫手法，大造情的精靈，借女鬼的話語、行動，大膽地表現人情。

牡丹亭無疑成就超卓，杜麗娘也成為最令人傾倒的女鬼形象，她尤其得到婦女讀者群的共鳴—馮小青、商小玲、婁江女、吳山三婦等女性都與麗娘共癡，正是斷腸人看斷腸人，因為她們有切身相同的生活感受，她們對麗娘的處境、身分形象、她的夢幻追求，以致她薦蓆的行動都欣賞認同，無可疑問，在眾女鬼群像中，杜麗娘是真為女性所欽羨向慕的一個了。[23] 其他作品的水平參差，當中不乏創意之作，也有為求曲折而勉強造情弄鬼的，連一些很不錯的作品如《嬌紅記》也不例外。[24] 總之，寄託鬼神而能寫出真情實感，合理地與劇情結構及人物統一，才是上乘之作。片面追求新巧，一味刻意造奇的風氣，不顧思想內容，以致作品中夢夢相續、裝神弄鬼，乃犯形式主義的毛病，明清之際曲論家凌蒙初、李漁、張岱等就針對這種「狠好奇怪」的現象提出過批評。

---

[21] 吳梅《中國戲曲概論》卷下，「清人傳奇」：「清葉懷庭云：《納書楹曲譜》卷四) 此記上本雜采開天舊事，多多佳構。下半多出稗畦自運，遂難出色。實則下卷托神仙以便綰合，略覺幻而已」，頁 32。

[22] 劉楚華：《悲愴的靈魂—〈長生殿〉馬嵬坡下鬼》，載鄺健行主編《中國詩歌與宗教》，香港浸會大學人文中國學術叢書（香港：中華書局，1999），337-351 頁。

[23] 關於婦女讀者與婦女批評，參考徐扶明，《牡丹亭研究資料考釋》，第四編：影響．（上海：上海古籍1987) 213-219 頁；毛效同編《湯顯祖研究資料彙編》（上海古籍，1986），889-906 頁；又華瑋：《性別與戲曲批評—試論明清婦女之劇評特色》，《中國文哲研究集刊》，第九期，1996 年 9 月，頁 93-232。

一般來説，戲劇中女主人死了，靈魂現身直接向觀者表白，往往能深化人物，易感動人心。上文羅列的魂旦腳色，當中杜麗娘、楊貴妃的形象最獨立鮮明，其餘魂旦有些是牡丹亭的摹作，有些是來自古舊素材的人物翻新，她們的共同特點是多情，即使非為情而死，也是死不忘情的精魂。這一支包容各色身份不同的魂旦隊伍，除了淑女、才女，也有貴妃、俗女、貞女、妓女，一定程度上代表不同的社會階層的女性。由此看來，對情的追求、對人性解放的呼喚，已不為倩女與麗娘等淑女所專有，情鬼的女性社會身份多樣化，可謂是明作家集體「掀翻情窟」的副效應。

　　她們都主動追求婚姻愛情，行動受情的力量所支配。儘管她們的愛情結局各自不同，未必都幸福美滿如杜麗娘，有能回生的、有不能回生的、有借屍還魂的、有入冥「團圓」的、有只是短暫幽期的、有靈魂昇天了結的，她們以不同姿態為愛情主題服務，在情至、情真的主調中，又交疊着多層次、多式樣、大膽開放的愛情觀。在情感主義潮流之下，晚明以後傳奇中魂旦，全面向感情的一面傾側，生生死死為情多的時代色調鮮明，其強勢使為公義抗爭的寶娥型魂旦失色，加上傳奇多以團圓終局的結構形式限制，使明清戲曲中服從於理性、復仇報冤的女鬼形象，大幅度減弱，她或僅能偶見於雜劇，卻幾乎缺席於傳奇。㉕

　　明清傳奇作家全方位地開發愛情主題，其最重要的成果在對靈魂的心理抽剝剖析。作為情的化身，從靈魂的主體角度，情鬼對自己身體、行動、身分、處境及愛欲的訴求都有高度自覺，上述作品藉塑造情鬼，從不同角度窺探了人性中情欲的本質。此等創作實踐，不論在文學上或表演上，全面開拓刻劃靈魂的超現實浪漫主義技巧，更豐富了魂旦戲獨特的戲劇情境和語境。此中，湯顯祖的成就固然是最出色，而其他作家集體創作經驗的積累，也使情感色彩的魂旦類型，成為中國戲劇中更固定的符號。透過大量明清具體創作實例，女性靈魂的呼喚，已深深刻記在魂旦的腳色類型中，使之成為象徵人性解放的代號。

㉔ 孟稱舜（1600-1684）的傳奇《節義鴛鴦塚嬌紅記》(《全明傳奇》1391冊）寫王嬌與申生從一而終至死不悔的愛情，唯中段忽然出現翠竹亭前的女鬼，冒認王嬌與生幽期，此段人鬼戀劇情於全劇結構來説可有可無，跡近橫生枝節。

㉕ 據曾永義分析，明清雜劇中鬼神情節之運用於訴冤、公案的作品亦大幅減少，卻不乏表現至情之作，而勸善教化劇特多（見《雜劇中鬼神世界的意識形態》）。雜劇發展至明清已改變了早期的悲劇傳統，尤其婚姻主題的作品多以團圓結局，今檢視明代南雜劇作品中，唯傅一臣撰《死生冤報》中的焦文姬是訴冤鬼魂，恢復了古劇中許桂英索命復仇的悲憤形象，此種婚變復仇的悲劇在明清雜劇亦不可多見。

《拍案驚奇》是否凌濛初獨創

蔡海雲

　　《拍案驚奇》是明末凌濛初所編的短篇通俗小說集,與續篇《二刻拍案驚奇》合稱『二拍』,各四十卷。與馮夢龍的『三言』在中國小說史上,同佔着重要的地位。

　　《拍案驚奇》最早的刊本是明崇禎元年尚友堂刻本,因書中有不少語涉褻穢,到了清朝被列為淫書,屢遭查禁,坊間刊本仍陸續出現,但卻沒有一種是完整的,最後四卷,早已亡佚。一九四一年豐田穰與王古魯兩氏,在日本日光輪王寺發現一部明尚友堂的四十卷原刊本,可惜本文有兩頁佚失,後來廣島大學也發現一部三十九卷本,題名《初刻拍案驚奇》,是原刊的後印本,此兩孤本可以互補不足,自此全書得以原貌面世,有關這兩種刊本的來歷及考證,已有詳細論述,此處不再贅言。

一　專家定讞,未必確實

　　《拍案驚奇》的作者是凌濛初,在學界已成定論,至今似乎未見有提出異議者。可是細讀原文,不難覺察其中有嚴密精彩、合情合理的篇章,也有結構鬆懈、幼稚囉嗦的故事;語氣文筆,非出自一人之手,也顯而易見,如果確實是凌濛初自著,那麼,應該是始終一貫,前後如一,但是擺在眼前的卻非如是,因此專家們的定讞是一個值得商榷的問題;況且《拍案驚奇》在中國文學史上,佔着重要的一環,與『三言』並提,是頗受重視的短篇白話小說集。一般認為『三言』是編纂,『二拍』則是著作。孫楷第對此極為推崇,說:「欲研究中國短篇小說,自不得不以『三言二拍』為基礎。」① 不但在中國如此,於日本近代小說,也影響不小。如此的一部作品,果真是凌氏創作的嗎?更有究明的必要。為了追求真相,筆者遂浸潤於該書與源流資料之間,把它與原本,對照比較,得出的結論是《拍案驚奇》實非凌氏獨創。證據與方法容待後論。現在先探討何以會有張冠李戴之誤,何以會有

---

① 孫楷第:〈三言二拍源流考〉,《國立北平圖書館館刊》第五卷第二號,一九三一年四月。

以訛傳訛之錯，明白誤傳的根源，才易於接受新起的論調。

二　承襲定論，因循不變

　　一般陳陳相因，認為作者是凌濛初，主要根據，大致有二：一是《拍案驚奇》的自序；另一是孫楷第所持的見解。原序有如此說法：

> 獨龍子猶氏所輯喻世等諸言，頗存雅道、時著良規，一破今時陋習，而宋元舊種，亦被蒐括殆盡。…不知一二遺者，皆其溝中之斷，蕪略不足陳已。因取古今來雜碎事，可新聽睹、佐談諧者，演而暢之，得若干卷。

如果單看這序言，很容易誤會序者便是作者，再加上孫楷第添了注腳，更令人確信，他說凌氏的小說：

> 得力處在於選擇話題，藉一事而構設意象，往往本事在原書中不過數十字，記敘舊聞，了無意趣。在小說則清談娓娓，文逾數千，抒情寫景，如在耳目。化神奇於臭腐，易陰慘為陽舒，其功力亦實等於創作。

又說：

> 馮氏三言，彙集宋元舊作，兼附自著，實為彙刻總集性質。凌氏二拍則純為自著總集。②

　　論『二拍』、談作者，多因襲定論，幾乎沒有能超越這兩大範疇的。歷來論者，或引用序文作為論據，這可以西諦（鄭振鐸）做帶頭；或兩說兼用，以資證明，劉大杰、王古魯可為這方面的代表。西諦把握〈序〉中「取古今來雜碎事，可新聽睹，佐談諧者，演而暢之。」數句，即作出結論，云：「則似全書，皆為作者之作。」③劉大杰則兼採兩說，一方面，引上舉序言，證明『二拍』是創造的。還再強調說：

> 『三言』主要是編輯古本，『二拍』則都是自作。他自己說過，『偶戲取古今一二奇局可紀者，演而成說。』他的特色，是從古今的史料和民間傳說故事裏，選取材料，再通過他的構思、組織和文筆，寫成自己的作品。④

最後又引孫楷第的話來作結束。

---

② 同注①。
③ 西諦：〈明代之短篇平話小說〉。

王古魯的看法也受到孫氏的影響，他在〈本書的介紹〉⑤中說『二拍』是編著，但後文根據自序，則又認為『二拍』是創作，說：

　　　　凌氏在本書《自序》中，曾指出龍子猶（馮夢龍的化名）氏所輯《喻世》等書，把宋、元舊種搜羅殆盡。他自己也許因了這個原因，不能不說明他是「偶戲取古今所聞一二奇局可紀者，演而成說」的。所以我說「他不否認他故事的素材，是『戲取古今所聞一二奇局可紀者』，但是『演而成說』，卻是經過一番『慘淡經營，加工組織』的創造工夫的。」因此，很可以明了這是凌氏根據他「古今所聞」雜事素材，運用著大眾化的民族的話本形式創造出來的。……凌氏的所以要創造這兩集擬話本，在他『初刻』的序文中，已經明白指出……。

短短數行，「創造」之詞，三度出現，可見他心目中已認定《拍案驚奇》是著而非編。最後也引用前舉孫楷第〈三言二拍源流考〉中的說法，來支持自己的論調，足見他也是深受「自序」和孫楷第的影響。

　　李田意則明確地、直截了當地說：「『二拍』是凌濛初自著的話本專集，話本之有一人獨著的專集，似是從『二拍』開始」。⑥

　　現代學者如孟瑤也說：「差不都是（原文）凌氏創作。」她立論的方法和內容，與劉大杰同出一轍⑦。整理《拍案驚奇》的章培恒，也說是凌濛初所撰。⑧早在三十年代，寫《中國小說史》的郭箴一也以為是創作，說：「『三言』和『二拍』有絕不相同的一點，就是一祇是翻刻舊籍，一卻完全為創作。」⑨此外尚有不少涉及『二拍』的文學史和論著，也都因循定論，當作者是凌氏。⑩

　　此觀念一直影響到日本，專於這方面的學者如小川陽一，說是「明末凌濛初所作」謂「『二拍』不論形式或內容，都與『三言』類似。唯一與『三言』不同的地方，是全由他經手創作出來的。」⑪又說：

---

④ 劉大杰：《中國文學發展史》下卷，頁二三六，香港，古文書店，一九六一年六月。
⑤ 凌濛初著，章培恒整理，王古魯注釋：《拍案驚奇》〈附錄一，本書的介紹〉，頁七二五、七二六，上海古籍出版社，一九八二年八月。
⑥ 凌濛初原著，李田意輯校：《拍案驚奇》〈重印拍案驚奇原刊本序〉，頁二，香港，友聯出版社有限公司，一九六七年四月。

「『三言』是馮夢龍所編纂的《喻世明言》《警世通言》《醒世恒言》。」「『二拍』則是凌濛初著作的《初刻拍案驚奇》《二刻拍案驚奇》兩集。」（以上筆者意譯）。⑫其實，他早在一九八一年，於《三言二拍本事論考集成》〈序〉中，已清楚地點明《拍案驚奇》是編著，⑬沒料到數年後，連續在三種不同的文學史上，卻說成是創作。這情形與王古魯有點相似，所不同的，是王氏在同一篇介紹文中，前言是編著，後語卻變成創作；小川則是過了一些時日，才改變觀點。中日的學者對如此明顯的謬誤，一直未有發現、未能指出，很明顯是受「自序」和孫楷第那先入為主的觀念所支配，就如筆者前面所提過的一種。

三　無根無蒂，以訛作真

另方面，論者情況，各人不同，譬如西諦、劉大杰那個時代的學者，很難窺見原書全豹，只能憑殘編斷簡來推論，錯誤在所難免。劉大杰曾說過這樣的話：

"　『三言』、『二拍』共收集短篇話本近二百篇，民間購買不易，其中作品，亦良莠不齊。抱甕老人有鑒於此，於『三言』、『二拍』中，選出佳作四十篇，成為一集，題為《今古奇觀》，約刊於崇禎末年。……這本書，可說是晚明平

---

⑦ 孟瑤著：《中國小說史》，臺北，傳記文學出版社，一九八六年一月。
⑧ 同注⑤。
⑨ 郭箴一著：《中國小說史》，商務印書館，一九三九年。
⑩ 以下各種也都肯定《拍案驚奇》是屬創作的：
　凌濛初著，陳邇冬、郭雋杰校注：《拍案驚奇》，北京，人民文學出版社，一九九一年。
　段啟明主編：《中國古典小說藝術鑒賞辭典》，北京師範大學出版社，一九九一年四月。
　徐慧君著：《中國小說史》，廣西教育出版社，一九九一年十二月。
　陳洪著：《中國小說理論史》，安徽文藝出版社，一九九二年九月。
　李時人主編《中國禁毀小說大全》，黃山書社，一九九二年十月。
　李夢生著：《中國禁毀小說百話》，上海古籍出版社，一九九四年十二月。
　黃清泉、蔣松源、譚邦和著：《明清小說的藝術世界》，洪葉文化事業有限公司，一九九五年五月。
⑪ 莊司格一編著：《概說中國の文學》（第四章第四節，執筆者：小川陽一），頁一六七，高文堂出版社，昭和六〇年五月。
　莊司格一、小川陽一、芦立一郎、植木久行著：《中國文學史》（第三章第四節，執筆者：小川陽一），頁一五七，高文堂出版社，昭和六〇年二月。

話叢書的選本，自能得到社會人士的歡迎。於是『三言』、『二拍』湮沒了數百年，《今古奇觀》從明末一直流行到現在。⑭

這段資料或可視作劉氏自況之詞，『二拍』已「湮沒」了數百年，他看到的大概也只有那集一直流行到現在的《今古奇觀》。根據不完全的資料，得到的只有不正確的推論，這點也可以鄭振鐸為例來證明。譬如《拍案驚奇》的序文，過去屢次刊行，屢被書賈刪略，以致文脈不通，文義含糊，鄭振鐸寫〈明清兩代的平話集〉⑮時，尚未見到完整的原文，對通行本文義不明之處，只能這樣解釋：「此種意義含糊之處，是昔時歡喜掉弄筆頭人所常常有的事。」後來，原序發現了，這無根的論調，才不攻而破。⑯可見不完整的資料，帶來的是如此離譜的論調。

現今比過去方便多了，佚散資料，陸續出現；研究成果，與日俱增，在前人的基礎上，再進一步，追尋可靠的結論，原是不難的事，可是一般研究者，似乎不把重點放在這問題上，多墨守成說，致導引後學得錯誤觀念。

四　思想矛盾，屢出迭見

《拍案驚奇》不是凌氏獨創，可從兩方面得到證明：第一，書中思想，頗多矛盾；前後主旨也不一貫。第二，故事內容幾乎是根據前人資料作白話翻譯，間或添加一兩小節，擴充發展，使顯得更淺白、更通俗化，以增加故事的趣味性。因為不是創作，主旨、思想，免不了受到源流資料影響，不同的資料，不同的思想，匯集在同一書中，矛盾自難避免。這種情況，書中屢見不鮮，就以凌氏對道德的觀點來說，一方面不受傳統思想的束縛，因而同情私通道士、陷害親兒的淫婦吳氏；⑰諒解失節淪為娼妓的妻子，如卷之二〈姚滴珠避羞惹羞，鄭月娥將錯就錯〉，把姚滴珠因貪圖享樂而失節的事，輕描淡寫，不當作一回事，反而把她丈夫對她思念之情寫活了。滴珠從小，嬌生慣養，結婚才兩個月，丈夫便外出經商，因

---

⑫ 莊司格一、小野田平、小川陽一、三寶政美著：《中國文學・入門・》白帝社，一九八九年四月二版，頁二一一。

⑬ 小川陽一編著：《三言二拍本事論考集成》〈序〉，頁二，新典社，昭和五六年一一月。

⑭ 劉大杰：《中國文學發展史》下卷，頁二三八，香港，古文書店，一九六一年六月。

⑮ 鄭振鐸：〈明清兩代的平話集〉，《中國文學研究》，北京作家出版社，一九五七年。

受不了公婆閒氣，回歸娘家，途中被歹徒拐騙、引誘。為了貪圖逸樂，甘願做富人吳大郎的外室。不回娘家，也不返夫家。由於她的失蹤，引起兩親家的訴訟，後來，滴珠之兄姚乙，找到一個相貌酷似滴珠的娼婦鄭月娥，冒充滴珠歸案，以期了結訴訟。誰知第二天，滴珠之夫潘甲，走去告狀，説昨天領回的，不是真妻子，知縣起初還以為潘甲嫌妻子做過娼妓，身份不比良家，藉詞推托。潘甲即解釋説：

老爺，不是這話，不要説日常夫妻間私話，一句也不對，至於肌體隱微，有好些不同。小人心下自明白，怎好與老爺説得！若果然是妻子，小人與他纔得兩月夫妻就分散了，巴不得見他。難道到説不是來混爭閒非不成？老爺青天詳察，主鑒不錯。

這番有情有理的話，是由衷的心聲，他所急切期待的，是「巴不得見他」，全不在乎她失蹤後做過些甚麼。他的純情、他的不泥於傳統道德觀，活現於字裏行間。凌氏採取這樣的題材，當然含有他自己的思想在內。類似的題材，書中屢出迭見。

可是，另一方面，又有不少宣揚貞節，鼓吹道德的故事，比如卷十九〈李公佐巧解夢中言，謝小娥智擒船上盜〉旨在表彰謝小娥的志節，小娥家原是富商，婚後一個月，隨同父、夫去經商，途遇劫盜，慘遭掠殺，除小娥逃脫外，無一幸免。一夜，父、夫托夢，得李公佐為解夢中言，知仇人姓名，一叫申蘭、一叫申春。小娥誓為父、夫報仇，女扮男裝，尋得仇人下落，混入仇家當僕人，伺機報復，終於親斬申蘭，活捉申春，到官府自首。太守對小娥的孝行貞節，大為感動，乃對小娥道：「盜情已真，不必説了。只是你不待報官，擅行殺戮，也該一死，……但你孝行可嘉，志節堪敬，不可以常律相拘。待我申請朝廷，討個明降，免你死罪。」果如所請，得赦。

小娥回歸鄉里，里中豪族，慕小娥之名，央媒求聘的，殆無虛日。小娥誓心不嫁，道：「我混迹多年，已非得已。若今日嫁人，女貞何在？寧死不可。」

太守敬佩小娥的「志節」，鄉里豪族，仰慕小娥之「德操」，小娥之誓死不嫁，堅守「女貞」。一連串的表揚，豈非與前舉故事之旨，背道而馳！

---

⑯ 王古魯在〈明刊四十卷本的初刻拍案驚奇〉中已曾指出。見《拍案驚奇》附錄二，凌濛初著，章培恆整理，王古魯注釋，上海古籍出版社，一九八二年八月。

⑰ 參閱拙著：《拍案驚奇新探》，《中國中世文學研究》第二八號，廣島大學中國中世文學研究編集會，白帝社，一九九五年九月。

像謝小娥一樣堅貞不移，作為表揚對象的人物，書中屢屢出現，譬如崔俊臣之妻王氏，⑱也是宣揚對象之一。故事從崔俊臣僱船去永嘉赴任開端。他攜眷同往，由於家財富厚，船主顧氏見財動心，竟下毒手，把他活拋入水，又迫崔妻王氏做兒媳，當時他兒子遠行未歸，王氏伺機逃出，寄身尼庵，後得退居的御使大夫高公之助，擒賊破案，夫妻重聚。同卷〈入話〉也是一個涉及貞操的離奇故事：有個姓王的官人，因為遷居，夫人被騙，給賣為人妾，五年後，偶然機會，夫妻重見，得以團圓。作者為王夫人的失身感到遺憾，說「破鏡重圓，離而復合，固是好事，這美中有不足處，那王夫人雖是所遭不幸，卻與人為妾，已失了身。」這「美中有不足」、這「已失了身」九字，是何等感慨、何等沈痛。但對崔俊臣夫妻的事蹟，卻大加贊揚，說王氏「又全了節操，又報了冤仇，又會了夫妻，這個話本好聽。」最後，又再度強調：「此本話文，高公之德，崔尉之誼，王氏之節，皆是難得的事。」又一度歌頌道德與貞操。

每個故事，有每個故事的主旨，如果全是凌氏創作的話，主旨應前後一致，從它的不一貫看來，無疑是東抄西襲。順手拈來，遇着談道德、講貞操的，就順着歌頌一番；碰着寡婦怨女，空閨難守的題材，也就跟着同情一場，指責存天理、滅人欲的禮教。矛盾之處，除了這樣解釋以外，再找不到更適切的了。

五　白話翻譯，實非創作

進一步，再比較《拍案驚奇》與源流資料的異同，更有助於了解。故事幾乎都有出典，且不止一源。⑲首先，以卷三十的〈王大使威行部下，李參軍冤報生前〉的〈入話〉為例。故事內容與《夷堅支戊》卷第四〈吳雲郎〉完全一樣，不同的只是改寫成白話，⑳茲列表對照。表格左面是源流資料，右面是根據源流資料所寫成的《拍案驚奇》。依內容分成五大段，每段又分若干小節，冠以數字，互相對照，一目了然，翻譯之跡，昭然若揭。

---

⑱《拍案驚奇》卷二十七〈顧阿秀喜拾檀那物，崔俊臣巧會芙蓉屏〉。
⑲ 可參閱譚正璧編：《三言兩拍資料》，上海古籍出版社，一九八五年七月版，及小川陽一編著：《三言二拍本事論考集成》同注⑬。
⑳ 如是的改寫，所佔篇章，為數不少，卷十七〈入話〉，也是一例，拙著《拍案驚奇新探》同注⑰ 中有譯文與原書的對照表，可參閱。

	A《夷堅支戊》卷第四　吳雲郎	B《拍案驚奇》卷三十　入話
一	(1) 吳江縣二十里外因瀆村富人吳澤將仕，生一子，小字雲郎，自少即向學，嘗應進士，預待補籍。 (2) 紹熙五年八月，以疾亡，父母追念痛割。	(1) 吳江縣二十里外因瀆村有個富人吳澤，曾做個將仕郎，叫做吳將仕。生有一子，小字雲郎。自小即聰明勤學，應進士第，預待補籍，父母望他指日崢嶸。 (2) 紹興五年八月，一病而亡。父母痛如刀割，竭盡資財，替他追薦超度。費了若干東西，心裏只是痛苦，思念不已。
二	(1) 明年冬，澤之弟助教滋，往洞庭東山婦家沈氏。 (2) 未至數里，暴風打船，暫泊於福善王廟下，登岸縱行。 (3) 望廟門半掩，見雲郎著皂綈背子，緩步而出。 (4) 滋大駭，就語之曰：「汝父母曉夜思念汝，欲一會面不可得，何為在此？」 (5) 對曰：「兒為一事拘繫，留連對證，說來極苦。告叔為道此意於二親，若要相見，須親自來乃可。」嘆息而去。	(1) 明年冬，將仕有個兄弟，做助教的，名滋，要到洞庭東山妻家去。 (2) 未到數里，暴風打船，船行不得，暫泊在福善王廟下，躲過風勢，登岸閑步。 (3) 望廟門半掩，只見廟內一人，著皂綈背子，緩步而出，卻像雲郎。助教走上前仔細一看，元來正是他。 (4) 吃了一大驚，明知是鬼魂，卻對他道：「你父母曉夜思量你，不知賠了多少眼淚？要會你一面不能勾，你卻為何在此？」 (5) 雲郎道：「兒為一事拘繫在此，留連證對，況味極苦。叔叔可為我致此意於二親。若要相見，須親自到這里來乃可。我卻去不得。」嘆息數聲而去。
三	(1) 滋亟還舍，白兄嫂，皆相持悲哭。 (2) 三人者共乘元舟，復抵廟步。	(1) 助教得此消息，不到妻家去了，急還家來，對兄嫂說知此事，三個人大家慟哭了一番。 (2) 就下了助教這隻原船，三人同到廟前來。

	A《夷堅支戊》卷第四　吳雲郎	B《拍案驚奇》卷三十　入話
四	(1) 雲郎已立津次，奔至父母前下拜泣訴，具述幽冥辛苦之狀。 (2) 語未竟，忽怒目奮摔父衣，大呼曰：汝陷我生命，盜我金帛，使我銜冤茹痛五六十年，今日決不相舍。 (3) 遂互相擊搏，滾入水中。 (4) 滋與僕從及舟人涉水救，澤始得脫登岸，困乏垂死。傍人初無所睹，但見澤舉首揮爭，至暮乃定。	(1) 只見雲郎已立在水邊，見了父母，奔到面前哭拜，具述幽冥中苦惱之狀。 (2) 父母正要問他詳細，說自家思念他的苦楚，只見雲郎忽然變了面孔，挺豎雙眉，摔住父衣，大呼道：你陷我生命，盜我金帛，使我銜冤茹痛四五十年，雖曾費耗過好些錢，性命卻要還我，今日決不饒你！ (3) 說罷，便兩相擊搏，滾入水中。 (4) 助教慌了，喝叫僕從及船上人多跳下水去撈救。那太湖邊人多是會水的，救得上岸，還見將仕指手劃腳，揮拳相爭，到夜方定。
五	(1) 滋不知澤有隱慝，試問之。 (2) 顰蹙而言：「昔虜騎破城，一少年子相投寄宿，所齎囊金頗厚，吾心利其貲。至之數月，殺而取之。自念冤債在身，從壯至老，未嘗不戚戚。此兒生於壬午，今日之報，豈非此乎？」 (3) 自是憂悶不食，涉旬而死。	(1) 助教不知甚麼緣故，卻聽得適纔的說話，分明曉得定然有些蹺蹊的陰事，來問將仕。 (2) 將仕蹙着眉頭道：「昔日壬午年間，虜騎破城，一個少年子弟相投寄宿，所費囊金甚多，吾心貪其所有。數月之後，乘醉殺死，盡取其貲。自念冤債在身，從壯至老，心中長懷不安。此子生於壬午，定是他冤魂再世，今日之報，已顯然了。」 (3) 自此憂悶不食，十餘日而死。

六　內容擴展，類似填充

　　除了上列忠實地作白話翻譯外，另有一類，以原本為骨幹，添補小節，擴充內容，茲舉實例以資說明。卷二十六〈奪風情村婦捐軀，假天語幕僚斷獄〉的〈入話〉，是以智囊補卷十六〈捷智郎倉卒治盜〉為藍本擴展出來的。原本只有一九八字，而展開出來的小說，卻增加到一三四三字，為原來字數的六·七八倍。比例的數值，相當可觀。試看擴充的情形，則所作的小說，是否「等於創作」是不難判明的。原本與小說本事大致相同，敘一寄居僧舍的書生，無意中發現某寺僧私藏婦女的秘密，僧見事敗，迫害書生，結果反被生智殺。原文簡潔扼要，開頭先點出書生與舍僧，云：「吳有書生，假借僧舍。見僧每出，必鎖其房，甚謹。」寥寥十八字，小說則敷衍出十餘倍來，云：

　　　　話說臨安有一個舉人。姓鄭，就在本處慶福寺讀書。寺中有個西北房，叫淨雲房。寺僧廣明，做人俊爽風流，好與官員士子每往來，亦且衣鉢充實，家道從容，所以士人每喜與他交游。那鄭舉人在他寺中最久，與他甚是說得着，情意最密。凡是精緻禪室，曲折幽居，廣明盡引他游到。只有極深奧的所在，一間小房，廣明手自鎖閉出入，等閒也不開進去。終日是關着的，也不曾有第二個人走得進。雖是鄭舉人如此相知，無有不到的所在，也不領他進去。鄭舉人也只道是僧家藏叠資財的去處，大家湊趣，不去窺覷他。

　　原文簡潔，人物的姓氏、僧舍之所在，一切從略；小說則把人物、所在地清楚交待，使故事發展時易於說明。換句話說，小說以之為骨幹，逐項補充。書生姓鄭，身分為舉人，僧舍名慶福寺，寺僧叫廣明，所鎖僧房是西北房，叫淨雲房。如是擴展有如填充。唯書生與寺僧的關係，寫法則有出入。原本只客觀地記敘書生之所見，見寺僧對門戶特別謹慎，出入必鎖。至於他們有否交往，交情如何，全無涉及，任憑讀者去猜測。小說卻將他們拉近了，說他們「甚是說得着，情意最密。」如此，才能使上文寺僧好交游的前提得以印證。為下文謹慎的程度作伏筆，及以後要殺害書生的毒辣手段作線索。寺僧好與官員士人往來，跟住在寺中的書生說得着合得來，是順理成章的；既然交厚，也不給進去，謹慎的程度，可想而知；相知已久，即使秘密被發現，只要讓他知道事情的嚴重性，求他保守秘密，看在交情上，

也不至於洩漏出去,何必趕盡殺絕!情形與原本不同,原本沒有交代清楚兩人之間的交情,看來似無交道,見生倉皇地從他房間出來,又「見門未鎖」知事敗,發怒,因而起殺意。「削刀擬生曰:『可就死,不可令吾事敗。死他人手。』」也是狠毒之徒,但兩人有否交往,到此為止,還是沒法看出任何迹象。在小說則又一而再地點出兩人的交情,當寺僧知道秘密已洩,存心殺生,即用半硬半軟的手段,「『挽』着鄭生手進房,就把門閂了。」立即露出真面目:

> 床頭掣出一把刀來道:「小僧雖與足下相厚,今日之事,勢不兩立。不可使吾事敗,死在別人手裏,只是足下自己晦氣到了,錯進此房,急急自裁,休得怨我!」

既「相厚」,又不留情,大概恐怕有日生口疏敗事,寧可我負人,莫使人害我,雖交厚,也不能幸免,僧之狠毒,於此可見。原本沒有兩人相交的形迹,和尚的狠毒,也就沒有小說中的來得凶。

雖如此,當生要求候醉後才死,又要求鹹菜下酒,原本和小說的僧人都如所請。不同的是小說處處緊扣着兩人的交情,如哀求容吃一大醉才死時,説:「我與你往來多時,也須憐我。」許所求時,原本只用「僧許之。」小說則加插「廣明也念平日相好的,說得可憐,只得依從。」數句。

七 承前啟後,反覺囉嗦

小說之所以加插兩人平素相厚,一方面,為了承前啟後;同時也藉以指責酒肉和尚的心狠手辣,平日擺出的卻是一副從容不迫,俊爽風流的姿態。承前啟後的結果,文字增加了,內容擴充了,但是所增文字半文半白,[21] 擴充的內容,也跳不出原本的範疇,同樣是顯示和尚的狠毒,雖有程度的不同,卻不見另有新意,反而有些地方,覺得囉嗦。又如寺僧忘鎖門,書生私入,原本只用「一夕忘鎖,生縱步入焉,房甚曲折。」簡潔明瞭;小說卻作些理由,使篇幅增加,從原來的十三字增

---

[21] 小說中文白相混的情形,屢見不鮮,詳細請參閱拙著:〈論拍案驚奇的表現技巧〉,藤原尚教授廣島大學定年祝賀紀念《中國學論集》,溪水社,一九九七年三月。

至一四六字,內容如下:

> 一日,殿上撞得鐘響,不知是什麼大官府來到。廣明正在這房中,慌忙趕出山門外迎接去了。鄭生獨自閑步,偶然到此房前,只見門開在那裏。鄭生道:「這房從來鎖着,不曾看見裏面。今日為何卻不鎖?」一步步進房中來,卻是地板鋪的房。四下一看,不過是擺設得精緻,別無甚奇怪珍秘,與人看不得的東西。鄭生心下道:「這些出家人,畢竟心性古撇,此房有何秘密,直得轉手關門?」

忘鎖原因,原本盡在不言中,待讀者去想象、去尋味。小說則把這「盡在不言中」的一切填寫上去。讀起來也不覺得比原本好得幾許,徒增篇幅而已,全書便是如此這般地展開來的。當然,《拍案驚奇》中也有一些描寫生動、㉒文情並茂的篇章,如卷之一〈轉運漢巧遇洞庭紅,波斯胡指破龜龍殼〉的〈正話〉,可說是上乘之作,有關此卷的源流資料,目前所發現的只有《涇林續記》等。敘事簡短,有如孫楷第所形容一樣:「本事在原書中不過數十字。」「在小說則清談娓娓,文逾數千,抒情寫景,如在目前。」㉓ 此卷究竟確實是凌氏所作,抑也是如前舉一樣,是有所本的?在未發現更詳盡的源流資料以前,姑且當是凌氏所寫。可是像這樣上乘之作,在全書中究竟不算是太多,因此說《拍案驚奇》是凌氏的創作,倒不如說是編譯更來得適切。

㉒《拍案驚奇》的內容,寫的是社會大眾和各式事物,說的是當時的口語,有些人物的形象因而寫活了,關於這點,拙著〈從拍案驚奇看明代的口語〉一文,已曾論及,發表於第五屆國際漢語教學討論會中,一九九六年八月九日,北京懷柔。
㉓ 同注①。

小說、電影與歷史
——評《雍正王朝》的謬言妄語

楊啟樵

（一）引　言

去歲夏秋，往中國大陸及香港轉了一圈，發現一個特殊現象：翻開報紙就是《雍正皇帝》，打開電視就是『雍正王朝』，朋儕相聚，也往往以此為話題，真有『滿街爭唱蔡中郎』光景。文學、藝術勃興，令人興奮，何況我本人搞了數十年雍正史，竟有如許同道者，寧不使人雀躍。

當時報章、雜誌競相宣傳，捧之上天，且看中國大陸情況：

> 年初在內地播出電視劇《雍正王朝》的收視率，超過所有電視劇，一時形成『守定頻道看雍正』的局面。①

又說：

> 『雍正』之熱在黃河以北尤甚，據哈爾濱、瀋陽、大連、保定等地統計，收視率超過百分之八十，……因此被人譽為『北方男人戲』。同時期，上海、南京等江南城市的收視率，也節節攀升。②

臺灣對於這部影片的反應是：

> 該戲在臺灣比內地早播十三天，收視率名列第三。臺灣學者表示：這個電視劇在臺灣可『火』了，尤其是高層，每天鎖定頻道看。許多高官託人到內地買『雍』劇的錄音帶和VCD。臺灣報紙整版評論『雍』劇，說是『天下第一大戲』。③

---

①〈改革永遠得民心〉，99年7月14日〈明報〉。
② 同上。
③ 同上。

香港的報導又如何呢?據說:

> 最近香港播出的電視劇《雍正王朝》,掀起了一片收看熱鬧,成為不少人茶餘飯後的談論話題;尤其是官場中人,更是連連追看。……這又實在是一齣拍得認真的電視劇及一本出色的小說,值得一看。④

又說:

> 據聞許多官員,政壇中人,近日都開始有一鋪追電視劇癮,看的便是由唐國強飾演的雍正,……(議員)張文光日前在立法會冗長的會議中,便帶備了二月河的原著《雍正王朝》(按:應作《雍正皇帝》)到會上觀看,而當劉千石看到張文光在偷看時,禁不住借來看看,豈料一看之下便入了神,……⑤

但讀了小說,看過電視,有些喪氣:因為名不符實,簡直在跟歷史開玩笑。小說、電影不可能是歷史的復原,著者、編者可以發揮想像力,吸引讀者、觀眾;但歷史畢竟是歷史,眾所共知的史實,眾所熟稔的人物,不可寫得太離譜,如果我們說孫文是馬克思主義的信徒,蔣介石曾與毛潤之同窗,一定會羣起而攻之,因為這是『天方奇談』,絕非事實;遺憾的是電影中雍正等人物,頗有這種傾向。或說,雍正距今二百餘年,不妨隨便寫;倘若這可以允許,那麼二百年後,有人信筆撰寫上述孫、蔣、毛逸事,不是也可容忍?誰都可以撰寫歷史小說、電影,但不應歪曲史實;萬一出現駭人聽聞的謬說,也該有人撰文駁正。十分遺憾,到現在為止,還沒有一篇書評或影評,指出錯誤,因此我如骨鯁在喉,不能不說幾句。

關於二月河的小說,筆者已經發表了一篇二萬餘字的評論文章,⑥ 故此處只評《雍正王朝》。要聲明的是:關於電視集導演的手法,演員的演技,乃至於攝影、音響效果等,都在評論之外;本文僅指摘劇本中的歷史謬論。

(二)《雍正王朝》大動殺戒

許多壽終正寢的歷史人物,到了《雍正王朝》,無端端都死於非命:或飲鴆自

---

④ 林三:〈官場掀起雍正熱〉,〈星島日報〉99年7月20日。
⑤ 〈立會官場話題盡是雍正〉,〈星島日報〉99年7月18日。
⑥ 〈姬路獨協大學外國語學部紀要〉2000年1月。

決，或被處極刑，或捐軀疆場，或抗命喪身等等，然而核對史書，無一真實，以下舉數例為證。

甲、王掞飲鴆自盡

王掞於康熙朝並無豐功偉績，其成名起於疏請建立皇儲：太子允礽廢立後，他兩度奏請復立，因而留下名聲。其人壽終正寢，而《雍正王朝》(以下簡稱《王朝》)卻寫成仰毒自殺。說太子與康熙嬖嬪鄭春華有私，大學士王掞對她嚴辭斥責，予以白綾一條，命自縊。⑦王掞歸宅後，飲下毒酒，『突然他向後一靠，兩眼緊閉，接着一縷鮮血從嘴角流了出來！』⑧

此事發生在康熙六十萬壽大慶後，其實王掞於雍正朝仍健在，元年以老乞休，皇帝許以原官致仕，留京師備顧問，雍正六年（一七二八）、八十四歲時才逝世。

王掞對太子允礽忠誠不渝，一再冒死向康熙進言，冀能復立。《王朝》卻說他變節，轉向皇四子胤禛，道：『盼望四爺您能夠繼承大統！』⑨ 臨終前還諄諄叮囑：『四爺，老臣要走了，您的路還長，千萬不要灰心，更不要鬆勁，……』⑩ 說王掞死於非命，又說他是個變節者，實是厚誣古人。

乙、孫嘉淦為年羹堯所殺

孫嘉淦，康熙五十二年（一七一三）進士，雍正初擢國子監司業，《王朝》說他上疏參劾年羹堯，為年所忌。⑪雍正卻封孫為川陝布政使，遣赴西北年羹堯營中，管理軍需財務，希望年『見到這個人就有所警覺，有所收斂。』⑫誰知年羹堯將孫嘉淦殺了。⑬《王朝》作了一番渲染：北京孫宅靈堂兩次在鏡頭中出現：一次，神主牌上赫然寫着：『大清忠臣孫公嘉淦之靈位』。由清流代表謝濟世、陸生

---

⑦《雍正王朝》第17集，622頁，香港，天地圖書版，一九九九年。下簡稱17/622。
⑧ 18/624。
⑨ 17/618。
⑩ 18/624。
⑪ 29/1004-1013。
⑫ 29/1015、1029、1097。
⑬ 29/1098。

楠主持祭祀，都察院、翰林院、國子監的文官，排成浩浩蕩蕩長隊，輪流到靈前上香。⑭ 另一次，『守靈官員們一個個熬得眼睛通紅，仍然守在那裏。』『謝濟世站了起來，大聲說道：「年羹堯一天不殺，我們就一天不撤這個靈堂！」』⑮

其實孫為年殺戮，子須烏有，他不僅於雍正朝任官，而且在乾隆朝屢次擢升，官至吏部尚書。乾隆十八年（一七五三）十二月卒，年七十有一。至於川陝布政使，管理西北軍營財務云云，純屬虛言。

丙、諾岷被處極刑

諾岷（《王朝》作諾敏）在清代經濟史上頗有名，因他於雍正二年創建『養廉』制，獲皇帝贊賞，推行全國；這是劃時代的制度，他也就在財政史上佔了一席地位。

《王朝》說諾岷出任山西巡撫，奉命清查積欠，發現庫銀虧空達三百多萬兩。⑯ 為了表功，與下屬串通，半年內填補一清。⑰ 雍正大喜，親揮宸翰，書就『天下第一巡撫』匾額頒賜。⑱ 殊不知藩庫中僅存三十萬兩，其餘二百七十萬兩借自當地商賈。⑲

雍正派田文鏡、劉鐵成為欽差，前往查察。田將山西官員勾結作偽事上奏，諾岷即被押解進京，皇帝責他『為了自己一個人的前程，上誤國家，下誤百姓，不殺他，是無天理！』⑳ 三天後綁至菜市口刑場處斬。㉑

以上記載荒謬，不見於任何史籍中，其實諾岷於十年後的雍正十二年始病故。至於田文鏡，劉鐵成委任欽差，遣至山西調查均是虛構。

---

⑭ 32/1113。

⑮ 32/1118-1119。

⑯ 20/697。

⑰ 20/715。

⑱ 20/716。

⑲ 20/714-715，755。

⑳ 24/829。

㉑ 24/829-24/833。

丁、張廷璐慘遭腰斬

張門世代為簪纓望族,廷璐父兄俱居顯宦,伊本人也早於康熙末造侍直南書房,詔旨密勿,時備顧問。乾隆時仍活躍於政壇,《王朝》卻説他於雍正二年犯罪處死,自是無稽之談。《王朝》描述,概括如下:

> 雍正二年舉行恩科會試,主考及副主考是侍讀學士張廷璐、李紱。皇帝異常認真,親自出題,親手書寫,躬自放入『封得嚴嚴實實的烤漆小筒內』,置於養心殿全漆大櫃中,鑰匙則隨身攜帶。稍後將考題當面交予主考官。縱然如此嚴峻,竟有人公然在酒肆中出售試題;且三場考題無一不中。李紱上奏,雍正勃然大怒,逮張來京詰問。張只承認受同僚、友人之託,『夾帶了七名考生』,矢口否認洩漏試題。[22]皇帝雖然相信,但認為將朝廷名器做人情,對那些十年寒窗苦讀的士子如何交代。[23]更何況御史臺、國子監、翰林院的清流主張嚴懲,國子監的孫嘉淦就是其中的一個,説:『張廷璐不殺,是無天理!』[24]張終於與諾岷同日於菜市口斬首。[25]

前文説過,張宦途順遂,至乾隆朝依然眷遇不替,怎可能喪命於雍正二年?其實雍正元年的恩科會試(非二年),他既非主考,亦非副考,只是十八名同考官之一。是年試場並無風波。這以後,張廷璐仍然數度出入棘闈,如雍正五年會試任同考官,十年鄉試任浙江考官,乾隆六年鄉試任江西考官。自雍正八年至乾隆三年曾三任江蘇學政。一度於雍正身邊任起居注官。乾隆八年,皇帝往奉天叩謁,扈駕近臣中便有張廷璐,因此不可能於雍正朝問斬。

戊、富寧安喪身亂箭

富寧安,滿洲鑲藍旗人,靠從祖餘蔭,康熙二十五年襲騎都尉職。屢立戰功,極受皇帝信任。《王朝》卻將他寫成一名桀驁不馴的悍將,説雍正初,被遣往西北

---

[22] 22/779、786、787、806、807。

[23] 24/829。

[24] 23/816。

[25] 24/829-833。

行營年羹堯麾下效力。富蔑視年羹堯,不聽節制,擅自出兵,大敗而歸。年命弓箭手包圍他,亂箭齊發,『富寧安和他的那匹馬像刺猬一樣,倒在一堆。』年還說:『嗣後有膽敢不聽我的號令者,他就是榜樣。』㉖

年羹堯沒有射死富寧安的可能,因年於雍正四年罹罪賜自裁時,富還健在;富五年任西安駐防將軍時,年已伏法,兩人湊不到一起。《王朝》描繪富亂箭斃命之際,正逢富春風得意,其時獲武英殿大學士頭銜,駐軍塞外。三年二月,皇帝稱贊他『在軍營久,謹慎小心』,賜帑銀二萬兩。富寧安卒於雍正六年六月,十年九月獲入祀賢良祠。

己、傅爾丹引項自刎

傅爾丹,滿洲鑲黃旗人,元勛費英東曾孫。康熙二十年襲三等公爵。終康熙朝,他的最高職銜是領侍衛內大臣、振武將軍。《王朝》說康熙五十六年,派往西北平亂,中準噶爾部埋伏計,全軍覆滅,㉗ 傅爾丹『仰天長嘆,舉起長劍往項間一刎……。』㉘

傅自決說不確。他中計兵潰,非康熙朝而是雍正九年。傅未自刎,脫身而歸,得到雍正贊許:『……至不肯輕生自殺,力戰全歸,此爾能辨別輕重,事定,朕自有處置。』㉙

傅爾丹在乾隆朝仍有所作為,十四年授黑龍江將軍,十七年卒,賜祭葬,諡溫愨。

庚、謝濟世棄市

《王朝》描述允禩責問皇帝:『謝濟世、陸生楠向皇上忠言直諫,皇上就是不讓他們說話,而且殺了他們。』㉚

㉖ 27/936-938。
㉗ 16/559、577。27/927。
㉘ 16/557。
㉙《清史稿》卷二九七,本傳。
㉚ 38/1317。

按：謝濟世、陸生楠為科舉人士代表，以事罹罪，先後發配阿爾泰軍前效力贖罪。雍正七年七月，又為順承郡王錫保參劾，說伊等著書，怨望、謗訕。結果謝獲寬免，陸則於軍前正法。《清史稿》記載甚詳：『上密諭，誅生楠，濟世使視，生楠既就刑，宣旨釋之。』㉛ 此處十分清楚，僅陸被誅；而謝濟世於乾隆纘位後，即被召進京授官，退休後家居十二年卒，年六十有八。被誅說自不可信。

（三）名登鬼籍者忽而復活

《王朝》將壽終正寢的人物硬寫成橫死，而早登鬼籍者卻一一出現於身沒之後，生死顛倒，不知所云，且舉數人為例。

甲、阿靈阿

阿靈阿，滿洲鑲黃旗人，最後職銜是正藍旗蒙古都統、領侍衛內大臣。父遏必隆，康熙初四大輔臣之一。阿靈阿卒於康熙五十五年，可怪的是《王朝》卻一再讓他於身後出現，如康熙五十六年，羣聚於胤禛府內，猜測誰將遣往西陲坐鎮，其中便有阿靈阿其人。㉜ 天如雍正二年，胤禛當眾宣布：新朝通寶，『是阿靈阿領着戶部的人趕製的，……』㉝ 又如同年科場案發，大小官員羣聚於張廷玉府，聯名具摺保釋其弟廷璐，帶頭的便是阿靈阿。㉞ 又如雍正初年羹堯駐兵西北，催解軍餉，不滿者『集體辭官』，出面的也是阿靈阿。㉟

阿早於康熙五十五年去世，怎能活躍於既亡之後。且雍正恨之入骨，死後仍追舊債，雍正二年，召諸大臣言：阿居心奸險，結黨營私，當年造作無稽之言，致皇考憤懣，命將其墓碑改鐫『不臣不弟暴悍貪庸阿靈阿之墓』。㊱ 即使阿靈阿未於

㉛ 卷 293，謝濟世、陸生楠傳。

㉜ 16/559。

㉝ 20/700。

㉞ 23/815。

㉟ 28/971。

㊱《清史稿》卷四八七，本傳。

康熙時病故，亦當被肅清於雍正之世，這一幽靈的再三出現，了無意義。

乙、揆敘

揆敘，滿洲正黃旗人，大學士明珠之子，與阿靈阿一同擁護康熙第八皇子允禩，他最後官職是左都御史，兼掌翰林院事。康熙五十六年卒。雍正二年，發其罪狀，追奪官，墓碑改鐫：『不忠不孝陰險柔佞揆敘之墓』。㊲

這早登鬼籍簿的人物，居然雍正二年出現於隆科多客廳，與諸臣合議保諾岷過關。㊳ 其後在三十八集『八旗議政』的活劇中，他與阿靈阿兩名幽靈再度登場，荒謬絕倫。

丙、烏雅氏

烏雅氏，康熙封為德妃，乃雍正生母，即位後尊為仁壽皇太后，雍正元年（一七二三）五月二十三日薨，享年六十有四。《王朝》讓她在死後仍一再於慈寧宮登場，還居中調停雍正與十四弟之間的關係。㊴ 將她的死延長幾年，何故？

丁、允禩

允禩，雍正二年圈禁高牆，四年九月卒於幽所。《王朝》卻寫他始終於幕後策動倒皇運動，雍正十三年八月，皇帝暴亡，允禩之死，即在此前，甚矣，不符史實！

（四）親屬關係

《王朝》不僅人物的生死顛倒，而在親屬關係上也是一筆糊塗帳，以隆科多為例。這一要角，時時於螢幕上露面，但他與另一角色佟國維之間的關係，卻是一團

㊲《清史稿》卷四八七，本傳。
㊳ 23/814。
㊴ 25/872、874。27/939。21/1120、1124。

糟。兩者是父子，影片中卻是叔侄，如第五集，隆對佟管家道：『你家老爺是誰？是我嫡親的六叔！』⑩ 如第十一集，隆科多升官，佟即向康熙道謝：『奴才代死去的兄長佟國綱叩謝皇上天恩！』⑪ 如第十八集，康熙對隆說：『……聽人說，你總怪你叔叔佟國維壓着你，……』⑫

這當然是錯誤，史書上寫得很清楚，佟國賴有兩子：國綱、國維；隆科多乃國維子，國綱侄。

又《王朝》說隆科多有子阿爾松阿。如二十四集有此描寫：『那隆中堂的大公子——阿爾松阿……』⑬ 又如二十六集，隨從說：『這位就是當朝隆中堂的大公子。』⑭

這錯得離譜，阿爾松阿是阿靈阿之子，與隆科多無關。雍正說過：阿爾松阿柔奸狡猾，甚於其父阿靈阿，未幾被誅。為何《王朝》寫父子、叔侄如此混亂，費解！

（五）胤禛抗洪救災

《雍正王朝》為了突出胤禛，一開頭就讓他擔任重務；赴江南籌款賑災、修堤。從第一集貫通到第四集，佔一百三十多頁，講得煞有介事，實際上全屬虛構。故事梗概如下。

康熙四十六年（一七〇七），黃河暴漲，『河南、山東多處河堤決口，淹沒田土房屋無數。』⑮ 災情十分嚴重，康熙嘆息道：『想不到朕數十年治河心血，竟然毀於一旦，……』⑯ 四皇子胤禛也激動地說：『千里澤國，百萬災民，可直接關係到咱大清的江山社稷呀！』⑰ 他強調此乃一場『百年不遇的大災，百萬待救的災民！』⑱

---

⑩ 5/175。
⑪ 11/394。
⑫ 18/638。
⑬ 24/840。
⑭ 26/917。
⑮ 1/3。
⑯ 1/7。
⑰ 1/16。

當康熙讀到水災奏疏時,即刻召集王公大臣商討對策,結果決定派胤禛和十三皇子允祥前往揚州募捐救災。獲得當地革職知縣田文鏡與杭州參將年羹堯協助,順利完成任務,返京後胤禛獲賜爵位。

其實上述故事全是生編瞎造,不符史實,也不合情理,以下且逐點討論。

一、黃河泛濫說

黃河時常決口成災,為一大患,確是事實,但康熙朝最大一次洪水是在六年,『高郵民溺斃數萬。』⑭ 可從未有『災民百萬』的大災。康熙四十六年八月曾有一次輕災:豐縣的吳家莊決口,但隨即堵塞,未釀成巨禍,『百年不遇的大災』云云,無乃誇張過甚!且康熙六十年的記載中說得很清楚,自河工告成,『安瀾十餘年矣。』⑮ 雖然官吏會隱瞞災情,皇帝也喜愛粉飾太平,然而果有百年未遇的大災,百萬流離失所的災民,史書上不可能一筆抹殺,因此,四十六年的洪水說毫無根據。

二、康熙召集羣臣說

不僅史書上沒有洪水記錄,且這一年康熙的日程表上也難安插。《王朝》第一個鏡頭就是康熙得知黃河決堤,即召羣臣進大內商議,時在陰曆二月。然而康熙於正月二十二日,已開始第六次南巡,直至五月二十二日始返京城。㉑ 席不暇暖,又於六月初六日巡幸塞外,十月二十日始返。㉒ 因此在宮內召開御前會議,派遣胤禛等往江南賑災,時間上不可能。而且康熙非常關懷民瘼,地方有旱澇之災,必定命留漕糧以賑饑,或蠲免額賦。但查看康熙四十六年的記錄,全國各地獲此優惠者甚多,獨不見河南、山東、揚州有賑濟事宜。因此黃河泛濫說寫在這一年非常不適當。

---

⑭ 3/108。

⑮《清史稿》卷一二六,河渠志。

㉑ 同上。

㉑《聖祖實錄》卷二二八,頁四b。卷二二九,頁十七a。

㉒ 卷二三〇,頁二b。卷二三一,七b。

三、其他問題

除上述兩點外，尚有種種奇聞怪論，如：

甲、胤禛委任說。皇子時代，他很少赴外地公幹，在寥寥的幾樁出差記錄中，根本沒有揚州救災一項。至於說『到江南籌款，他煽動災民鬧事，城隍廟擺鴻門宴，軟磨硬逼，掏走了地方官和富商二百多萬銀子。』㊼ 自是虛構。

乙、田文鏡任官揚州說。《王朝》於雍正登極後，有一段口諭，說：田文鏡於康熙四十六年，『就輔佐朕在江南辦理賑災救款，一年數月，衣不結帶，到處籌糧籌款，救活了無數災民。』㊾ 其實，田文鏡於康熙四十四年已任易州知州，翌年內遷吏部員外郎，此後十六年一直任職中央，因此，康熙四十六年任揚州知縣而被革職云云，絕無可能。而田得皇帝賞識，在雍正元年。山西荒歉，巡撫德音匿災不報。田因公路過，目擊慘狀，據實上告，大稱帝心，從此扶搖直上，但此前兩者實不相識。㊿

丙、年羹堯任杭州參將說。康熙四十六年，他已於中央政府任內閣學士，雍正朝被清算，一度被降為杭州將軍，這是十八年後雍正三年（一七二五）四月之事，他不可能康熙年間任杭州參將，也無可能來揚州協助胤禛。

丁、胤禛封郡王說。《王朝》說，因胤禛揚州賑濟有功，康熙加封他為『雍郡王』㊶ 這不是事實。他一生中晉爵只有兩回：康熙三十七年，多羅貝子；四十八年和碩雍親王，從未獲郡王爵位。

戊、小叫花子李衛收養說。《王朝》說李狗兒流浪揚州，乞食為生，胤禛憐而收養，允祥改其名曰『李衛』。㊷ 從此他在雍王府當小廝，以後推薦出外任官，做到封疆大吏。

其實李衛是雍正朝顯赫一時的高官，史書中記載頗詳，怎會是乞丐出身？且胤禛登基前未曾晤面，雍正九年上諭中說得清楚：『浙江總督李衛，前為戶部司官

㊼《王朝》內容提要。
㊾ 26/912。
㊿ 參拙作《雍正帝及其密摺制度究》第五章。香港，三聯書店。
㊶ 4/113。
㊷ 1/21-26。2/39-40。17/604。

時，朕並不知其名。』⑱ 又故宮密檔中有李衛自述：『初次召見，問臣出身家世。』⑲ 假如兩者早已相識，怎有此問？關於李衛不可能進雍王府作傭僕，筆者在評二月河的《雍正皇帝》中已述之甚詳，此處不贅言。

（六）『八旗議政』活動

甲、悖情違理的歷史逆流

《王朝》第三十八集有『八旗議政』一幕，乖舛離奇，嘆為觀止。說雍正六年，忽而惹起一場『逼宮』政變，皇位岌岌可危，幸而處置得宜，化險為夷，平安度過。『八旗』指的是八王，這夥人倡議集體領導，逼皇帝『還政與旗』。這八人是來自奉天的四名旗主，及允䄉、允裪、允䄔，尚有立場相反的怡親王允祥。《王朝》說允䄉等串通關外四王，威脅雍正。四人是鑲藍旗旗主簡親王勒布，鑲紅旗旗主東親王永信，鑲白旗旗主果親王誠諾，正藍旗旗主睿親王都羅。彼等盛氣凌人，咆吼於殿堂，矛頭直指雍正。

東親王道：皇上說新政如何如何好，可咱們在奉天聽到的不是這樣！李衛不過是皇上在潛邸的小廝，竟派他作兩江總督，這不是在掃咱們大清的臉？還有田文鏡，更不像話，專橫跋扈，弄得天怒人怨。皇上卻一味庇護他，反而把一些清官忠臣殺頭的殺頭，革職的革職，新政既然好，為什麼有這麼多人反對？請皇上給大家說清楚！⑳ 又說：『今天也改，明天也改，把老祖宗的制度全改了，能不出問題！』

簡親王在旁幫腔，要皇帝攤牌，果親王則直截了當地說出目的：

> 咱們恢復了八旗議政的制度：上三旗由八爺、九爺、十爺任旗主，下五旗還是十三爺和咱們四個旗主。……旗務和政務一同商量一同下令，皇上也免得如此辛苦。……㉑

---

⑱《憲宗皇帝上諭內閣》卷一〇八，雍正九年七月初十日。
⑲《宮中檔雍正朝奏摺》第一輯，頁366-367，臺灣，故宮博物院。
⑳ 38/1308。
㉑ 38/1313。

《王朝》所說的集體執政是歷史逆流，根本不可能，只有在一百年前雍正曾祖皇太極時代，曇花一現的露過一下。眾所皆知，自宋以降君權節次高升，明太祖廢相，使獨裁政體又向前邁進一步。然而異民族滿清崛興之始，君權稍受限制，走過一段曲折迂迴的道路。這並不意味民權的伸張，而是滿洲部落政制的多頭主義，限制了『獨夫』專權。

集體領導出自清太祖努爾哈赤的主意，一六一六年他稱汗登位，建立大金國，改元天命。第七年，可汗已屆六四高齡，眾子提出繼承者問題，他以為應該『八和碩貝勒共議國政』，嗣主由眾人推選，如執政不善，亦可罷免。

如此，君權自會限制。但金國只是隅處一角的地方政權，努爾哈赤只是部落酋長，做夢也沒想到，二十餘年後他的後裔會坐上金鑾殿寶座。而且他是國家的創建者，周圍都是子侄輩，無敢抗衡，君權限制云云，實指他後人而言。

天命十一年，努爾哈赤去世，皇太極由眾兄弟擁戴繼位，改明年為天聰元年。一上臺就覺得處處受掣肘，可汗徒有虛名，無特權專利，如規定：『有人必八家分養之，地土八家分據之。即一人尺土，貝勒不容於皇上，皇上亦不容貝勒。』[62]

行政方面，汗與其他三大貝勒輪流管理一個月。朝會時四人並排坐，宛如『四人幫』，全無人君樂趣，自非皇太極所心甘情願。他一開始就處心積慮，作出一系列處置，抑制王公貴族，逐步加強君權。譬如每旗增加總管大臣一名，既管旗務，也參與國政會議，如此便分薄了八和碩貝勒的專權。

四大貝勒中先除去一名堂兄，朝會時就成為『三尊佛』狀。最後終於南面居中獨坐，無人敢抗衡。一六三六年，皇太極稱帝，國號大清，改元崇德。君主獨裁更進了一步。

此後順治、康熙兩朝，都積極削弱旗主勢力，竭力增強君主專權。順治打出『法明』口號，用漢制，目的是增強君權。康熙將不滿兩足歲的嫡子允礽冊立為太子，也是效法漢人，與乃父有同樣用意。晚年又命皇子允祐、允䄉、允祹管理正藍、正黃及正白旗務，旗主的特權就受到了限制。

雍正繼位後，將君主獨裁政體，推行到有史以來未有的高峰，採取各項措置，

---

[62]《天聰朝臣工奏摺》卷上，〈胡貢明五進瞽奏〉。

如派御史稽察旗務。任命親王為都統，管理旗下軍政、戶口、田土、婚姻。限制下五旗旗主與旗員的隸屬關係。即使旗下所屬官房，也令互相對調管理，如鑲黃旗房着正白旗管理；正白旗房着鑲黃旗管理等等。⑥³ 總而言之，一百年前雍正太祖父努爾哈赤的八旗共治政體，至此已蕩然無存，決不可能出現旗主『逼宮』場面。

《王朝》説『這幾個王本就不諳政務，在允禩的慫恿下靜極思動，夢想着旗政的美事。』那麼，允禩等如何表態呢？當新科狀元王文昭為皇帝辨護、指責東信王時，允禟大聲喝斥道：『王文昭！你要挾權亂政嗎？⋯⋯你是什麼東西？充其量不過是我們滿洲人的一條狗，⋯⋯』⑥⁴

允禩更厲害，責問雍正：謝濟世、陸生楠忠言直諫，被殺，『在聖祖仁皇帝手裏有這樣的事嗎？』『皇上御極以來，在用人行政上多闕失，羣臣皆不敢言』用年羹堯，貪污揮霍，使國庫虧空。用田文鏡，得罪河南讀書人，生員罷考，天下震驚，『人心怎能不失？』士紳一律當差、納糧，怨言四起，『政局焉能不亂？』簡親王提出八王議政，輔佐皇上，有何不可？請『恢復八王議政的提議，則社稷幸甚！』⑥⁵

《王朝》説雍正不料有此一着，『心裏已經慌亂得突突亂跳』，『手臂痙攣得微微顫抖』。『氣得嘴唇發顫，兩臂直抖』。⑥⁶ 幸而親信張廷玉、允祥先後用言辭、武力為他解圍，才收束這場『八旗議政』活劇。

以上《王朝》的描述，是虛無飄渺的空想，不可能發生。其實雍正一登基，允禩、允禟等都被皇帝箝制，觳觫震驚，重足而立。新皇封允禩為廉親王，但其妻向道賀者説：『何喜之有！不知頭落何日。』⑥⁷ 果然不出所料，允禩雖蒙賜高爵，但在雍正元年十月就受到譴責：『沽取孝名，詭為孝行。』此後百般凌辱，如二年四月七日，責允禩『素行陰險、狡詐。』同年十一月十三日諭眾大臣：『廉親王存心狡詐，結黨營私。』類此罵直至雍正四年九月初十日允禩死亡為止。

---

⑥³ 見孟森《八旗制度考實》。

⑥⁴ 38/1312。

⑥⁵ 38/1318-1319。

⑥⁶ 38/1317-1318。

⑥⁷《世宗實錄》卷四〇。

其他允裪、允䄉、允禵等也不時受到口誅筆伐，惶惶不可終日，怎敢『逼宮』，要乃兄恢復百年前舊規？

乙、年代人事都不合史實

這一幕場所、人物事跡多荒唐不經，先說地點，《王朝》的鏡頭是暢春園正門內，此乃康熙離宮，雍正怎會在此聽政。他於皇子時代已蒙賜居圓明園，繼統後大事興修，既有正大光明殿，亦有大臣值班之所，而景色、設備遠勝紫禁城，因此駐蹕於此多於大內，暴亡時亦在此地。他沒有理由在父皇的故居暢春園召開御前會議。

其次，『八王議政』究竟發生在何年何月，《王朝》敘事錯雜難辨。最早可以說是康熙二十年：這以後有等人物已經物故。但也可壓後到雍正七、八年。理由是陸生楠於阿爾泰軍前處斬，怡親王允祥病故，軍機大臣登場，都不能早於此時。更可以推延到下一朝，因兩次提及《八旗通志》，而此書梓行已在乾隆四年。

《王朝》改編自二月河的《雍正皇帝》，雖然劇本作了修訂，但依樣葫蘆處不少。小說將這齣活劇安插於雍正六年，⑱ 姑且按照這個年代來討論。

這一來大有問題，『逼宮』大會如同在陰曹地府召開，何以故？因為登場角色很多已早登鬼籍。如簡親王喇布，⑲ 康熙二十年亡。阿爾阿，康熙五十五年亡。揆敘，康熙五十六年亡。允禩、允禟、雍正四年亡。隆科多、弘時，雍正五年亡。

這豈不是幽靈大會？因為主要角色早已身歸泉世。然則將故事移前如何？這依舊解不通，喇布、阿靈阿等早於康熙朝謝世，『八旗議政』無論如何不能提前到雍正登基以前。倘若安排在雍正三、四年，雖然有些人物可以上場，然而，這以後發生的事件，又如何解釋？陸生楠、允祥等要到雍正七、八年才去世，這就得讓兩人提前三、四年歸黃泉？而其時弘晝年僅十四、五歲，未封爵，無官職，又怎能參與御前會議？不可解！

問題不僅於此，雍正一登位，對政敵即刻採取分化政策，允裪差往西寧，允䄉

---

⑱ 下卷《恨水東逝》頁一八五，長江文藝出版社，一九九七年五月。
⑲《王朝》寫作勒布。

遣至塞外，允䄉留駐湯泉。換句話說，允禩黨已徹底瓦解，不可能如《王朝》描述，他們尚能於廉親王府籌畫政變。

允䄉等逼雍正下臺，須要武力支持，《王朝》擁出一隆科多，說由於他的協力，制服羽林軍，倒皇運動始能順利進行。這種說法毫無根據，不見任何官書、野史中。隆科多於新皇即位之初，位極人臣，受異眷。雍正一登基，就命隆仍兼步軍統領，總理事務，襲一等公，授吏部上書，兼領理藩院事。平素以『舅舅隆科多』相稱。隆冒險叛變，即使成功，爵位無以復加。若云雍正多疑善猜，或日後有變，那麼也難保新主允䄉始終不變。因此，他反雍正云云的說服力不強。

『八王議政』中尚有不少謬誤，擇要開列於下。

一、軍機大臣

原文

他們的身後站滿了軍機大臣，……⑦⓪

評語

如果『逼宮』的背景在雍正七年之前，就不該出現軍機大臣。倘使在七年之後，其領袖允䄉已在九泉之下，不可能策動政變。

二、兩位果親王

原文

第三位是鑲白旗旗主果親王誠諾。⑦①

評語

其時（雍正六年二月）皇十七弟允禮以『效力忠誠』，晉封果親王。與誠諾爵號同，果親王豈有『雙胞胎』？

三、世襲親王

原文

東親王雖是世襲王爺，……⑦②

---

⑦⓪ 38/1303。
⑦① 38/1304。
⑦② 38/1311。

評語

東親王永信不見於《八旗通志》及其他官書，出於何門何系？如何襲承爵位？

四、兩朝宰相

原文

（張廷玉說：）『我是先帝的老臣，兩朝的宰相。』⑬

評語

張在康熙朝的最高頭銜是吏部左侍郎，正二品。一天也沒當過宰相。⑭

五、十固山執政王

原文

（張廷玉說：）『己未天命四年，太祖令褚胡裡、鴉希詔、庫里纏、厄格腥格、希福五臣帶誓書，與喀爾喀部五衛王共謀聯合反明——注意，這不是八王，而是十王，因此叫「十固山執政王」』。⑮

評語

十固山執政王解釋錯誤。按：天命四年（一六一九）金國汗努爾哈赤，派大臣五名，與喀爾喀五部代表結盟，昭告天地，共同發誓：『今滿洲十旗執政貝勒，與蒙古國五部執政貝勒，蒙天地眷佑，……』⑯

當時金國方面五人，代表『滿洲十旗』，與對方各部落代表五人，共同發誓，意思很清楚。《王朝》誤解為金國五人，加上蒙古的『五衛王』，湊成『十固山執政王』。這就顯得十分滑稽：蒙古的五王，竟插進後金國，共同執政，當然不是事實。

---

⑬ 38/1320。

⑭ 詳拙作〈歷史與小說之間——評二月河的雍正皇帝〉第七節，《姬路獨協大學紀要》第十二卷，二〇〇〇年一月。

⑮ 38/1320-1321。

⑯《太祖高皇帝實錄》卷六，頁三三b，天命四年十一月初一。

六、八旗通志

原文

（張廷玉說：）『八爺，您是參加過編纂《八旗通志》的，……』⑦

（作為一種懲罰，雍正對簡親王等說：）『到理藩院將《八旗通志》各抄十本，帶回去給你們的子孫看。』⑱

評語

按：《八旗通志》（初編）二百五十卷，雍正五年（一七二七）鄂爾泰等奉旨纂修，乾隆四年（一七三九）成書。八爺就是允祀，前文說過，他亡於雍正四年，第二年才有編纂諭旨，當然他不可能參與編輯工作。『八旗議政』時書尚未成，自不會有罰抄《通志》之舉。

總之，『八旗議政』絕無可能，而且生死顛倒，錯誤百出，集荒謬之大成。

（七）人物刻畫離題萬丈

小說或者電影中人物的刻畫，佔最大因素。既須栩栩如生，也得恰如其份；至於歷史故事還要求不遠離史實。但《王朝》卻違背這個原則，人物的事跡、性格不符史實，讀之，如另有其人。此處選取影片中頻頻出現的雍正數名昆仲為例，加以評論。

甲、允祥

康熙第十三子允祥，是《王朝》中最活躍的要角之一，重大事件都有他的份，但是電影中的他，精神笑貌與史書記載不合，且舉數例為證。

《王朝》說允祥因有蒙古血統，因而妨礙前程，如康熙五十六年，原有希望出任大將軍，率兵前往西北，雍正擬保舉他，謀士鄔思道說：『您難道忘了，十三爺的外公，就是喀爾喀蒙古大汗？』⑲ 雍正即改變主意，保薦允禵，而且明言：不

---

⑦ 38/1321。

⑱ 38/1328。

能推薦允祥,怕影響軍心,因為『十三弟的外公,是喀爾喀蒙古大汗』。⑧⓪

允祥的外祖父竟是蒙古領袖,實是信口開河,其母章佳氏屬滿洲鑲黃旗,是參領海寬之女,祖先事跡歷歷可考,不必查『玉牒』,單《清史稿》、《清皇室四譜》中已夠清楚。順便提一提,康熙諸妃中僅慧妃、宣妃為蒙古籍,二人均無子嗣。

《王朝》說允祥幼而喪母,備極孤淒,曾語雍正:『我從小就沒了娘,兄弟中間就你和太子對我好。』⑧① 臨終前痛哭流淚,向雍正吐露心聲:『從兩歲上我沒有了親娘,就一直是你把我帶在身邊,四十多年了,……』⑧②

允祥兩歲喪母云云,不知從何而來?史籍中記錄分明:康熙二十五年,敏妃章佳氏生允祥,三十八年薨;其時允祥已十四歲,已非稚子。其實,按照清宮慣例:皇子一墮地,即抱出交予乳母,扶養則由后妃或王公大臣,因此不存在孤淒問題。倘若說允祥淒涼,那麼,允䄉十二歲喪母,太子則一落地即無親娘,豈非更為孤單淒楚?

清制,皇子自幼即受文藝、武事訓練,康熙諸子大致文武雙全,當然難免有偏文偏武傾向,允祥應屬於文的一邊,諳練軍事的則數十四皇子允禵。然而《王朝》突出了允祥的武功,說他精通六韜三略,早在康熙朝已率師統兵,遠征西北。⑧③ 擁有一批忠心耿耿曾與他出生入死的舊袍澤,願為他效死命,⑧④ 雍正繼位之際,此等人仍然掌握着兵權,當允禩、允禟等企圖起兵奪位時,全賴允祥勤王、護駕,雍正才平安登上寶座。⑧⑤ 數年後又發生諸王『逼宮』事件,羽林軍都給允禩等叛兵制服,驚險萬端,也幸虧允祥調動舊部解圍,才化險為夷。⑧⑥《王朝》還說允祥武藝高強,讓他在鏡頭中施展渾身解數。在江夏鎮把個教頭打得一佛出世,二佛涅槃。⑧⑦ 在乾清門和允禵交手,打成平局。⑧⑧

---

⑦⑨ 16/566。

⑧⓪ 16/574。

⑧① 11/388。

⑧② 39/1333。

⑧③ 10/358。

⑧④ 18/630、633、635。

⑧⑤ 18/651-655。

⑧⑥ 38/1325、1328。

雍正曾當眾讚允祥：『二十年前，誰不知道他是英武豪俠義薄雲天的「拼命十三郎」！』⑧⑨

《王朝》渲染允祥武功，但無法印證。筆者僅見過一則史料，說他頗能射擊，然而射擊乃眾皇子必修課程，連文質彬彬的允祉，西洋人目擊記中讚他射擊出色。⑨⓪

《王朝》居然說康熙年間，允祥在西北率兵作戰，擁有忠誠部下，然則五十七年邊警迭起，何以置允祥不顧？而任命險謀、狹窄的允禵，（此貶詞出自《王朝》）為撫遠大將軍，鎮守西北。

『八王議政』一幕中，說允禩等妄圖兵諫，其中主要人馬是西山健銳營，而此一部隊『直接聽命於十三爺（允祥）。』⑨① 這是十分滑稽的說法，因為健銳營成立於乾隆十四年，為攻打金川，特在西山訓練雲梯兵，得勝後，乾隆決定於香山設一專營，賜名『健銳雲梯營』，簡稱『健銳營』。⑨②

再說雍正對這位十三弟棠棣情深，無比信任，不幸八年五月允祥病死，雍正不勝哀悼，親撰文祭祀，《八旗通志》中的〈怡親王胤祥傳〉，稱頌備至。曾說平日屢頒諭旨，敘述允祥的『佳謨懿行，不下數十萬言。』可怪的是對他康熙朝的軍功，只字不提？二十餘年前，我曾經於臺北故宮博物院，看到一部手抄的怡親王傳，十分詳盡，但有關他早年的戎馬生涯，一無記載。倘若允祥確曾有輝煌的一頁，怎會芟削一空？

乙、允禵

允禵與雍正為同母所生親兄弟，可自幼即各有人扶養，相聚無多，感情不甚融

---

⑧⑦ 3/91-92。

⑧⑧ 12/415-416。

⑧⑨ 38/1329。

⑨⓪《張誠日記》，載《清史資料》第五集，頁171，中國社會科學院清史研究室編，張寶劍等譯，一九八四年四月。按：張誠為法國傳教士，任職於宮廷，曾多次隨康熙巡遊邊塞。

⑨① 37/1295。

⑨②《清會典》卷八八。

洽。反與允禩、允禟等沆瀣一氣，黨同伐異。雍正登基後即遭軟禁，並説他沈湎輕生，性好漁色，昏愚狂妄，自是蓄意詆毀的讕言，不可深信。實際上允禵『聰明絕世』、『甚有義氣』⑬假如允禵真箇如雍正批評，康熙末年自不可能拔擢為撫遠大將軍，特諭外藩：『大將軍是我皇子，確係良將』，『有帶兵才能，故命掌生殺重任』。⑭當眾大臣臚列允禵罪狀，請明正典刑時，逼雍正説出幾句公道話：『允禵為人止於賦性糊塗，行事狂妄；至奸詐陰險之處，與阿其那、允禟相去甚遠。』⑮總的來説，允禵倔強好勝，涵養不足，然而為人正直，絕不矯揉造作。可是《王朝》歪曲了他的形象，宛如另有其人，説他『胸懷狹小』⑯説他『小人心眼』⑰又説他處心積慮陷害他人，有一次，康熙駐蹕避暑山莊，允禵竟偽造『太子關防的調兵手諭』，包圍行宮，有叛變之勢。事後太子百口莫辯，幸而康熙看破假文書，得以無事。⑱又有一次，允禵偽造允禩手書，挑撥離間。允禩不傻，即刻拆穿，對允禟説：『我壓根兒沒有寫什麼信！老十四自己就是個造假信的高手。』⑲

《王朝》中的允禵性情乖戾，在康熙靈柩前，居然責罵起親娘。⑳當着皇帝面前拳擊御前侍衛。㉑在慈寧宮與雍正皇帝頂嘴，太后烏雅氏因此氣得一命嗚呼。㉒

將允祥描寫成『義薄雲天』的大豪傑，而允禵卻是奸險、虛詐的偽君子，那只能説是瀛洲奇譚。

---

⑬ 見《文獻叢論》上冊，頁15，『允禩允禟案』。
⑭〈撫遠大將軍奏議〉康熙五十八年六月十三日，第二摺。載《清史資料》第三輯，頁186，中國社會科學院清史研究室編，1982年7月。
⑮《清世宗實錄》卷四十四，雍正四年五月壬辰。
⑯ 18/645。
⑰ 33/1158。
⑱ 9/320-334。
⑲ 17/596-597，606。
⑳ 19/687。
㉑ 19/688。
㉒ 32/1124-112。

丙、其他昆仲

　　允禩是要角，頗有才幹，又懂籠絡人心，但不擅書畫。《王朝》卻一再說他雅好此道，如：『允禩正在濡墨作畫』。[103]『允禩一邊作畫，一邊說道』。[104]『允禩在牆邊默默地欣賞自己的畫作』。[105]『允禩又在作畫了』。[106] 鏡頭如果對準他的邸宅，經常看到他一面與眾人談話，一面熱心地在揮毫，甚至於篆刻或親自裱褙書畫。

　　此類描寫，無非在表揚允禩是個精諳藝術的風雅皇子。的確，康熙諸子中不乏此等人才，雍正不用說，其他如允礽、允祉、允祐、允祥、允禮等都寫得一手好字，唯有允禩例外。從無擅長丹青的記載，相反地說，他的書法拙劣，成年後康熙還命他着實臨帖練習，規定日課，寫後進呈。可是允禩不喜此道，用術瞞騙乃父，日後他的門下客秦道然揭發隱秘：『聖祖嫌八爺的字不好，命他一日必要寫十幅呈覽。八爺不耐煩寫，央人代寫了，欺誑聖祖。』[107]《王朝》給允禩戴了一頂絕不相稱的高帽子，讀來十分別扭。

　　又如允䄉，《王朝》中寫得粗獷、鄙劣，卻毫無根據。其實他是父皇寵兒之一，康熙四十六年，於暢春園附近等處建房賜七名皇子，就有他的份。四十八年冊封為多羅敦郡王，年長的允祹、朝野傾心的允禵等僅封為固山貝子。他只因黨附允禩，為雍正所忌，但僅止於拘禁。乾隆二年釋放，封輔國公，六年，壽終正寢。《王朝》寫他於鬧市當眾毆辱朝廷命官田文鏡，[108] 當然不是事實。又為了讓雍正丟臉，在前門大街擺攤拍賣大內珍物。[109] 這是張冠李戴，《雍正朝起居冊》中有一段皇帝對眾大臣的談話：『允䄉在聖祖皇帝時，管內務府事務，虧空錢糧，私用宮物，責令賠補，乃將器用小物，鋪列大街出賣示窮。』（雍正二年

---

[103] 2/53。

[104] 2/54。

[105] 2/65。

[106] 4/115。

[107]《文獻叢編》上冊，頁16，『允禩允禟案』。

[108] 6/207-209。

[109] 6/204-205。

十月十七日）是允禟不是允䄉，發生在康熙朝，針對的不是雍正。

至於描寫雍正，問題更多，這裏不一一指摘，單說一件事，《王朝》一再說雍正自奉甚儉，吃的極為簡單，如：『桌上只擺着幾樣蔬菜，一碗米飯和一碗清湯。』⑩ 如：『胤禛忙着將剩下的半碟雪裏紅倒進飯碗裏，又用筷子將灑落在桌上的幾粒米飯，夾進碗裏攪了攪，大口吞嚥。』⑪ 如：『御膳仍然是那麼簡單，除了一只一品鍋其餘幾碟都是豆腐蔬菜。』⑫

其實雍正表面上竭力強調撙節美德，私底下卻異常講究物質享受。⑬ 在吃的方面，僅有寵臣張廷玉輕輕一語，說雍正不隨便丟棄飯顆、餅屑。⑭ 卻從無雍正節儉膳食的記載。翻翻宮中的御茶膳檔，就可知道這方面的奢侈，絕不比康熙、乾隆遜色，單豬肉、牛肉一項，每月數千斤，難道這都讓后妃等享受，自己卻光吃青菜豆腐，這省得了多少錢？若說雍正因侫佛而茹素，這也講不通，因為他儒、道釋三教並重，不須經常吃齋，也沒有一條雍正不食葷腥的史料。總之，《王朝》中重要角色的描寫，都遠離史實。

（八）結　語

若要詳批《王朝》，則非短短篇幅可盡，以上聊舉數例，點到即止。其實它根據二月河的《雍正皇帝》改編而成，歸根結底癥結在於後者，以允祥來說，其事蹟、性格等都來自《雍正皇帝》，如蒙古血統云云，見於上冊：『（康熙語允祥）：「你母親阿秀是土謝汗的公主。」』⑮ 又鄔思道說：『十三爺的外公，就是喀爾喀蒙古大汗。』⑯ 如自幼孤苦說，見於同書下冊：『（允祥）幼年襁褓中母親莫名其

---

⑩ 16/569。

⑪ 16/572。

⑫ 29/1013。

⑬ 見拙作《揭開雍正皇帝隱秘的面紗》，香港商務印書館，2000年1月。

⑭ 張廷玉：《澄懷園語》卷1。

⑮ 上冊，頁171。

⑯ 同上，頁479。

妙地出家為尼。』⑰ 又:『這個自幼失家,在宮中備受輕慢的貴王阿哥,……』⑱
如允祥綽號,也照抄小說,雍正曾說:『二十年前,誰不知道英武豪俠、義薄
雲天的拚命十三郎。』⑲ 允祥精武藝、諳軍事,小說中一再提及,『(允祥)自
幼習武,打熬了好筋骨。』⑳ (允禩曾說:)『阿哥裏頭,就十三阿哥還懂軍
事。』㉑ 雍正對允禩說:『兄弟裏頭,你是最通兵法的。』㉒

雍正茹素也出自小說,他說:『我是信佛的人,極少茹葷酒。』㉓ 連允禩的附
庸風雅,也取自小說:

> 允祿顧盼着允禩的書房笑道:『八阿哥這一處書房佈置得好,就這一筆
> 《蘭亭集序》臨得似乎比三阿哥還要出神。』㉔

《王朝》也有修改的部分,譬如,『八王議政』中的登場人物作了大改動,小
說中的朱軾、方苞、鄂爾泰、俞鴻圖、允祿、允禩都消失了,以另外一些人物代
替,自然,小說與電影都難以入信。

如果說《王朝》有可取之處,那是把極端不合情理的部分作了修改,雍正的殉
情說就是其中一例,《雍正皇帝》中描寫他的死,是為了一個少女,雙雙用剪刀自
殺而亡,荒唐透頂!電影改為服餌丹藥喪身,有學術根據,比較近理。

《雍正皇帝》大致說來,比較『乾淨』,然而四十六回『邪道伏誅』中插入『歡
喜禪』,以此來吸引讀者,卻是一敗筆。文中說雍正命李衛殺妖道賈士芳,恐此人
有異術,難以下手。於是李衛引誘賈至『專門招待王爺的堂子』、出動六對年青男
女,脫得赤條條一絲不掛,當眾演出妖精打架的秘戲,連道行極高的賈神仙也把持
不住。出其不意,李用劍砍了賈的腦袋。㉕

---

⑰ 下冊,頁 377。
⑱ 同上,頁 529。
⑲ 頁 206、377。
⑳ 上冊,頁 195。
㉑ 上冊,頁 455。
㉒ 中冊,頁 123。
㉓ 上冊,頁 96。
㉔ 下冊,頁 153。
㉕ 上冊,頁 605-610。

這一段寫得污穢不堪,破壞全書風格。而且,賈道士獲譴,由三法司會審定讞,明正典刑,這在官書及檔案中有明確記載,沒有用計誘殺的可能。《王朝》原可和盤照搬,增加票房價值,可棄而不用,這是可取之處。

我覺得當前中國的傳統文化,(這裏指包括小說、戲劇在內的文史哲著作。)存在着危機,一言以概之——『濫』!文革時期,中國大陸很少出版文史書籍,而目前則量的方面突飛猛進,質的方面雖不乏優秀之作,但粗製濫造的更多。目前有兩個問題,一是傳媒界的不負責任的亂捧,一是讀者缺乏判斷力。而前者影響後者的可能性很高,也就是說很容易被人牽着鼻子走。

學術界似乎不太重視小說、電影,我只看到一兩篇,其中一篇是南京大學文學系張書恒的〈評二月河「清代帝王系列」小說〉。雖說『評』,其實歌頌多於批評,譬如稱賞二月河:『作者既尊重歷史真實,又注重歷史建構的「平民化」寫作傾向。』[126]

張君主張『歷史小說應該以「正史」為依據,盡可能地還原歷史的真實。』[127]奇怪的是對《雍正皇帝》中的遠離史實的謬論,非但並無片言只語的指摘,而且還加以讚美,如雍正繼位問題,張文說:『作者不囿成見,以充實的歷史資料為依據,不僅釐定了雍正為合法皇位繼承人這一歷史疑問,而且也從多個側面,塑造了雍正這位心機頗深、辦事幹練,腹有雄才大略,外表卻又沉穩鎮定、不苟言笑的「冷面王」的形象。』[128]還強調:

> 在《雍正皇帝》一書中,作者通過對諸多正史、野史,以及民間文學和傳說的條分縷析,探幽燭微,藝術地再現了康熙臨終之際那驚心動魄的一幕,並把作者自己對這一問題的研究結論形象化地展示了出來。作品不僅得出了雍正合法皇位繼承人的結論,而且也使這一結論,在具體歷史場景的演示下,顯得更真實可信。[129]

---

[126] 〈文學評論〉1999年第2期,頁95。
[127] 同上。
[128] 同上,頁97。
[129] 同上,頁98。

雍正篡位與否，是一大公案，筆者主張繼統合法。⑬⓪二月河與拙見同，但所引證據荒謬透頂，是書中一大敗筆。說康熙命方苞寫定傳位雍正遺詔，由方苞『親手封緘，藏在乾清宮「正大光明」匾額後頭。』⑬①讀史者都知道雍正獨創『密建皇儲』法，雍正元年八月十七日，親筆書寫立弘曆（即乾隆）為皇太子密詔，用錦匣固封，藏於乾清宮「正大光明」匾後。此後，嗣主都用此法立儲。但康熙朝則尚未施行，因而有眾兄弟爭位糾紛。雍正得位是否出於康熙遺命，至今仍是學術界聚訟紛紜的一個話題，倘若誠如小說中所說，將雍正創建的法規提前到康熙，則吾輩學究何苦仍爭議不休。二月河言驚讀者，當自知是一種毫無根據的空想，殊不知張君竟信以為真，大讚特讚，可能連二月河亦會嗤笑。張君說作者通過正史、野史、民間文學和傳說，得出了雍正繼位合法的結論，試問哪一種史料中有如此說法？

　　總而言之，撰小說，攝電影，如果牽涉到歷史，不該寫得過於離譜，灌輸給讀者錯誤的觀念。

寫於神戶海天一角樓
二千年歲首

---

⑬⓪ 見拙作《揭開雍正皇帝隱秘的面紗》，頁 1-141，香港商務印書館，2000 年 1 月。
⑬① 《雍正皇帝》中冊，頁 162。

餘談：

本文殺青後，始得讀清華大學思想文化研究所秦暉先生『《雍正王朝》是歷史正劇嗎？』一文。⑬ 秦先生對該劇採取批判態度，認為『遠離史實』，乃『欺世歪談』，其要點可歸納如下：

1、過於美化雍正形象。

2、肯定雍正即位之正不當。

3、雍正用『奴才』而不喜科甲出身的『清流』，對此不應加以讚揚。

4、《王朝》渲染雍正平西北，實際上是『敗多於勝』。

5、雍正朝國庫贏餘說有疑問。

這是筆者讀到的第一篇非捧場而有深度的文章。其說與拙見不盡相同，但甚有參考價值，今附誌如上。

　　　　　　　　　　　　　按：此文係接受姬路獨協大學特別研究費而撰成。

---

⑬ 刊載於〈中國青年報〉1999 年 3 月 15 日。

景印香港新亞研究所《新亞學報》（第一至三十卷）

稿　約

（一）本刊宗旨專重研究中國學術，以登載有關中國歷史、文學、哲學、教育、社會、民族、藝術、宗教、禮俗等各項研究性之論文為限。

（二）本刊年出一卷，以每年八月為發行期。

（三）本刊由新亞研究所主持編纂，歡迎海內外學者賜稿。

（四）來稿每篇以三萬字為限，請附 ① 中文提要（二百字內）；② 英文篇題；③ 通訊地址、電話、傳真及電郵地址。

（五）來稿均由本所送呈專家學者審閱，以決定刊登與否。

（六）本所有文稿刪改權，如不同意，請預先聲明。

（七）文責自負；文稿若涉及版權問題，由作者負責。

（八）來稿請勿一稿兩投。本所不接受已刊登之文稿。

（九）來稿如以電腦處理，請以 word 系統輸入，並隨稿附寄電腦磁片。

（十）請作者自留底稿。來稿刊用與否，恕不退還。若經採用，將盡快通知作者；如半年後仍未接獲採用通知，作者可自行處理。

（十一）本刊所載各稿，其版權及翻譯權均歸本研究所；作者未經本所同意，不得在別處發表或另行出版。

（十二）來稿刊出後，作者每人可獲贈本刊二本及抽印本二十冊，不設稿酬。

（十三）來稿請寄：

香港 九龍 農圃道 6 號，新亞研究所

《新亞學報》編委會收

景印香港新亞研究所《新亞學報》（第一至三十卷）

版權所有
―――
不准翻印

新亞學報 第二十卷・革新號

編 輯 者：新亞研究所

九龍農圃道六號
No. 6, Farm Road, Kowloon, Hong Kong
網址：newasiainstitute.com
電郵：newasiainstitute@hongkong.com

發 行 者：文星圖書公司
電話：(852) 2789 1736

設計製作：盧榮軒

定　　價：港幣一百二十元
美金十五元

國際書號：962-86026-1-6

出　　版：二〇〇〇年八月初版

景印香港新亞研究所《新亞學報》（第一至三十卷）

NEW ASIA JOURNAL

Volume 20   August 2000

Contents

An Interpretation of Confucianism from the Historical and Theoretical Viewpoints and Its Internationalization .... LI Tu	1
A Study on the Common Materials of "Mao Zhuan" (毛傳) and "Zhou Li" (周禮) .... CHUNG Ching-hong	33
The Supplementary Confirmation of Mr. YOU Guo-en (游國恩)'s "Statement that Xia Zheng (夏正) Was Adopted in Chu Ci (楚辭)" .... WU Wing-chiu	65
Discussion in Double Word、Double Sound and Double Rhyme of "Jiu Ge" (九歌) and "Jiu Zhang" (九章) of QU Yuan (屈原) .... WAI Kam-moon	73
The Literary Thinking of XIAO Tong (蕭統) .... CHANG Jen-ching	101
Commentary on the Difference between "Tai" (台) and "Tai" (臺) — and also on the Confused Usage of These Two Words, "Tai" (台) and "Tai" (臺), in the Printed Articles of the Mainland China, Hong Kong and Taiwan ...... LEE Kai-man	117
The Death of CAO Li-yong (曹利用 , 971-1029) ...... HO Koon-wan	137
The Latest Proof of the Years of Birth and Death of CHEN Zhen-sun (陳振孫) .... HO Kwong-yim	197
The Role of Female Ghost in Chuan Qi (傳奇) Theater of the Ming (明) and Qing (清) Dynasties ...... LAU Chor-wah	205
Was "Pai An Jing Qi" (拍案驚奇) Solely Written by LING Meng-chu (凌蒙初)? .... TSAI Hai-yun	221
Novel, Movie and History — Commentary on the Fallacies and Misstatements in "Yong Zheng Wang Chao" (雍正王朝) .... YANG Ch'i-ch'iao	233

NEW ASIA INSTITUTE OF ADVANCED CHINESE STUDIES

ISBN 962-86026-1-6

景印香港新亞研究所《新亞學報》（第一至三十卷）